上海市提升中小学（幼儿园）课程领导力行动研究项目成果丛书

我们的课程领导故事

上海市教育委员会教学研究室◎主编

华东师范大学出版社

上海市提升中小学(幼儿园)
课程领导力行动研究项目成果丛书

《我们的课程领导故事》编委会

丛书总序

这是一次充满挑战和机遇的“教育旅程”，

这是一次基层学校大规模的实践与研究，

这是一次凝聚上海全市之力深化课改的攻坚战役，

梦想，探索，发现，革新。

在这之前，一切悄悄萌动；

在这之后，一切已慢慢蜕变。

2007年，上海基础教育在“推进课程改革，加强教学工作会议”上首次鲜明地提出“提升课程领导力”。

2009年，上海基础教育改革进入内涵发展阶段，提高学校课程领导力成为进一步深化课程教学改革最有力的抓手。

2010年，上海市教委颁布《上海市提升中小学(幼儿园)课程领导力三年行动计划(2010—2012年)》，宣告了全市各区县全面开启提升课程领导力的行动。

同年4月，“上海市提升中小学(幼儿园)课程领导力行动研究”项目正式启动，51个子项目学校和1个整体实验区步入课改深水区，开始了为期三年的提升课程领导力的实践探索。

2011年，提升课程领导力的项目研究进入关键阶段，50余位专家组成的中期评估团队深入每所子项目学校进行现场评估、指导，引导学校聚焦研究目标和核心内容继续深化研究。

2012年，10月金秋，正是“上海市提升中小学(幼儿园)课程领导力行动研究”项目的“收官期”：梳理、总结、提炼，这是一个课程与教学改革的丰收季节。

启航——扬起革新的风帆

1998年以来，上海市二期课改的成效有目共睹。但伴随课改进入深水区，许多难点和瓶颈问题逐步浮现。面对挑战，我们如何肩负时代赋予的责任？我们没有选择，要选择的只是突破口。

课程领导力进入“教育视野”，缘于问题解决的三个“需要”：深化课程改革的需要、学校内涵发展的需要、提升课程建设者和实施者专业发展的需要，这是上海市提升中小学（幼儿园）课程领导力的初衷和“导火索”。

如果说，几年前中小学（幼）校长、教师对“课程领导力”这个词还感到陌生而又新鲜，那么如今却是熟悉而又亲切了。

什么是课程领导力？简言之，就是规划和实施课程的能力。校长作为学校的“领跑人”，是关键的课程领导者，校长要带领其团队因地制宜、与时俱进地规划学校课程“全景”；在课程开发、决策、实施与评价具体事务中，更多地赋权予教师，激励教师自觉地创造性地投入到课程实施的活动之中，这就是“课程领导力”在校长和教师身上得以彰显的过程。正是基于这种认识，上海提出每一所学校、每一个校长都要提升课程领导力。

提升课程领导力，意义重大，势在必行。因为，课程领导力增一分，破解课改难点的能力就能长一寸。

入轨——迎接机遇与挑战

触及难点，课程突破；破解瓶颈，合力求方。这是上海市提升课程领导力的策略和“引燃器”。

犹记得2010年4月12日在上海大同中学，“上海市提升中小学（幼儿园）课程领导力行动研究”项目启动暨培训大会，正式拉开了这场行动研究的序幕。17个区县的教育局长、教（科）研室主任、项目指导专家、市教研员以及179所课改研究基地学校校长近400人参加了大会。

如何提升课程领导力？我们的实践证明：根植学校实际，以“项目”的方式开展课程与教学的行动研究是一条可行之路。

基于上海课改的实际状况，我们将提升课程领导力行动的重点放在探索学校课程计划、学科建设、课程评价和课程管理四个方面、9类子项目上，共计在幼儿园、小学、初中、高中四个学段和1个整体实验区开展了52个子项目的行动研究。

9类子项目是：

① 学校课程计划编制的研究；

② 学校课程计划评价与完善的研究；

③ 学科课程建设的研究；

④ 学科教学有效性的研究；

⑤ 教研团队建设的研究；

⑥ 课程资源开发与利用的研究；

⑦ 课堂教学评价的研究；

⑧ 作业设计与评价的研究；

⑨ 课程组织管理与制度建设的研究。

实践中,我们采取了行动研究的方法,通过"制定计划—行动实践—观察分析—反思评价—再行动—再改进"的循环上升的研究路径,"边学习、边研究、边实践","以研究引领实践,在实践中完善提升",并采取了"研究—开发—试点—推广"的工作思路,发挥这些项目学校的辐射示范作用,为面上学校提供鲜活案例和有效经验,带动了全市课改工作的扎实推进。

在研究、实践中,上海市教委还成立了"上海市提升中小学(幼儿园)学校课程领导力行动研究专家指导团",专家指导团定期走访学校,为项目研究提供了有效的理论和行动咨询指导。

攻坚——演绎课程精彩

课程领导力的提升是一项极具革新意义的工程。无论是总项目还是子项目,无论是顶层设计还是实施推进,都不是一次简单的行政与管理过程,而是充满了不确定性和复杂性。如何从行政领导走向专业领导?如何跨越理论与实践的鸿沟?需要一步一个脚印,扎扎实实地"摸着石头过河";需要在行动中持续地研究、思考解决问题的路径和策略;需要各方通力合作、共同应对。

把"项目"作为实践推进的抓手,把解决问题作为实践的目标与导向,这在客观上就要求"项目"本身要"务实求真",扎根于教育实践;在行动上要求我们在短时间内,集聚全市各方力量、各种资源,合力攻坚课改难点和瓶颈问题,探索出实践问题的解决方案。除了学校课程计划的编制与完善是所有项目学校均需探索的必选项目之外,各项目学校还基于本校实际,确定一个自选项目开展研究。

10 所幼儿园承担了"课程实施方案编制与完善"、"幼儿园课程实施有效性"、"幼儿园课程质量自评机制"、"课程管理的组织与制度建设""课程资源开发、利用"和"幼儿园教师教研团队与教师专业发展"6 个子项目的研究。

14 所小学重点聚焦于"基础型课程校本化实施、教学核心环节优化、教师及教研团队建设"三个方面。在教研团队建设、学科课程建设、学科教学有效性、课程资源开发与利用、作业设计与评价等具体问题上展开了研究。

14 所初中学校的研究具有涉及面广、视野开阔、实用性强的特点,覆盖了微观、中观、宏观多个层面的研究,并能用新视角、新方法来研究常态的问题。尤其是在学校课程计划的编制、课堂教学实施、课程资源开发利用、教研团队建设等方面做了深入探索。

13 所高中学校在以校长为核心的团队带动下,以课程建设、实施、评价、管理等为载体,尤其在学校课程设置、课程实施等方面作出了多样化的深入探索。

收获——发展内生力量

同舟共济，我们一起走过了三年。

2012年，在51个子项目学校和黄浦整体实验区的共同努力下，“上海市提升中小学(幼儿园)课程领导力行动研究”项目取得令人欣喜的成果：

形成了学校课程计划编制、课程结构优化、课程资源开发和利用、教研团队建设等方面的校本化操作策略、途径和机制。

形成了一批凸显实践价值的物化研究成果，总项目出版了本套丛书：《基于问题解决——提升课程领导力的行动》《我们的课程领导故事》《学校课程计划编制实践指南》《幼儿园课程图景——课程实施方案编制指南》《小学快乐活动日方案的编制与实施》《为了学校的可持续发展——普通高中提升课程领导力的探索》；子项目出版了30余本子项目学校成果。

形成了由基层学校主导、教育科研引领、行政力量支持的合作变革机制，一批锐意改革，具有课程意识和课程领导力的校长和教师，犹如一粒粒种子，扎根并引领区域乃至全市的课改实践。

三年来，从项目申报动员到结题展示；三年来，从茫然困惑的摸索到坚定自信的前行；一批勇于“吃螃蟹”的敢死队员，在课程实践中，大胆行动、小心求证、历经挫折、持续探索。虽是一路挑战，却恰恰助推了学校内生变革力量的不断发展、壮大。

在课程发生的所有地方，都有课程领导力的发生。在理论与实践的结合中，整体地规划与实施学校课程，学校教育才能以崭新的姿态更丰富、更深远地发展。

激励——绽放时代梦想

到2012年底，上海市提升中小学(幼儿园)课程领导力第一轮三年行动研究渐近尾声。然而，课程领导力的提升没有结束，也不可能结束。我们始终认为，课程领导力，与教育相伴，与课程、教学相随，是课程规划、实施、管理和评价中的过程性“事件”，只要学校教育存在一天，课程领导力就会随影相伴。

课程领导力的提升，不以项目研究的结束而中止，而是要把这种研究解决问题的策略、路径和方法带到日常工作中，使之成为一种“常态”，扎根于学校，根植于校长、教师，成长于课堂，使课程领导力真正成为学校的“软实力”、校长的“真功夫”、教师的“好本领”，最终让学生获得健康、快乐地成长。

迎着新一轮的改革要求和发展目标，将会有更多的学校和教育者汇集于此，共同完成这场全新的课改命题，这不仅仅是一个三年行动，而是一代人的事业。

这是所有教育工作者的激情与梦想，更是时代赋予的使命和责任。

凝聚正能量，众志成城。

这场教育旅程中的每一个片段，每一个场景，都点滴在目。虽然我们所做的努力不能在这里全然展现，但这并不妨碍改革续写传奇。教育发展，正是因为实践工作者的存在和付出，而享有进步和强大。

我们曾相持走过，现在将继续前行。

这是我们一生的事业，是我们的使命，更是我们的荣誉。

因为我们有着共同的理想和信念，为了每一个学生健康快乐地成长。

尹后庆

2013 年 5 月

目录

前言/ 1

第 1 章　课程规划:愿景塑造

学校课程发展愿景最开始可能只是一个想法,然而一旦发展成感召一群人的目标时,就不再是个抽象的概念,人们开始把它看成是学校发展的"引擎"。

8 + 18 + 88 = ? / 3
Origin / 8
"鱼"和"熊掌"能否兼得? / 14
是"我们",而不是"我" / 18
从"思幼"到"思优" / 22
创智延伸:从学校到家庭 / 27
点灯之旅 / 32
从"执行者"到"领导者" / 36
找到你并不是一件很容易的事 / 40

第 2 章　课程建设:正视复杂性

课程建设是以校长为核心的课程领导团队依据地方、学校和学生的发展需要,在具体的学校情境中作出选择、决定、调整、适应……它是一场旅程,而不是一个终点。

从"一组调研数据"到"书香课程"的诞生 / 47
CIE 课程诞生记 / 50
要"合作",更要"有效" / 55
快乐玩　有效玩 / 62
七色花的旋律 / 67

曲折中前进　变化悄然而至 / 71
研究型课程:读你的感觉像春天 / 75

第3章　课程实施:从学生出发

课程计划(方案)怎样转变为课程实践,怎样转变成学生学习的选择呢?我们不妨采用斯坦托普和丹尼希尔(Siedentop & Tannehill)的建议,从思考以下问题开始:(1)学生从课程方案中学到什么?(2)关于课程中最重要的东西我们思考什么?(3)我们希望学生在完成课程方案时学到什么技能、知识、态度和行为?

一条微博引发的研究 / 83
从“小木偶”到“小主人” / 92
“绳”采飞扬 / 97
学案成长记 / 101
转班风波平息记 / 105
由“晨检牌”到“全日观察提示板” / 109
学习任务单——从“完成教”到“指导学” / 112

第4章　课堂聚焦:意义创生

课程计划(方案)并不直接控制课堂中的每一个环节,有经验的教师往往把自己的计划看作是指导课堂行为的可变性框架。然而,教学不是随机的、任意的,而是与学生已知的、能做的以及所期望的学习质量紧密相关。

周校长实践后“茶馆式”教学的“故事” / 121
我与学生一起“穿越” / 125
一定要从梯形出发展开研究吗? / 130
实验肯定成功吗? / 135
一堂“失败”的公开课带来的…… / 139
玩“陀螺”引发的…… / 143
由一个土豆引发的故事 / 149

第5章　课程资源:借水行舟

课程实施的范围和水平,一方面取决于课程资源的丰富程度,另一方面更取决于课程资源的开发和运用水平。学校应重视建立校内外课程资源的转化机制,参照美国课程论专家泰勒的说法:(1)要最大限度地利用学校的资源;(2)加强校外课程(the out-of-curriculum);(3)帮助学生与学校以外的环境打交道。

求则思变 / 159
人走"茶不凉" / 164
用心发掘教育基地的宝藏 / 169
信息化平台为谁而建 / 174
过渡期:办学新起点 / 179

第6章　课程评价:促进学习

对学习的关注已经成为教育评价改革的一个大观念(big idea)。评价不再被看成是教学过程终结之后的一个环节,或凌驾于教学过程之上的活动。相反,评价要被当作镶嵌于教—学过程之中的一个成分,与"教学"、"学习"一起构成三位一体的整体。

打开学生思维的"黑箱" / 187
学习评价岂能一考了之! / 192
谁来做课程的"主" / 197
孩子,你了解自己吗? / 202
由听到的两种声音说起 / 207
借他山之石,解评价之困 / 214

第7章　团队成长:源头活水

人人都可以成为课程领导者,强有力的领导不是指挥和支配,而是激发教师潜能,并使他们成为自我领导者。促使每一位教师都能"像专家一样"整体地思考标准、教材、教学与评价,并在自己的专业权力范围内作出正确的课程决定。

一个“发光”的学习体 / 223
从“被成长”到“要成长” / 227
小工地上的“钉子户” / 231
一个“小兵”的华丽转身 / 235
在教学高原地带“蜕茧成蝶” / 240
从逃避到自觉 / 245
保育员也能成为教研的“局内人” / 249
好风凭借力,送你入青云 / 253
行动研究的魅力 / 259
行走在探寻“教师专业发展”的路上 / 266

前言

写这样一本书的愿望是我们在策划“上海市提升中小学(幼儿园)课程领导力行动研究”项目成果时就萌发的。这个项目是我们带领51所项目学校(幼儿园)和一个整体实验区历经三年的行动研究,艰辛实践,取得的丰硕成果。我们期望将这项成果呈现出来,期望所呈现的不仅仅是结果,还包括过程,是能“看得见”的真真切切的提升课程领导力的过程,从而让更多的读者与我们一起分享这些思考、做法和经验。

正是基于这样的想法,于是就有了这本书的启动、培训、撰写和反复的修改与完善。本书是“上海市提升中小学(幼儿园)课程领导力行动研究项目成果丛书”之一,是一本讲课程领导故事的书。

为什么要讲故事? 不知道您是否还记得:老师讲万有引力定律时一定会讲牛顿的故事;妈妈教育我们不要撒谎时一定会讲“狼来了”的故事;社会倡导助人为乐时一定会讲雷锋的故事。这就是我们要讲故事的原因。因为道理很简单,故事有角色、有情节,有哲理,能让人记住更多的东西;能让人不知不觉就浸润其中,比直接说理更容易接受所传达的理念;能更容易影响人们的想法,达到教育和激励的目的。

因此,我们尝试用一个个故事来展现课程领导者的思想力、决策力、执行力、凝聚力和人格魅力。故事中的“关键事件”是一个重要的教育契机,它能告诉您什么是重要的,什么不是;什么是要做的,什么是不要做的。课程领导力,是带领团队共同奋斗的艺术,书中的每一个故事都有这些基本要素:

- 聚焦一个主题:整个故事聚焦到一个主题上;
- 展现情境冲突:情境和冲突都是读者经常会碰到或熟悉的“场景”;
- 有引发的问题:冲突导致问题的提出,而故事为该问题提供答案;
- 有问题解决的过程:“关键事件”讲述别人是怎么做的;
- 挖掘细节:呈现课程领导的过程性叙述,让人感同身受;
- 有意义:淬炼打磨故事的宗旨或“意义”,或实践策略、经验或教训。

全套丛书中的这本是很特别的一本,它有以下这样一些特点。

它是以“故事”的方式来呈现的。通过一个个真实故事来揭示其背后的课程领导的意义。这些故事有鲜活的内容,有独到的思考,有实用的策略,有行动的指南。

它是“可视化的”,是用“研究手记”来记录在提升课程领导力的行动研究中亲身经历的实践。这些实践有细节和做法，在需要的时候您可以从中迅速找到答案。

它是采用第一人称"我"或"我们"来讲述个体或群体的故事，他们可能是校长、中层、教师，也可能是教师团队、领导团队。这些故事从不同角度展现不同群体或个体不一样的领导力，这些故事的汇集就是课程领导力提升的有力证据。

它是短小精悍的，每篇两三千字，朴实的文字中能流淌出智慧。最重要的是通俗易懂，让您轻松阅读。

本书共7章，51个故事，指向课程领导的规划、建设、实施、评价等核心主题；每一篇故事由导读、案例和问题讨论三部分构成。我们期望通过这些故事阐述我们对领导者和领导力的认识，也期望读者能从这些故事和问题讨论的思考中找寻适合自己的课程领导之道，并付诸行动，永远向前。

本书的撰写与成稿由上海市教育委员会教学研究室直接领导，由本册编委会具体策划、组织，项目学校参与撰写。其中，周洪飞负责幼儿园学段、陈飙负责小学段、韩艳梅负责初中学段、金京泽负责高中学段的故事案例的组织和统筹。安桂清博士和王洁博士为全书策划和编写提供全程专业指导，吴端辉、柳叶青为全书的成稿、审校付出诸多努力，华东师范大学出版社教育心理分社的彭呈军社长对书稿出版全力支持，在此深表表示感谢。全书由韩艳梅负责统稿。

感谢上海市教委教研室徐淀芳主任、陆伯鸿和纪明泽副主任对本书编写的悉心指导和关怀。

感谢"上海市提升中小学(幼儿园)课程领导力行动研究"项目的51所学校(幼儿园)和黄浦整体实验区对本书编写的全力支持。

对课程领导力的追寻是一段艰难的旅程，没有终点。让我们不要停下脚步，一直在路上……

祝愿大家在阅读中收获快乐和思考！

韩艳梅

2013年4月

第 1 章

课程规划:愿景塑造

儿童不合理的行为是不是表达了不合理的需要?

老师,我很留恋我们学校的 566 快乐活动……

为至少一百个儿童打造家庭科技实验角……

课程理念,原来找你的路也是有章可循……

我的学校今年整整十岁,伴随她踯躅前行的是我的整整十年……

8 + 18 + 88 = ？[1]

我们内心挣扎着：

这8亩地是不是完全多余？放弃？还是继续？

如何把“向日园”真真切切落实为学校劳动教育课程，变“向日园”为第二课堂？

春日的向日园，阳光和煦，清风拂面。忙碌半天的师生们徜徉在绿意盎然的向日园，有的在饭后“闲庭”信步，轻松惬意地交谈着教学心语；有的在辛勤地耕耘浇灌着班级的“自留地”；还有的带着纸笔圈圈点点激扬文字。漫步在这8亩后花园，享受着18个“班级园地”的绿意清新，欣赏着88个志愿者的激情与自信，向日园里一片祥瑞，生机无限。然而回首两年前，这里却是另一番景象……

8亩空地——多余还是多益？

易地而建的新白鹤中学在充足的校园内多了一块8亩多的空地。放眼望去，那里一片荒芜，枯枝败叶，杂草丛生，坑洼不平。

这8亩地是不是完全多余的荒地？能否把这荒地变资源，使其成为开发学校优势的载体？我们在困惑中苦苦思考着！

机缘巧合，2010年3月，我校成为“上海市提升中小学（幼儿园）课程领导力行动研究”项目成员学校。借上海市课程领导力项目的东风，我们踌躇满志，在参与必选项目的同时，我们满怀期待迎接着挑战，毫不犹豫地申报了自选项目。然而，当校长宣布把这8亩基地作为我们的自选项目的实验基地，开发我们的劳动教育课程时，我们却听到了各种质疑的声音。

分管学校二类课程建设管理的范老师第一个发言：“土地与校本课程建设有何联系？在土地上能够建设出我们期待的劳动教育教材吗？要提升教师的教育素养，

① 上海市白鹤中学吕军、黄丹凤、李精辉执笔。

培养出学生们新的劳动观念，思想上的引导才是更重要的。”副教导徐老师坦诚地说：“我校学生80%以上是外来流动人口，管理好这些学生的行为习惯是我们眼前必须要做的，课程建设在这样的背景下进行未免有些画蛇添足。”教导主任刘老师深思熟虑后也说：“学生的分数与升学率是学校立足之本，搞劳动教育课程建设对成绩有何益处?”还有更多的老师言辞犀利：课程建设对于我们一线的教师来说，不切实际。我们的任务就是教好书，课程建设既高不可攀，又可能徒劳无功。

面对来自教师的不同声音，我们内心挣扎着：这8亩地是不是完全多余？放弃？还是继续？作为校长，非常清楚：育人，是学校教育的主要目标，学生是教育的主体。想到这里，我们决定：何不听听学生的声音呢?

于是，在精心准备后，我们对六、七年级学生进行了关于劳动教育的问卷调查。结果却是另一种声音：90%的学生认为自己参与劳动的机会太少，单一的课堂形式枯燥无趣；95%以上的学生没有接触过种植方面的劳动教育，认为科学课本上的内容太抽象、不理解；87.86%的学生普遍认为种植实践课程将给自己锻炼和熟悉种植、开阔视野的机会，对这样的实践学习非常欢迎和期待。

“多余还是多益?”面对两种不同的声音，我们仔细权衡后做出了毅然而决然的选择——直面荒芜的空地，开拓教育教学新资源。

18块“班级园地”——谁来第一个吃螃蟹

说干就干，在做出决定的时刻，学校请教了上海市教育科学院胡庆芳博士及特级教师郭德峰和进修学院的相关学科教研员。参照专家建议，学校课程领导力项目领导小组当机立断地明确了项目开展的基本思路和突破点——以劳动教育作为学校开发的校本课程，并由此辐射到学生课堂内外的学习中，形成有特色的学生喜爱的一门课程。

说做就做，项目领导小组确定方案后，学校少先队大队部首先向全校师生发起了为“基地”取名字的活动。广大师生积极踊跃的出谋划策，全校师生共征集到了150个基地名称、60多个基地图案标志和3份基地布局图。最终在收集的众多基地名称中确定“向日园”作为白鹤中学劳动基地的“雅称”，寓意“迎接太阳、健康生命、收获希望”。而基地图案标志也在征集的60多幅中选择了一份“向日葵”形状的设计图，作为六、七年级18个班级的班级园地的logo。当“向日园”的雏形初步形成时，区政协副主席、前教育局局长顾峰欣然前来为学校题词。

在完成基地命名与班牌设计以后，学校紧接着开展了让“基地”绿起来的倡议。领导小组仔细斟酌后，将整个“向日园”实践基地分割成五块不同功能的实践区域：劳动实践区、学生探究区、大棚实验区、地膜种植区、绿化园艺区。同时我们在各功能区就种植内容进行了初步的安排，如劳动实践区主要是按照季节和时令种植常规蔬果；学生探究区种植学生感兴趣的蔬果及本镇四大特色作物，同时供种植兴趣小组同学种植对照实验的农作物；绿化园艺区种植本地区域的各类瓜果树木。

就这样，在学校课程领导力项目领导小组的大胆创新和缜密准备下，白鹤中学劳动教育课程迈开了理论走向实践的一大步。

可是，课程领导力项目领导小组所做的这一些还只是一个美好的开始。如何把“向日园”真真切切落实为白鹤中学劳动教育课程，并辐射到学生课堂内外的学习中，形成有特色的学生喜爱的一门课程？我们心中不禁又有些迷茫……

面对又一次的困惑，校长提出从管理、组织、开发等方面进行探索，项目领导小组反复商讨后作出决定——夯实种植实践课，细化实践内容。经过梳理，学校以科学、生命科学学科教师为主组建了学校劳动教育种植指导小组，明确了种植实践方案，鼓励、支持老师们认真而务实地进行研究，放手实践。

重“赏”之下，必有勇夫。在学校的动员支持下，敢吃“螃蟹”的教师真不少。黄言芳老师便是众多敢于尝试的教师中的一员。她任教七年级的科学，在学校课程改革的大环境下，她认真思考，积极开发研究项目。比如，《多种方法诱杀菜粉蝶的实验研究》、《冬瓜嫁接对果实大小的影响》、《多种茄科植物的嫁接》等。她还把“向日园”劳动基地资源与学生小课题研究有机结合，激发了学生学习的兴趣。如今，她的科学课，不再是单一的课本陈述，不再是教师一人的独角戏了。课上，教师带领学生进行栽秧苗、盖膜、施肥、剪枝、采摘等各种劳作，甚至还利用向日园的瓜果蔬菜教会学生做食物；此外，教师还引导学生实践观察，填写《“向日园”种植学生研究记载本》，课后，学生进一步开展小课题研究，收到了很好的实践效果，更是使他们养成了爱观察、爱思考的好习惯。

陈林峰老师虽是一名物理教师，但是他也对劳动教育充满了热情。为了打破物理课上学生缺少动手探究的教学困局，充分调动学生学习的兴趣，培养他们的自主探究能力，他尝试着利用向日园开展了《探究温度对白萝卜生长影响》课题教学。在这一系列活动中，学生设置情景、提出假设、模仿实例、设计实验、小组合作，培养了观察动手能力、独立研究能力和创新精神，学生的参与热情高涨。

看着这些学科教师巧借学校向日园的东风，凭着自己的干劲、钻劲，催开了“第二课堂”的美丽之花，我们会心地笑了。

88名志愿者——凝聚向日园灿烂光辉

经过一段时间的探索，学校的劳动教育已是“小荷才露尖尖角”。为了让更多的教师合理利用向日园劳动教育资源，学校项目领导小组决定进一步拓宽学科教学渗透劳动教育的课程目标——“让学生体验自然与生命的真实，再融入学习艺术创作，培养学生个性特长，增强学习责任心，发展学生创造美的能力”。

于是，领导小组一声令下，两天之内就涌现了88名志愿者。88名参与者，88份热情。在88名志愿者的努力下，全校师生满腔热情地投入到基地建设利用活动中。在领导小组的规划安排下，大家平整土地，改良土壤，搭建藤架，结合自己的学科展开拓展延伸活动，为课堂寻找到一片绿色的土壤，让教学呈现出百花齐放的景象：

最时尚的莫过于艺术技能组，他们开展的丝网版画拓展，生动地展示了美术拓展课程的魅力，《包装袋设计》、《“向日园”工艺美术课》以及向日园班牌LOGO设计都极大地丰富了学校劳动教育课程的内容。

最“乡土”的当属地理历史学科，教师们成立编写组，编写以“时令节气”、“现代农业”、“农耕文化”等常识性知识为主要内容的《种植知识》教材。

最别致的莫过于语文学科，教师们充分利用基地资源，成立“春芽”、“绿色写作”小组，打开了学生的视野，让学生感受到向日园带来的生机，增添了校园的文化内涵，促进学生的快乐成长。

最受益的更是科学学科，教师们打破了课堂僵局，引领学生完成了《蚜虫防治研究》、《番茄裂果的研究》等多个小课题研究任务，在此基础上，整理汇编了《“向日园”学生小课题研究实践报告汇集》。

蓦然回首，已与课程建设亲密接触了两载春秋，我们欣喜地看到了师生们对“向日园”项目研究活动的认同，我们为师生团结一致、齐心协力的人文精神而感动，同时也收获着绿色教学的生机与成果。

曾经，我们领导团队受自身观念与能力的羁绊，经历过观点的冲突、前行的困惑、焦虑的思索……但面对困难，我们从不言弃，执着于追求，不懈地去挑战。同时，借助胡庆芳博士及区教师进修学院一线专家的指导，以及学校全体同仁的齐心协力，终于，在荆棘与泥泞中，我们迈开了艰涩的步伐，在课程建设的路上留下了深深浅浅的成功足迹。

回首我们的课程建设之路，8、18、88一直相伴相随，给我们灵感，助我们成长。“困难中孕育着机遇”、“摸着石头过河”、“痛并快乐着”、“执着中培养出坚强”……来自实践中的感悟都是我们课程领导力项目建设过程中获得的启示，我们坚信，不懈的努力和不断的实践将会让我们的课程领导力日新月异。

问题讨论

1. 请观察你所在的学校,你是否觉得也有一些闲置的“教育绿地”? 请列举。

2. 假设你正承担开发这些“教育绿地”的责任,请从上述例子中选取一项,试着从学生活动课程的角度写出几条主要的课程目标与实施方法。

Origin[①]

学校特色课程架构，在我脑海里的雏形已“呼之欲出”，但我的这些构想能不能被大家认同？如何转化为大家的行动？

新建学校面临的挑战与机遇

我的学校今年整整十岁。伴随她踯躅前行的是我的整整十年。

十年前，同济二附中刚成立时是一所非常普通的中学。优秀学生往往被其他学校统招，无生源优势；全校教师中有高级职称的仅 5 人，无师资优势；校园面积不到两公顷，校舍陈旧，无硬件优势。然而，严峻现实的挑战，往往孕育着发展的机遇。学校发展的起点虽然低，但在成长壮大的过程中，不断得到各级政府和社会各界的关怀与支持，在三届校长的带领下，全体教职员工全身心地投入到学校的建设中，在科学管理、教育质量、师资队伍、学生素质、课程建设、校园文化等方面进行了多方位的探索。把许多人认为的“不可能”变成了现实，在激烈的办学竞争中不断赢得发展的空间，走出了一条不同寻常的攀登之路。

不停步的同济人，常常会反省自问：我们的学校“除了学生的学业成绩优异，还能有什么”、我们的学校“除了校风严谨质朴，还应该做什么”。

事实上，这些问号，早在 2007 年我校接受“普陀区实验性示范性高中”市级专家总结性评审时就被提了出来，此后一直萦绕在我的脑海里，也弥漫在校园开展的各项活动中，无法摆脱，也不想摆脱。

特色是学校发展到一定阶段后的必然选择！众所周知，一所广受认同的好学校，一定有过硬的教育教学质量，也一定有鲜明扎实的办学特色。通过师生的共同

---

① 上海市同济大学第二附属中学刘友霞执笔。

努力，我们的教育质量可以持续稳定地上升，但是我们的办学特色应该是什么？我们的特色又从哪里来呢？

身为校长，我对学校的认识和思考也随着办学实践的不断深入而渐渐地清晰起来，但认识越清晰，看到的问题就越明确、越突出，日思夜想的棘手难题已成为学校进一步发展的“瓶颈”，也是学校突破重围、拨云见日的“缺口”。当然，这一“瓶颈”、“缺口”也可能成为学校再次腾飞的新台阶，但问题是：能够成为同济二附中办学特色的到底是什么呢？是学校管理、课程结构，还是教学模式？

经过反复研读教育理论，结合多年实践经验，我认为，能称得上是学校特色的载体必须具备这样五点：一是要基于学生发展需要；二是要面向全体学生；三是要与教学质量的优化紧密相关；四是要基于学校现有的办学基础和资源条件；五是要具有前瞻性和可持续性。审慎思考学校所有的教育要素，唯有学校的课程兼具这些内涵、分量和张力。那么，能够承载并展现学校特色的课程应该是怎样的呢？

正当我苦思冥想的时候，我受上海市教委人事处的派遣，前往美国加利福尼亚州圣罗莎(Santa Rosa)学区做“影子校长”(Shadowing Principal)，要在加州的中学里跟着美国校长“蹲点式”地培训学习八周。

他山之石，可以攻玉

作为上海市教委派往美国加利福尼亚州的“影子校长”，远渡重洋寻找答案的期待和跃跃欲试的冲动，填满了我在美国加州的每一天。在有限的八周时间里(2009年10月10日—12月6日)，我利用一切可以利用的机会，通过访问学区、深入学校、住家体验、参观社区等途径，广泛地与圣罗莎学区教育行政官员、中学校长、教师、学生、家长以及Host—Family(住家)成员进行充分的讨论交流。这种直接深入美国学校和学校周边环境的考察活动对我产生了强烈的震撼力，使我深刻地感受到美国基础教育“尊重每个学生发展”的精神和行动无处不在。最有说服力的表现是他们为尊重学生需求和个性化成长而量身定制的一系列课程。

其中，一堂《运动护理课》给我留下极为深刻的印象。一走进教室，我就被醒目的人体骨骼模型所吸引。张贴的人体解剖图、各种包扎用具、情景化的设计，无不彰显这是一间与人体构造相关的教室。上课伊始，老师即告知学生这节课主要达成的目标：了解膝盖的组织结构，学会包扎受伤的膝关节。接着用PPT和人体塑料模型对膝盖进行理性认知。理论学习之后，老师带领学生来到操作间，请一个同学做模特，示范如何包扎膝关节。老师一边包扎，一边讲解要领。接下来，就是学生动手实践，两人一组，互相包扎。

这下，学生的动作可谓五花八门，有的包扎得不错，但忘记给半月板留下空间；有的包扎得太粗糙，肉都露在外面；有的包扎步骤弄混了；有的甚至连胶布也不会用，将胶布搅成一团。学生个体差异的这种客观存在给我以生动的印象，难以磨灭。

我注意到，在学生动手实践时，除了老师不断适时地加以指引之外，更多的是学生之间的互动：不会包扎的学生停下来，跑去观看包扎技术比较好的学生的作品；包扎顺利的同学手把手地教其他同学，不一而足。我再次深切地感受到，从老师的教到学生的学是一个极为复杂的过程。这个转化的过程中，应多让学生动手，在动手的过程中多让学生思考。错误可以有，学生在错误的基础上找到正确的答案，改进自己的做法，知识和能力才能巩固。

最后是作业布置，这也是课程学习中的重要一环。教师要求学生：一、填写膝盖组织结构图；二、撰写包扎操作流程。很明显，整堂课的教学自始至终都在教学目标的指引下明确指向学生的"学"——从理论到实践的落实。

其他如机械制造课程、木工制作、音乐课程等，给我同样强烈的冲击。这些课程在开发设置和管理评价的连贯性、基础性、高选择性、针对性和实践性上很值得我们学习借鉴。就这样，每天比较着、思考着、寻找着、设想着，在边适应、边学习、边研究、边思考的碰撞中，关于创建学校特色的思路在打开视野的感悟中，渐渐聚焦到课程，尤其关注培养学生实践能力和解决实际问题的课程。

常言道，人生的道路不是白走的。关于课程在学校的研发和实施，在我的职业生涯中曾经有过短暂的接触、思考和实践。自 1999 年到 2002 年，我曾经在上海市晋元高级中学工作。在世纪之交的上海基础教育改革中，晋元中学的整体改革实验颇受关注，如火如荼的"选择教育"的探索性实践，大大提升了晋元中学的美誉度和影响力，也培养了一大批年轻的干部和教师，我也有幸成为其中的一员。组织"研究性学习"、参与"套餐课程"、探索"走班教学"等等，这一系列开拓性的教育改革实践，激发了我投身教改的极大热情，也丰富了我对学校发展和课程改革的实践体验，并积累了一些课程改革的经验。后因工作需要，我被教育党工委提拔到筹建中的同济二附中。带着一些不舍和遗憾，也带着晋元留给我的大刀阔斧投身教改的勇气和热情，于忙乱仓促中，我离开了那片日新月异的创新热土，又匆匆投入到同济二附中的创建发展中。

我离晋元而去，晋元却送给我教改实践的宝贵体验和面向未来的创新思考：理论上科学合理的"套餐课程"，为何在实施中举步维艰？是晋元的改革实践问题，还是中国基础教育课程模式的痼疾？这样的问号伴随着"套餐课程"、"走班教学"、"学分管理"——这些晋元中学教育改革的创新性标志，牢牢地定格在我的脑海里，至今挥之不去。

可以说，晋元中学探索“课程选择”改革实践的宝贵体会和滋养，加上美国加州学校实施“课程选择”现实情景的强烈震撼和启发，促成了我对同济二附中创建课程特色的思考和探索。

从“个力”走向“合力”

任何特色的创建都离不开现有的基础和资源，同济二附中的发展也离不开同济大学坚实的支撑。我们每一届高中新生都要参访同济大学的本部校园，参观百年办学的校史馆和地球海洋博物馆，我们创建课程特色自然要发挥同济大学的专业优势。以此同时，学校在落实“科技与人文和谐发展”的办学理念时，总是感觉到国际化大都市的中学生缺少对地球和大自然必要的了解、认知和关注、保护。不管是四川的汶川大地震，还是日本的震后大海啸，都给人类带来了极其严重的“灭顶之灾”，人类今天的生活质量和未来的持续发展都需要得到地球家园的支撑和庇护。但我们现有的课程结构里，这部分内容的关注很不充分，尤其是学生直面自然、身临其境的机会少之又少，我们的科学技术和人文素养如果没有自然环境和自然资源的支撑保障，便会是无源之水、无本之木。教学生认识大自然、熟悉大自然、热爱大自然乃至保护大自然，是未来社会对公民素养培育的要求之一。保护环境、珍惜地球的“可持续发展理念”迁移到学校的课程架构，便成了我们理性的课程决策。那么，涵盖着科技、人文、自然，并贯穿着“可持续发展理念”的课程应该是怎样的呢？我们创建的特色就叫“生态课程、和谐教育”，怎么样？当我第一次把思索良久的八字概念提出来的时候，我那可爱的同事们立马眼睛发亮，兴奋不已。

记得那是 2009 年底的寒假，我们照例进行下学期工作研讨的专题会议。一打开关于“学校如何保持质量优势，又能创建鲜明特色”的话匣子，学校管理团队的十几位同志就显得面色凝重，或若有所思，或直言质疑。这位说“校长，我们需要你的总体思路”，那位又说“校长，学校的特色创建应该有整体设计和统领项目”，大家的七嘴八舌使原本有序的工作讨论会失去了明确的目标和方向。

同志们的想法不无道理。其实，对学校特色创建的反复思考，聚焦于课程特色的明确定位，在晋元中学的课程研发和实施的深切体会，以及到美国加州中学里现场观摩的学习领会，再加上相关课程理论的研读和讨论，同济二附中特色课程架构，在我脑海里的雏形已“呼之欲出”。但我的这些构想如何转化为大家的行动，则需要从“个力”走向“合力”。最行之有效的办法是“团队攻坚，专题研讨”：共同钻研探讨学校发展中遇到的难题，激励大家出主意、想办法，在各抒已见、讨论磋商、整合优势的情况下，快而有效地做出最佳决定，找出解决问题的具体方法，并达成共识，行动时做到思想统一。因此，在我提出“生态课程”的构想后，大家围绕“生态”，展开了热烈讨论。

“生态，应该是开放的。”

“生态，具有很强的生命力。”

“生态，意味着原生原味的；生态课程，必须具备创新特质。”

“生态课程，是互相关联的，能相互激励，共生共长。”

“生态课程，是永远的进行时，是不断生长的……”

大家在交流中，不断碰撞出智慧火花，共同研讨出“生态课程”的六大特点：课程体系上，是开放的，无限度的；课程内容上，是通过不断建构达成的；课程评价上，具有激励、促进作用；课程能力上，具有生长性；课程实施上，是师生追求并实施的创新成果；课程的功效上，对建构师生知识、提高师生能力、形成师生素养具有滋养作用。

当时，我刚从美国回来，还沉浸在英文的思维中，随口说道：“大家把这些关键词译成英文，怎么样？”开放—Open、建构—Restructure、激励—Inspire、生长—Grow、创新—Innovate、滋养—Nourish。

正在翻译词汇的时候，具有英文背景的董老师意外地发现，汇总这几个关键词的首字母O、R、I、G、I、N居然就是“Origin”——“原生，原创”，这不正与我们提倡的生态课程的特色不谋而合吗？大家因为这个意外的发现顿时呆住了，彼此对视无言，但都从对方的眼中，看到了共同的惊喜和坚定。现在回过头来看，这次研讨“Origin”正式成为我校“生态课程”的特色，奠定了学校课程建设的主要基调，具有重要价值和非凡意义。我们一再为自己的原创感到惊叹的同时，也更加坚定我们课程特色创建之心。

时光飞逝，日月如梭。苦苦寻觅学校发展特色的“情结”依然如故，学校同事们热烈讨论创建课程特色的场景还历历在目，而“生态课程、和谐教育”的实践已在不知不觉中开展了两年多时间。学校老师们不仅致力于国家课程的校本化实施，还在团队合作中研发了以“水与水文化”、“3S工作室”为代表的一批深受学生欢迎的校本课程，并把学校课程实施的实践行动以《基于“地球学”的生态课程校本化实施的行动研究》为题申报了上海市级课题研究。

当然，“Origin”的生态课程源于学校特定阶段“草根文化”生长的结果，生态课程体系的构建容易引起生物学与环境学等方面的歧义，“生态课程、和谐教育”的界定也有待进一步明晰。课程建设的逻辑结构和实践框架都存有一些需要进一步锤炼和提升之处，还需要在领导、专家的指导帮助下和今后持续的实践探索中得到修正和完善。我们正在学习着、实践着、研究着、成长着，也收获着。一路前行，志在远方……

问题讨论

1. 过去两年里，你是否有持续关注的学校教育改革问题？如今，这个问题是否得到解决？你为此付出了何种努力？

2. 请思考并写出你所在学校的特色，这些特色中，有哪些是你认同的，哪些是你觉得可以改进的？

“鱼”和“熊掌”能否兼得?[①]

566撷取了“我乐乐”的谐音,寓意“快乐,我们永远的目标”;566的第二层含义是每周五的第六节课的36分钟,我们将活动列入课表,统一时间,集体行动;566的第三层含义是五个年级、六六三十六个项目。

孟子说:“鱼,我所欲也,熊掌,亦我所欲也;二者不可得兼,舍鱼而取熊掌者也。”孟子这里所说的是当两者不可兼得时我们该怎么办?在学校的课程领导中我们也会经常碰到“鱼”和“熊掌”的两难问题,有时说说容易,但真正决断或取舍也并非简单。因为,在学校课程管理中“鱼”和“熊掌”的界限有时候还真不容易分清。

记得一次学校骨干教师与中层干部的东山之行,为了让武宁的孩子快乐、健康地成长,学校经常会组织一些学生喜闻乐见的活动,家长、老师常表现出疑虑,担心活动太多会不会影响学习成绩?我在研讨会上给教师鼓劲说:“大家不要有压力,我只要武宁的学生学业考试在区里中等以上就可以了。”话虽说出去,事后我也有所担心,武宁可是普陀区的中心校,是首批上海市素质教育实验校,又是市“一期”、“二期”课改基地校,教学质量一直位于区的前列,真的这样我会不会被领导批评?会不会就此影响学校的声誉?

记得学校五十年校庆时,我组织策划了一个活动,让五十名学生采访五十位不同时期毕业的、有成就的老校友写成采访稿,汇编成《桃李满园笑芳菲》一书。当我翻看孩子们写成的采访稿时,惊奇地发现有着惊人的相似之处,校友们对小学五年印象最深刻的都是当初参加的一些学校活动,这引起了我的思考:怎样让孩子的童年留下美好的回忆?如何丰富孩子的经历,给孩子“完整”的生活?

于是在一次行政会上,我提出了自己的想法。班子成员各抒己见:“我觉得我们学校在‘开架式教育’中形成的‘菜单式’活动很好,学生非常欢迎,但是还没有课程化,随意性较大,有的活动质量还可以改进,我建议可以排进课表。”时任辅导员的俞

① 上海市武宁路小学孙纳新执笔。

芳老师谈了自己的看法。“活动太多孩子就会分心，精力不放在学习上，每次活动结束后的质量监控成绩总是不太理想。”分管教学的教导发表了自己的看法。“我觉得活动还是要控制的，主课都来不及上了，还要让给活动课，我不同意。”教导处的潘老师发表了意见……意见纷争，一时难以统一。纷争的意见背后有着错综复杂的问题：社会大环境的应试教育的影响，考核评定的影响，不同的分工看问题的出发点不同的影响等。

活动要搞，质量也要，鱼和熊掌我都要。我不能以此简单地断定要鱼还是要熊掌。因为，它们都是我的左膀右臂。我肯定了大家对学校发展的关心，同时提出了不妨先试一个阶段，好就坚持，不好就取消。听了我的想法后，大家最终决定先试行，每周安排一节课，实行走班教学。并取了一个好听好记的名字“566”。“566”有三层含义：566 撷取了“我乐乐”的谐音，寓意“快乐，我们永远的目标”；566 的第二层含义就是每周五的第六节课的 36 分钟，我们将活动列入课表，统一时间，集体行动；566 的第三层含义就是五个年级、六六三十六个项目。从课程的设置到老师的配备再到学生的报名，课程的开始也并非一帆风顺。师资的缺乏，36 门课程涉及不同的领域，虽然个别老师有一技之长，但也并非专业人士，科目内容不够，老师负担重不愿意承担，课的质量不高。一个个困难出现在面前。怎么办？是退还是进？

一份学生问卷让我做出了决定。每学期学校都会有一次学生问卷，调查孩子学业负担以及对老师上课的满意度，出人意料的是，该学期的满意度调查，“566”活动竟然排名第一。虽然我们的课程还不够成熟，但是它已经受到了孩子们的喜爱，这更坚定了我要坚持实施“566”课程。于是大家又开始讨论对策，一致认为师资是最大的困难。“可以聘用一部分家长资源。”“可以去少科站找一些专业人士。”“可以让老师到专业机构去参加培训。”一条条建设性意见应运而生。于是，一年以后，师资状况有了很大的改善。

学生的需求是学校教育、教学的出发点。“以学生为本”的理念，不仅体现在丰富课程的开放上，还要体现在能否让学生学有所得、学有所乐、学有所创，让“开心、开放、开创”的“开架式”教育理念植根于课程实施的全过程。为此，我又引导班子成员对 566 课程实施以来的经验、教训与问题进行了梳理、总结与反思，提出了分类分层的要求。原有的 566 课程所有的科目都规定在一学期 16 课时完成。经过一年的实践后，我们通过问卷、座谈、调查等反馈，在第二年将 36 门课程进行了微调，拓展了学生的学习生活领域，并做了科目分类的工作，分成了：艺术表演类、动手制作类、科技环保类、生活技能类、学科应用类、体育运动类这六大类。在随后两年的实践中我们又发现 36 门活动课程，课时过于统一，科学性、实效性不够。从科目目标、科目内容、科目要求而言，不同的科目有其自身的特点，如学习周期较长、技能要求较高、思维要求较高的活动项目，适合持续性开展一学期（16课时以上），甚至一学期也不够。例如《棒球小子》、《茶香飘飘》、《实验游戏》、《机器人》等长课程；还有一些学生感兴趣、想体验、容易学的，但“兴趣”持续时间又不长的科目，只适合半学期（8课时）的活动课程。例如《弄堂游戏》、《小小旅行家》等短课程；还有的是时事新闻、社会热点等时效性课程。如，《逃生演练》、《热门影评》等微课程。2011年，学校借市教委“快乐活动日”全面推广之际，又对学校实施多年的566课程进行了再调整，将原先六大类课程调整为七大类课程，增加了社会实践课程，为学生提供了实践与创新平台。同时，在开发长、短、微不同层次的课程中，既考虑了课程内容的性质特点，又满足了更多学生的不同兴趣发展需求，体现了“我乐乐”的课程宗旨。

学业质量也要，学生的健康成长也要。当两者不能兼得时舍鱼而取熊掌。眼看“566”活动受到越来越多的孩子欢迎，课程的实施也逐渐步入正轨，一次教导主任着急地来找我，建议减少“566”的课时数。“校长，上次全区回头考我们的排名不太理想，没有做到名列前茅。现在很多学校都开始补课了，我们不补不是亏了吗？”还有老师附和着说：“我看是不是把‘566’暂停一下，补课要紧，等质量监控结束后再恢复？”老师们的用心良苦我知道。我语重心长地对大家说：“鱼，是我想要的；熊掌，也是我想要的。理想的状态，两者都能得到。但如果不能同时得到的话，那么就舍弃鱼而选取熊掌。什么是学校的‘鱼’？什么是学校的‘熊掌’？如果说学生的学业质量是‘鱼’的话，学生的健康成长则是‘熊掌’。从我校长的功利出发，当然‘鱼’很重要，而且很快会见效；但从学生的长远利益考虑，为了‘熊掌’我们只好忍痛舍弃‘鱼’。”我环顾了大家一下，似乎气氛有点凝重。我接下去说：“我也知道大家是为了我校长好，但我们不能以牺牲长远利益换取眼前的利益。在如今中考、高考指挥棒的影响下，家长往往更关注孩子的学业成绩，让孩子参加各种各样的文化补习班，根本不会顾及孩子的感受和兴趣爱好。很多人都认为成绩好就是好孩子，而不去追究这个成绩好的背后是付出了什么代价。金字塔顶永远是最稀少珍贵的，我不能为了要这塔顶而牺牲学生的健康成长。”

会后，我们又认真分析这次“失利”的原因，进一步引导教师正确领会学生能力与成绩的关系，成本、效益和效率的关系，丰富多种经历与拓展学习领域的关系，以学生主动地、生动活泼地健康成长为学校一切工作的出发点和落脚点，在提升566课程品质的同时，改善了课程操作的流程，提高了工作效率。如今，学校又增设了学生的晨练等等。学校要求大家在活动中重视放手，以培养学生能力为重。为此，学校曾做过学生快乐指数的调查问卷，结果显示，活动带给孩子快乐，活动带给孩子成长，活动锻炼孩子的能力。我校“菜单式”活动、“快乐六一任我行”活动、“566快乐活动日”、“学科节”活动、各种“主题”活动等等，每一个活动都让学生们难以忘怀，每一个活动都成为不少学生笔端下的故事。活动开启了学生的智慧，培养了学生组织能力、动手能力、交往能力和主动汲取知识的能力。引导教师学习领悟“学生为本”的真谛是正确处理眼前利益与长远利益，当下利益与终生利益的关系。日本现代教育家小原国芳曾经说过：“只有在真正伟大的丰富多彩的儿童生活中生活过的孩子，才能很快成为真正的大人。”的确，我们的教育应帮助孩子们获得充实感和闲适感，获得慢慢成长的从容和淡定，这也正是教育的真谛。

孩子在丰富多彩的校园生活中锻炼了能力，非但没有影响学生的学习成绩，还让我们看到学生发展的后劲，“鱼”和“熊掌”在用心践行中尽可能兼得。每年的寒暑假、教师节，许多升入初中的学生一个个兴冲冲地回母校看望老师，一个个脸上洋溢着自豪的神情。“老师，我考了班级第三名。”“老师，我很留恋我们学校的566快乐活动。”“老师，我还想回来参加社团活动。”“老师，你知道吗？我们学校年级前10名基本上都是我们武宁路小学的学生包下来的。”“老师，开学典礼上，我的笛子独奏很扎台型哦！”“老师，我现在可是我们学校乐队的主力队员。”……一张张笑脸，一个个自信的表情，一个个喜讯，令我感到欣慰，武宁的孩子是有后劲的，武宁的孩子是有希望的。

校长的课程领导力关键是如何在课程改革的实践中将学校“开架式”教育的“开心、开放、开创”的理念得以延伸、深化，以此引导教师在实践中践行“学生为本”的思想，并将此付诸实际的行动，不仅要对学生的当下发展负责，更要对学生的长远发展和终身发展负责，用心去做一件事情，工作中的很多困难都能被自己所克服，身边的很多资源都会被自己整合，形成推动工作的合力。校长要摒弃功利，切实对学生、对历史负责，正确处理好“鱼”和“熊掌”的关系，还孩子一个幸福快乐的童年。

问题讨论

1. 想一想，故事中“鱼”和“熊掌”兼得的原因究竟是什么？

2. 回忆和分享你进入教育领域最重要的几点原因。你的想法现在有了什么改变？请简要解释。

3. 5年之后，你的学生都离开了你的课堂（学校），你希望他们如何评价你（或学校）？如何评价他们在你学校中的学习？

是“我们”，而不是“我”①

我们集思广益所做的这份指南，难道只是为了给老师们打个分数？即使有了这个分数，难道就算提高了老师们的课程领导力了吗？

我的困境：无法回答的难题

在课程领导力项目实施之初，我被问及最多的问题就是“什么是课程领导力？”一线老师们在问我，教研组长们在问我，连中层干部们也在问我。也有不少老师质疑：“既然是课程领导力，那跟我们一线教师又有什么关系？”面对这样的疑问，如果我仅仅回答一个概念定义或者仅仅告诉我的老师们“课程领导力跟你们也有很大的关系”实在显得有点苍白无力。而这种无力感也使我不得不去思考：课程领导力究竟是什么？教师和课程领导力究竟是怎样的关系？而作为园长的我如何将新名词“教师课程领导力”清晰地展现在教师和教研组长们的面前，变成易理解、可实践、能评价的内容呢？

我的思考：我需要一根“杠杆”

有一点我可以肯定的是，面对这些问题，不是三言两语就能回答的；解决这些问题，也绝不是仅凭我一己之力就能完成。要撬起老师们课程领导力的全面提升这一“庞然大物”，我必然需要一根合适的“杠杆”。这根“杠杆”首先要让我和所有的老师都能深入了解课程领导力的内涵，又能帮助老师们在实践中实实在在地提高课程实施能力，同时亦能成为我以及所有中层干部们提升自己以及全体教师课程领导力的

① 上海市冰厂田幼儿园姚健、皇甫敏华执笔。

有力帮手。而要满足这些条件，一份能够清晰呈现课程领导力内涵的文本无疑是最合适的方式，于是我开始在脑中构想是否能够制定一份关于教师课程领导力的指南。

我和项目组：独乐乐不如众乐乐

要形成这样一份指南并非一件易事，它必须全面、科学并对幼儿园老师有实践意义。然而，关于幼儿教师课程领导力方面的文献并不多，而且即使有，也只是停留在一些比较上位的理论层面，难以满足为一线老师的课程实施提供实践指南的要求。我想，要设计和制订出这样一份指南的人，他必须有准确的课程理念，有一定的课程理论基础，更重要的是，他不能与实践脱离，他必须了解一线课程实施中真实存在的问题。而要满足这所有要求，那他必定不是一个人，而是一个团队。我们课程领导力项目核心团队，既要有作为幼儿园课程开发中坚力量的保教主任们，又要有对课程实践一线有深入了解的教研组长们，也要有在理论和科研方面具有很高专业素养的科研室的老师们，正是因为有了这样一个团队的智慧的集合，才为指南的形成提供了最坚实的基础。

对于项目核心团队来说，对指南的研究着实是一个“痛并快乐着”的过程。指南应以什么样式呈现，包含哪些内容，内容怎么表述，怎么让老师更好地理解等等问题一个个摆在眼前，无一不让老师们伤透脑筋，但当我们通过不断地争论、研究、咨询专家并反复修改最终将这些问题一一解决的时候，又一次次带给了我们满足感和成就感。经过反复商讨，《冰厂田幼儿园教师课程领导力指南》的初稿最终成型(以下简称指南)。《指南》以教师课程领导的四大能力，即“课程理解力”、“课程实施力”、“课程设计力”以及“课程评价力”为一级指标，并对四大能力包含的具体内容及其内涵进行了解释。同时，《指南》还通过“检测点”将每项内容进行细化和具体化，使教师在更好地理解课程领导力的同时，也能比较清楚地找到自我反思和检测的要点，增强了该《指南》的可操作性。同时也增加了“信息采集”一栏，作为教师以及管理者对《指南》进行具体运作的建议和指导。

我和一线教师：不只有我是“领导”

在《指南》的研讨过程中，我们曾走过一段小小的弯路。当时在研讨过程中有老师提出，是否可以考虑将这份指南变成一份指标，用量化数据来评价教师的课程领导力水平，同时数据统计的结果也可以作为教师课程领导力是否得到提高的证明。

项目核心团队中也就究竟是细化为指标还是仅仅作为指南产生了分歧，等着作为园长的我来做出最后决定。但我却觉得，无论作为指南还是指标，最后都是要为老师们所用，那么何不将这个决定权交给一线的老师们呢？于是，我们便将指南的初稿分发给每位老师，请他们就这份文本提出自己的建议。我们在统计了老师们的意见后发现，老师们大都肯定了指南作为自己日常课程实施的参考价值，但同时也认为作为评价指标的话有操作性不强，缺乏对不同层次教师的针对性，很多内容都较为笼统宽泛难以做到客观评价等等问题。

老师们的建议使我开始重新反思自己想要制定这份课程领导力指南的初衷。不得不承认，身在项目的核心，有时候反而因为对结果的追求而拘泥了思维，但老师们却能够从最实用的角度客观地来评价这份文本的实际价值。我们集思广益所做的这份指南，难道只是为了给老师们打个分数？即使有了这个分数，难道就算提高了老师们的课程领导力了吗？答案当然是否定的。在这次研讨中，一线老师们充分发挥了自己的智慧，也使这份课程领导力指南的研讨在经过了这段小曲折之后重新回到了它原有的设计思路上来。

我和全园教师：我们一起做中学

有了《指南》以后，该怎么来使用它是作为园长的我不得不去思考的另一个问题。我不想让它成为给老师打分的考卷，更不想让它成为老师们桌上一份可有可无的文件。它必须在老师们课程实践的过程中，发挥它作为参考，作为引领，作为一面“镜子”的作用，真正地为老师们的课程实施“指路”。

秉持着这样的理念，我们在由专家、核心团队和一线老师们组成的项目研讨会议上，最终决定将这份《指南》作为一本《教师课程领导小手册》的开篇，鼓励教师在日常教育教学过程中，在一段较长时间内，在手册中积累各种与指南中所述内容相关的案例，来反思和评价自身课程领导力的发展。而我和中层管理者们，也将和老师们一起，积累大家的实践案例的同时，一面评价老师们的实际发展，一面反思自己在课程引领方面的工作成效。也就是说，围绕着这份指南，全园都能真正在课程领导力的各个方面发挥自己的主观能动性，让我们每个人都能在实践中真正地去领悟课程领导力，提升课程领导力。

我的反思：是“我们”而不是“我”

文章开头所提到的那些问题，原本我以为要在《指南》正式出台以后才能解决，然而当我重新回顾《指南》的研制历程，让我突然意识到，《指南》的研讨过程何尝不是对这些问题的最好解答。在这些有着艰难、有着曲折又有着许多成就感的过程中，我和我的老师们对课程领导力都有了更深的体会和理解。David W. Johnson 和 Roger T. Johnson 曾提出“要做领导者，不要做管理者”的观点。他们认为领导的意思是“引导人们去旅行”，领导者指出拓展新领土的方向，这是一种共同的探索，它包括革新、学习新的观念与方法，发现解决老问题的新方法，领导者想的应是“我们”，而不是“我”。在这次制定和完善《指南》的过程中，使我感触最深的就是，课程领导力虽冠有“领导”之名，但它绝不是领导个人能力和成就的体现，能否充分发现并调动每一位老师的课程智慧，并将其凝聚成为全园课程发展的动力，才是园长课程领导力的最好表现。

问题讨论

1. 不妨回顾一下自己的教育领导经历，你是否已经完成从“我”到“我们”的转变？如果答案是肯定的，想一想是什么激发你作出这一转变？

2. 如果你还没有完成这一转变，你认为需要哪些条件才会激发自己作出这一转变？

从“思幼”到“思优”①

现在我可以说，过程性思想领导，是通过园长与教师、家长的上下互动，不断澄清“儿童需要高满足”的内涵、传播故事、开发工具和平台、获取证据，让教师自觉内省的过程……

幼儿园班级门口的家长工作台中新添了 ipad，乐乐妈妈输入孩子的姓名，显示屏上出现乐乐当日在园参与的活动与表现。随后而来的家长也陆续打开平台，查看起来，随之欣喜之情溢于言表，甚至走到幼儿园门口还驻足讨论：

“原来孩子一天当中参加了那么多的活动啊！怪不得孩子天天吵着要到幼儿园……”“老师告诉我，宝宝适应性行为出现多少，表明她多方面需要的满足和需要产生，这样的宝宝是快乐的。”“我家小囡喜欢结伴做游戏，她会计划活动的步骤和主动想办法去解决问题……”“过去我总纠结孩子在幼儿园到底学会了什么，现在老师让我很清楚地知道了孩子在园里学会了什么，是怎么学的，看来我的观念也要改变了。”……

家长的讨论使我不由回想起从研究儿童需要为起点的一步一步的实践历程，最深刻的体会就是在从“思幼”到“思优”的转型中，过程性的思想领导是重要保证。现在我可以说，过程性思想领导，是通过园长与教师、家长的上下互动，不断澄清“儿童需要高满足”的内涵、传播故事、开发工具和平台、获取证据，让教师自觉内省的过程。

难道要满足“儿童所有的需要”吗？

思南路幼儿园在 20 世纪 90 年代开展了关于“儿童需要”的行动研究，形成了教师普遍认同的“教育，从辨别儿童需要开始”的理念。实践研究与讨论引发了教师新

① 上海市思南路幼儿园郭宗莉、吴闻蕾、施慧洁执笔。

的思考：每天面对各种各样的孩子，每天面对着孩子各种各样的言行，如何寻找对孩子行为的恰当解释？如何从孩子的言行中辨别他们真实的需要？

当时我认为，让老师们从满足儿童需要的角度读懂孩子的行为，先要让她们理解这样一个观点——儿童的需要都是合理的。教师听后第一反应是提出质疑：难道所有的需要都是合理的吗？她们列举了一连串的带班中遭遇的苦恼和没有披露的“为难”之隐。

“如果孩子的行为影响集体的活动，他的需要难道也是合理的？”

“难道孩子不合理的要求也要满足吗？”

“不合理的行为是不是表达了不合理的需要？”

“是的。”“好像不完全是。”……

根据对当时教师观念和幼儿园办园状况的分析，我感到一些教师存在着一种认识上的误区，需要有一个解开教师心结的“现身说法”。我讲述了一段小班吴老师关于“藏宝箱”设计由来的故事：

融融总是爱把玩具、用品藏起来，一盒玩具眨眼就不见了，吴老师想：难道她是要把玩具占为己有吗？但很快她就否定了自己的想法。孩子只是热衷于“消失——出现”的玩耍。于是，吴老师设计了“藏宝箱”来满足孩子探究、好奇的需要，从此班里的小玩具再也不丢失了，“藏宝箱”成为了孩子们乐此不疲的学习分类的操作材料。

案例带给每位老师的思考在于，习以为常的“不合理”行为的背后是孩子的合理需要未被满足。由此，教师开始关注幼儿的行为，并自发组建课改小组，在幼儿园一日活动中对儿童需要的行为表现和活动倾向进行观察、研究。现在想来，当时提出和后来坚守的价值观对于幼儿园办园内涵发展起到了重要的导向作用。如果当时没有这样一个价值观的提出，就让教师投入到课程开发、活动设计和保教质量评估的话，很难想象会出现怎样的情况。

“儿童需要”何以显性化？

老师们开始会从满足需要的角度去谈论自己的保教实践。但是，我又发现，教师虽然知道要满足儿童需要，但在实际带班中却没有办法做到这一点，询问教师，有的说儿童需要是内在的、变化的，看不见，也把不住；有的说知道幼儿的需要，但却把握不住处理的度；也有的老师说不知道怎样才是“满足需要”的“好”的方式。

如何既让每个教师对质量有自己的意会和实践，又能在组织层面有一个明晰的、教师认同能把握“满足儿童需要”的文字表述，这是我苦苦思索的难题。因为我不愿意组织编撰一套在文献资料研究基础上的“指引”下达给教师们，这会使教师陷于被动接受、单一理解的困境，而产生“被执行”的排斥心理。

我有一个想法——每个老师都是有故事的，故事很多时候能够反映教师实施保教活动过程中的复杂情况。让大家的观点和做法有碰撞、有交流，才会有汇聚。于是，我通过《说出你的“思优”故事》主题活动，向每位教师征集满足孩子需要的“思优”故事，篇幅不求长，但一定要真实。

结果，一篇篇的微故事汇集到我的手中。在看到这些故事的欣喜之余，我在想，如何去辨析故事背后对“儿童需要高满足”保教质量观的理解？是我一个人辨析还是邀请老师们一起品读？从故事品读中能否概括出几句大家认同的话语？

随之而开展的“故事汇”中，宗老师率先说起她改变一日活动固化安排的“‘活’的流程设计故事”。

于是，青年教师追问：“孩子每天都在变化，怎么设计呢？依据是什么？”

“用一句话说吧，就是只有老师等孩子，不让孩子等老师。”

“对呀，很实在，能理解。”

……

就这样，教师们分享着故事，也在品读的故事中挖掘创意亮点，迁移经验，概括成句，经过步步思考、层层筛选，在许多故事中抽炼出了《“思优”教师是这样看待儿童的》、《“思优”教师是这样实施教育的》两大类共20句大家认同的话语，比如：“老师的创意就是孩子鲜活的事情和生动的事件”；“满足孩子需要的最基本的方式是能让他做出选择”等。这20句话，来自于对教师“显性化”行为的归纳，表述这些观点用的是教师自己的话语。显性化的过程，在本质上是让教师走进儿童，实现质量观的“活化”。所谓“活化”就是教师有“她”自己的理解，知道为什么这样做、可以怎么做。同时，显性化作为园长思想领导的重要抓手，也是实现组织内教师群体整体转变质量观的保证。园长的思想领导，必须寻找和借助故事传播、观点提炼乃至创意设计等“软技术”，质量观才能转化成教师的实践。

“满足需要”的过程能自我监测吗？

“满足儿童需要”质量评价的行动是以教师“三档一体”(《幼儿成长档案》、《教师研究档案》、《班级质量档案》)的工作开始的，教师虽然这样做了，只是很零星地做，还没有形成每天都这样有意识做的“习惯”。质量观的自觉转变，是一个复杂的命题，不能依靠自上而下的布置与检查，而必须基于教师的自我监测，发挥教师群体的内生力量及其效应，让教师形成收集信息和分析信息的习惯，并基于信息分析来改

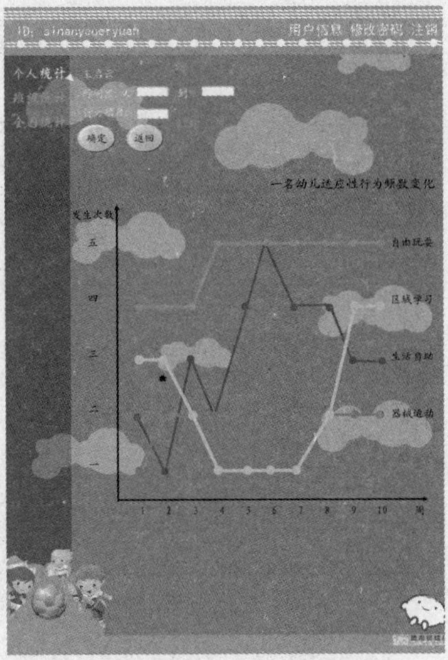

进保教实践。教师信息收集和分析，要连续，能够跟踪比较，不能过于繁琐而要便捷，否则教师可能会因为负担过重而不愿意去做，缺少持续监测的动力，很难坚持。

于是，我们进入了对保教质量监测平台的系统开发，积聚了教师探索热情和对保教质量提升的创新思维，“量身定制”的数据化平台诞生了。

让每一个孩子的需要在幼儿园里得到满足，实际上是旨在建立一个记录过程性信息和结果性信息的保教质量数据库。数据库的建设，有助于教师分析过程中到底发生了什么、改变了什么，亦即不仅知道结果，并且知道结果是怎么来的，过程中哪些因素影响了结果，哪些因素是可以改变的以及怎么改变。这样一个综合监测平台，是基于信息技术的，更是基于教师自我监测的习惯和文化，基于家长和社会外部力量介入的诉求和可能。

从我的领导到教师的自我领导

随着“思优”质量观悄然走进教师的心里和“满足儿童需要”活动创意设计的推进，教师之间关于保教质量的讨论越来越多。先行使用保教质量监测平台的情况到底怎么样呢？全园老师期盼着试点班的亮相。

开学已两周，试点班中一班的教师开始对本周幼儿区域学习的统计数据进行分析。点击打开“日数据分析”栏目，在“一类活动中（区域学习）各项适应性行为频数百分比比较”中生活自助区、小实验区、数经验区孩子适应性行为频数较高，但以往深受孩子喜欢的阅读区在统计数据中显示适应性行为频数垫底。两位老师取出阅读区材料：故事图书、图片排序、单幅（讲述）图片，同时查询每个孩子不适应行为频数记录的时间，数据显示：选择图片排序的孩子最多，但专注时间均没有超过 5 分钟。教师对图片排序材料先进行了“再设计”，于是在阅读区里有了图片排序的“转轴书”；故事书变成了前后内容连续展开的“折叠书”；单幅图片成了满足幼儿反复动作需要的“立体插入书”。在随后的二三天，平台“日数据分析”中，孩子在阅读区的适应性行为频数呈现出上升的趋势。

试点班老师直白地说：“孩子的需要是否都要满足，我们知道了。”随之，班上又有了向家长开放平台的每日查询、一周数据分析、每月家园共商等具体做法。

对积累的数据进行深入分析，如纵向的跟踪性的分析和横向的班级群体之间的分析乃至全园各年龄班级的分析，并按不同需求设定权限反馈给教师、家长，从而达到真实的基于证据的保教质量改进。于是，就有了故事开头令人感慨的一幕。

在当前提升课程领导力过程中，园长要实现从经验领导到“假设——实践——评估”循环实证的转变，面对的是领导思维方式变革的挑战。回想这一路的历程，觉得很充实，而教师和家长的话常常又让我增加新的前行动力……

问题讨论

1. 在你的教育教学实践中，你是如何理解和践行“以学生发展为本”的理念？

2. 你认为教师(学校)是否应该满足学生所有的需要？如何从孩子的言行中辨别他们真实的需要？

创智延伸：从学校到家庭①

当孩子探索的愿望被点燃时，学校教育、家庭教育和教师教学行为三者之间如何形成一种全方位、全时空融合的育人模式，呵护并培育这可贵的萌动？是否能让科学课堂走出学校，再也没有课堂铃声的限制；是否能让科学课堂走进家庭，再也没有学校围墙的阻隔……

Play, do, learn，一个美丽的梦想

"老师，我知道电池能供电，如果把它放在醋里还能发电吗？"

"老师，为什么每个人的指纹都不同？"

"老师，我们想制造一个小火箭，行吗？"

……

下课铃已经响了，可是孩子们还在科技实验室里流连忘返，迟迟不愿离开。他们热爱科学，喜欢提问，喜欢做实验，虽然学校一周有 2—3 节科技课，也经常开展科技探究活动，但是仍旧不能满足他们的需求。望着孩子们一双双渴求的目光，科技老师们陷入了沉思：课堂的铃声，是否意味着教育的开始或戛然而止？孩子们走进或离开校园，是否意味着学校教育的起点或终止？当孩子探索的愿望被点燃时，学校教育、家庭教育和教师教学行为三者之间如何形成一种全方位、全时空融合的育人模式，呵护并培育这可贵的萌动？是否能让科学课堂走出学校，再也没有课堂铃声的限制；是否能让科学课堂走进家庭，再也没有学校围墙的阻隔……

经过周密设想，科技老师们郑重地交出了一份构建《百个儿童家庭科技实验角》的方案，他们希望孩子们能在教师、家长的指导下，以自己的喜好为学习的起点，以自己生成的问题为实验课题，以家庭为实验基地，充分利用课堂以外的时间和空间开展探究活动。科技老师们说，要让孩子们"在做做玩玩中丰富科学素养；在做做学学时提炼生活体验，在做做问问中开始探究的旅程，在做做想想中亲历科学的过程，

① 上海市平凉路第三小学郑小燕、商凌鹂执笔。

让儿童可贵的创新与探究意识的萌芽能够在一片合适的土壤中生长”。

“为至少一百个儿童打造家庭科技实验角，让他们能在家庭中继续科学探究之旅。”这是一个美丽的梦想。

Come on，让我们一起来探索

“老师，怎么才能在家里建立一个实验角啊？”

“老师，我的实验需要用酒精灯，什么地方能够买到呢？”

“老师，我看见网上有一个‘刺不破的气球’实验，我能做吗？”

……

“百个儿童家庭科技实验角”建立啦！可是当美丽的梦想付诸实践时，困难接踵而来：怎样帮助学生寻找实验的来源？怎样指导学生安全、系统地开展家庭实验？怎样做好规范的实验记录，完成有质量的实验报告？……这些困难摆在了科技老师的面前。

“找一个家庭角落，准备一个小工具箱，购置一点科技书籍，构思一个科技探究点，亲历一次科学的过程，展开一次充满快乐的小小爱迪生之旅。”科技老师率先发布了《儿童家庭科技角建设小贴士》。随后，又陆续建立了有关儿童家庭科技实验角管理规范的制度，如《家庭科技实验角规范》、《家庭科技实验基本要求》、《家庭科技实验角申请登记表》等。建立了有关教师对儿童家庭科技实验角指导帮助的制度，如《教师对儿童家庭科技实验角探究活动指导的要求》、《各年级家庭科技实验指南》、《教师指导学生家庭开展活动契约任务书》、《学生实验任务模板》等。建立了有关儿童家庭科技实验角活动开展评价性制度，如《优秀家庭科技实验角评选要求》、《科学小达人评比制度》等。规范的制度保障了家庭科技实验室的顺利实施。

在学生实验最困难的时候，总是能看见科技老师们的身影：

Q老师为了帮助学生做成一块肥皂，陪着学生一次又一次地实验，温馨的话语、关切的眼神，给了孩子信心和鼓励。

L老师手把手地指导孩子们如何种植，一次次挖坑，一回回铲土，手上的老茧渐渐厚实，皮肤渐渐粗糙。可是当看见孩子们把小小农场搬回了家，阳台上、院子里，一块块“实验田”得以开垦时，她笑了。

C老师为了能让“梦之队”的机器人穿上漂亮的衣服，不知走遍了多少服装批发市场，逛遍了多少淘宝商铺，不仅找来了美术老师设计图纸，还请来了裁缝当场制作。最终，孩子们的机器人穿上了漂亮的服装。

在孩子们做实验的过程中，科技老师们始终不断地追问，不断地点拨，无私地帮助，促进每一个孩子在科学探究热情生长的过程中掌握发现问题的方法，获取自主探究的敏锐，磨练克服困难的意志，激发创新意识的萌芽。

Don't worry，爸爸妈妈也能当老师

“老师，我们的孩子五年级了，上补习班还来不及呢，哪里有时间参加这个活动啊？”

“老师，我们家里很小，没有地方给孩子建立实验角怎么办？”

“老师，我们可什么也不懂，怎么指导孩子做实验呀？”

……

百个儿童家庭科技实验角的主阵地是孩子们的家庭，在孩子实验的过程中，没有家长的理解和支持，科技老师们孤掌难鸣。作为教师该如何有效地对家长进行指导，从而带动家长自愿、自发指导孩子共同完成家庭实验呢？科技老师们意识到，只有加强家校间的联系，让家长理解和了解家庭科技实验角，才能引导家长转变观念，发挥家庭教育的优势。

于是，他们放弃了休息，不辞辛劳地走进学生的家庭。一次次走访学生家庭，一次次向家长宣传活动的要求，面对家长们的疑惑和不耐烦，老师们耐心地解释沟通：

“小李妈妈，我们和孩子一起做个可移动的科技角吧，不影响家里的空间。为孩子留出一个科技角，就是为孩子种下了一颗种子呀！”

“小王爸爸，你和孩子好好交流一下，看看他做小实验的热情，一定会感染你的。这种求知欲是孩子一生难得的财富呀！”

“爸爸妈妈们，别担心，我们会组织你们一起培训的。和孩子一起成长，是老师和家长最大的幸福。”

渐渐地，爸爸们开始理解了：五年级小刘的爸爸特意在双休日为儿子去买起重机的支架，支持儿子的家庭科技活动。妈妈们也欣慰了：放学后，菁菁妈妈和女儿一起制作能预防近视的台灯，比孩子还起劲。家长们说，从担心到欣慰，是因为看到孩子会主动学习与思考了。

课表上科技教师一周满课时16节课，但他们往返于家庭与学校，早已逾越了传统的35分钟课堂。5个、10个、30个、50个、80个、100个……记不清他们的脚步迈进了多少个孩子的家庭。“好望角”、“‘琦’思妙想”、“我的神奇实验室”……一个个闪耀着童真色彩的科技角在孩子们的家中诞生了。

SOS,我们需要后援团

“老师,我想做滑轮实验,需要一个龙门架,您能帮我想想办法吗?”

“老师,我的实验需要全程录像,后期还需要视频剪接和编辑,可是我不会怎么办?”

“老师,一个动滑轮能节省一半的力,那多装几个动滑轮是不是就可以把所有的力都节省了?”

……

随着参加百个儿童家庭科技角项目学生人数的增多,困难也接踵而来:学校的设备器材供不应求怎么办? 100 个学生家庭,3 位科技教师,一对一的指导,教师忙不过来了怎么办? 孩子们的实验内容包罗万象,教师专业知识有限,学生的疑问教师无法一一应答了怎么办? 必须打破固有的思维模式,以创新的思维和方法解决问题。科技老师将目光投向了学生家庭和所在社区。

学校资源有限,而家长们从事不同的行业,具有不同的经历、职业特点和专业背景,本身即是一种活资源。于是,科技老师们不断地寻找着家长与学生实验之间的连接点。渐渐地,家长们从一开始的旁观变成了主动参与,从无从入手变为积极应对:身为大学教授的爸爸和女儿一起设计了“水与空气”三个系列实验;工程师爸爸亲自为儿子的实验设计制作龙门架;小学教师妈妈一次次帮女儿修改实验汇报稿……在孩子们实验的过程中,家长资源的开发起到了推波助澜的作用。

杨浦区是一个高校聚集的地区,科技老师想到了请外援的好办法。学校请来上海电力学院的教授们当起了客座教授,在他们的科普讲座中,一个个来源于生活而又蕴含着深刻科学道理的小实验深深吸引住了孩子们的目光,启迪着孩子们的思考与实践。力学、电学、工程学,当孩子们的实验遇到瓶颈时,教授们的学术援助无疑是雪中送炭。不仅如此,电力学院的 20 名大学生还自愿组成了志愿者队伍,与孩子们结伴开展科学实验。他们为孩子们提供 24 小时热线电话服务,上门指导实验,带孩子走出校园参观大学实验室、院士风采馆。

学校还积极寻求社区扶植,与所在的社区——杨浦区定海街道签订了共建协议。学生实验器械不够,街道拨出专款购买后专程送到科技老师的手里;为了开辟学生科学活动的场所,街道的“科学商店”开张了;学生的实验展示和汇报活动,街道派出志愿者全程参与。有了社区财力、物力和人力的大力支持,学校的科学课程建设没有了后顾之忧。

这些蕴藏在家庭、高校和社区内的教育资源大大弥补了学校课程资源和师资力量的不足,为孩子们的实验提供了有力的保障,保证了活动的有效开展。

Good news,那一天梦想成真

好消息,好消息!

小朱同学自制肥皂失败7次,最终做成了一块能洗手的肥皂;

“种子的秘密”实验小组历经十天观察,验证了“种子发芽时力量大”的结论,获得了上海市小学自然学科长周期探究活动评比一等奖;

“梦之队”机器人实验小组经历无数困难与考验,获得了2011 RoboCup青少年机器人世界杯中国赛一等奖;

……

短短两年,科技老师们设计了一至五年级课外推荐实验80个,召开家长培训会议8次,市区学生现场交流活动4次,建立学生科技实验档案100余份,指导学生们成功地开展了近300余个家庭实验,先后有100多名学生获得了学校授予的“科学小达人”称号。梦想终于成真!

在百个儿童家庭科技角中,教师、学生、家长共同经历着发现问题——选择项目——寻找工具——搜集资源——确定方案——亲历探究——解决问题的学习过程。在这个过程中,学生的思维开阔了,表达顺畅了,观察能力增强了,发现问题的愿望提升了。

在百个儿童家庭科技角中,以科学为纽带,学校与家庭之间、学校与社区之间架设起了一座桥梁,这座桥梁促进家长、社会不仅关注学生的学业,也关注学生获得知识的过程,家庭资源、社区资源得到了开发。

在百个儿童家庭科技角中,教师研读教材,积极学习挖掘教材深度的能力提高了,教师指导实验的综合能力提升了,教师将书本演示实验和各种活动转化为家庭实验的能力提高了,教师的专业发展得以促进。

在百个儿童家庭科技角中,学校实现了“建设一个师生共同喜爱、生动发展的学校”的办学愿景,儿童家庭科技角的脚步从校内延伸向家庭再展现在校园,从课内走向课外再回归课堂,提升着学生校园生活愉悦感,学校的发展找到了新的增长点。

问题讨论

1. 回顾一下你所在的学校,是否曾提出并实施过一项旨在促进所有学生成功和进步的学校教育改革方案和做法?如有,你认为哪些方面最受老师、学生和家长的欢迎?

2. 你是否曾邀请过学生家长参与你的课程开发与实施活动?有的话,请简要叙述这段经历。

点灯之旅[①]

在全体教工会议上，我提出了“敢为人先，争创一流，再创辉煌”的目标，虽然我信心满满，充满激情，但是没有得到教师们的响应。老师们的表情充满疑惑和不屑，仿佛在说凭什么创一流？真是口气比力气大！会后，中层干部说出了老师们的忧虑：这样的校舍，这样的生源，争创一流谈何容易？甚至还有人说，要一流有什么好处，现在这样蛮实惠的，挺好的……

1985年，第一个教师节，我成为了一名语文教师，从此开始了我在语文学科上的无尽探索：与语文书“促膝交谈”，我爱上了那一篇篇风格迥异的美文；和孩子们共同沉浸在语言文字的世界中，我羡慕那些只属于孩子的思维与表达。我努力地上好每一节语文课，长期的坚持让我获得了上海市小学语文新教材教学评比特等奖，还成为上海二期课改新教材小学语文教材编写的特约撰稿人。

本以为，那便是一名语文老师的全部“努力”，直到2003年春天，我有幸跟随教材组到香港参加海峡两岸语文教学交流，这才意识到语文教学的天地是如此广阔。记得那是个台湾老师，她手里拿的是一本图画书，我们好奇地听老师上课。原来这种课叫图书指导课，之前我可从来没听过，更没有上过。课堂上老师和学生们轻松交谈，跟孩子们讨论故事的情节，看似随意的交流，最后却水到渠成，老师拿捏自如，我不得不佩服老师的功力。啊！语文课还可以这样上？点燃学生阅读之情，教会学生阅读表达，这才是语文课的真谛！我的语文教学观由此发生了重大转变！

不曾想，我成了一名校长

2004年暑假，我经组织安排到中山北路小学担任校长。说实话，我对学校的了解很肤浅，但我知道这所学校曾经非常辉煌，是上海市一期、二期课改的基地学校。20世纪90年代学校紧紧抓住课改的机遇，开展各类课堂教学研究，一度进入到发展的巅峰状态。我到学校以后，听老师们谈起辉煌的过去还是那么意气风发，如数家

① 上海市中山北路小学阙奋执笔。

珍。但是只要一讲到目前的状况，老师们的眼神就黯淡了！

由于城区改造，1997 年和苏家巷小学进行了合并，两个学校的文化存在很大的冲突，再加上地铁工程，给学校造成很大的困难；骨干教师的调动、退休，导致学校的师资也发生了较大的变化。在老师们黯淡的眼神背后，我看到了失落，听到了怨言，感受到了沮丧……

领导安排我来到这所学校的用意何在？很显然，是希望我发挥自己的学科专长，重振中山北路小学昔日的雄风。

在全体教工会议上，我提出了“敢为人先，争创一流，再创辉煌”的目标，虽然我信心满满，充满激情，但是没有得到教师们的响应。老师们的表情充满疑惑和不屑，仿佛在说凭什么创一流？真是口气比力气大！会后，中层干部说出了老师们的忧虑：这样的校舍，这样的生源，争创一流谈何容易？甚至还有人说，要一流有什么好处，现在这样蛮实惠的，挺好的……

老师们陆续离开了学校，办公室里变得空荡荡的，我坐在椅子上一动不动，心潮起伏。

重要的是，激发课改热情

课改是学校之魂！从 90 年代一期课改开始，学校始终坚持走课程改革之路。黄唤娣、卜静文等一批优秀教师就是沿课改之路登上了优秀教师的宝座，学校的精神也在课改中不断彰显。然而该如何唤起教师的课改激情，让教师成为课程的实施者和建设者呢？我思前想后，然后开始了我的行动……

首先是建立学校课程中心，确定学校课程改革的总策略。课程中心由各学科的佼佼者组成，他们有思想、有能力，愿意奉献。在总结学校已有课程建设经验的基础上，我与课程中心共同研究，确定了学校课程改革的总策略：在严格执行国家课程计划的基础上，聚焦课程实施过程中的难点，关注三类课程建设的薄弱点；创新课程建设的机制、载体和途径等，为课改推进做先行者、引路人。

其次是利用项目引领，确定项目的选题。亲历的过程才是最有说服力的，要想让教师走近课程，就要用项目引领，让教师在项目研究的过程不断发现，不断前行。2010 年 6 月，上海市教委教研室推出课程领导力项目申报，这无疑给我们提供了极好的平台，我马上抓住这一千载难逢的机遇组织申报，因为我知道时机到了。

项目选题是吸引教师积极参与的关键。此刻，香港之行，听台湾教师课的那份冲动再一次涌上心头。阅读素养作为国际学生评估项目（PISA）测试的主要内容，是衡量学生学习的重要指标，阅读素养应该从小培养。如何让教师们也认同这一选题呢？我找出上海市教育委员会34号文件《关于印发上海市中小学2007学年度课程计划》，看到说明中第七条指出："小学一至四年级拓展型课程部分以兴趣活动的形式进行，要求每周设置1课时的阅读活动。"然而由于种种原因，这一课程在学校并没有得到很好的落实，常常被侵占。我仔细研究了造成课时被侵占原因，发现教学资源的缺失是最根本的原因。如，可供教师参考的教参、教案、课例以及经验介绍等资源都严重缺失，这些都是阅读活动课程实施得不到有效保障的症结所在。"拓展阅读活动课如何上?"教师们开始思考，开始产生实践的愿望，一项研究由此展开，犹如在平静的湖面丢下了一颗石子儿，激起了阵阵涟漪。

上试水课，实现专业引领

由于缺少对指导方法的研究，教师们对阅读活动课无从下手。万事开头难，我决定自己示范上一节研究课。其实我和他们是一样的，也没有任何可借鉴的经验。但是作为校长，我深知此时，一个行动比一百句语言更有说服力。于是利用学校语文教研活动时间，我上了一节阅读活动课——《逃家小兔》。这是一本图画书，我抓住图画书的特点，带领小朋友从图画的色彩、构图的方式和语言的表达入手，边读边欣赏，上课效果还真不错！老师们听课以后觉得上好拓展阅读活动课并非想象的那样难。课后，我又组织老师们进行讨论，确立了拓展阅读活动课的定位。接下来老师们开始上实践课，随着课堂教学的展开，问题也就随之展开，老师们开始提出了一系列困难：选择什么样书目上课？教学目标如何制定？厚厚的一本书怎么确定教学的主题？……老师们又产生了新的畏难情绪。

认识决定行动，我想我必须在老师心中点燃一团火，让他们也对阅读的重要性有充分的认识，只有这样他们才能不畏艰难，跟我一起攻克难题。于是，我请来上海师范大学的梅子涵教授为全校老师讲课，随着舒缓优美的音乐，梅老师用纯正的男中音讲述着《雪晚林边歇马》的故事。做儿童文学的点灯人，这是梅教授自己一生的追求，也是他对我们每一位小学教师的希望。梅子涵教授说：语文老师要亲近儿童文学，不知道儿童文学的小学老师是不合格的教师。他希望他这颗思想的种子能在每一位从事语文教学的教师心中，甚至是每一位儿童的家长心中生根发芽，因此他不辞辛劳地到处演讲。他想告诉人们：儿童文学能把枯燥的道理讲得生机勃勃，趣味无穷。读儿童文学能让孩子把现在或者周末的晚上变得很快乐，他们长大了才会快乐。他希望老师、家长成为孩子的朗读者，通过声音把文学的感受带给孩子。梅老师的讲演虽娓娓道来却有极强的煽动性，我看到老师眼中闪动着光芒，那久违的激情被点燃了！

攻坚克难，创建课程资源

随着项目推进，我发现教师们希望参与儿童阅读专业培训的愿望越来越强烈，于是，学校选送骨干教师参与上海市儿童文学基地关于儿童阅读推进活动的培训，聆听来自台湾、香港地区的专家报告。通过学习，他们打开了视野，获得了不少启发。学校还为老师们购买了《教给孩子阅读方法》等书籍，组织全体语文教师学习，提高教师的鉴赏能力和指导能力。

没有书，我们一起到书城找书、看书，结合学校的育人目标选书、编书目；没有大纲，我们学习语文课程标准，一条一条自己写；没有参考书，我们人人参与，分工合作，自己编写“三导”教学手册；没有课堂模式，我们自己摸索，自创了阅读活动的四种课型……就这样，思路被一点点地打开，从无到有，从有到精，阅读活动课程的资源越来越丰富：“图书漂流活动”、“我与作家面对面”、“亲子阅读 DV 大赛”、“阅读课本剧表演”等一系列的阅读成果分享活动受到师生们的欢迎。“小学生阅读活动评价手册”不仅记录了孩子们平时的阅读体验，还反映出孩子们一学期的阅读成效；“班级图书交换站”、“图书漂流活动”、“静心阅读 20 分”使校园充满宁静与书香……教师们成了阅读活动课程的建设者，在实践中不断完善，在完善中不断收获，在收获中不断成长。我想，“敢为天下先”就是课改精神，就是中山北路小学作为一所老课改基地校的学校文化之精髓。

在不断探索的过程中，我和老师们不断地提炼经验，在项目专家指导下，经过三次的反复修改，终于形成了近 20 万字的专著。老师们看着自己撰写的文字犹如母亲看着自己新生的婴儿，不禁激动不已甚至有些怀疑。

校长的课程领导是带领教师认识课程、实施课程的过程，是和教师们共同学习、共同探索、共同实践、共同收获的过程。校长的理想必须得到教师认同并且化为其具体的行动，理想才会变成现实。

问题讨论

1. 如果你是校长，你是否善于激励人们主动承担责任？你是如何做到这一点的？如果你是老师，你是否也像“故事”里的老师一样参与学校课程开发和建设？曾经遇到哪些困难？如何克服的？

2. 描述一下你心目中“理想”的学校风气和教师文化。

从“执行者”到“领导者”①

在课程设计开发的过程中，我对自己身份的一贯定位——执行者是正确的吗？一名课程设计开发者仅仅凭借“教学概念”就能“独步天下”了吗？

当了十几年的小学语文老师，如果说自己还不知道上课是怎么一回事，那真是要叫别人笑掉大牙了。我给自己的定位就是“执行者”。站在讲台上，我已经习惯于只考虑“如何教”。一讲到课，我的脑海里迸出的一个词就是“教学设计”，如条件反射般。

几年前，学校开始开发校本课程，而我也成为了一名课程设计者。领导说了“开发课程”，那我就执行呗，懵懵懂懂，依葫芦画瓢，第一份课程设计方案也就这样稀里糊涂地出炉了，第一次的课堂实践也就这样过去了。只是，我隐隐约约地感觉“课程开发”和“上语文课”终究不是那么一回事。在课程设计开发的过程中，我对自己身份的一贯定位——执行者是正确的吗？一名课程设计开发者仅仅凭借“教学概念”就能“独步天下”了吗？

我的课程身份是什么？

说起我设计的那门课程《环游中国》，其实当初的想法很简单，因为中国地大物博，可以讲的不计其数，以此为课程内容，必是十分丰富。其他的也没多想，既然领导说了“开发课程”，那我就找个好操作的主题吧。于是，我上书店抱回了一大摞的各地旅游指南的图书，依着课程领导小组给的模板，设计了方案。

那次，学校的“走班课程推介会”请我为全校教师上一节我设计的走班课。我按照老习惯精心设计了教学环节，上的是《九寨沟风情》。一如既往，教学在快乐的氛

① 上海市卢湾二中心小学罗芸执笔。

围中结束了。课后,学校课程领导小组的钟老师问了我一个问题:"罗老师,学生们确实很喜欢上你设计的课程,在你的课堂上,学生们也很快乐,就像真的去旅游了一次,但是,你有没有想过课程仅仅只要激发学生的兴趣,让学生快乐就够了吗?你的课程内容,孩子们只要自己上网查一下资料或是跑一次书店就都能获得了,那他们为什么还需要这门课程呢?"

我是一个开发者

第一次,我开始意识到设计课程原来不是我想的那么简单,不是像上语文课那样,按照书上内容讲讲就行了。第一次,我正儿八经地思考:为什么要设计《环游中国》?《环游中国》要教给学生什么?我主动提出申请,参加了学校课程领导小组组织的"先锋团"活动。"先锋团"是学校课程领导小组为了帮助教师们完善自己的课程以及解决课程教学中出现的问题而组织的一部分教师的研讨活动。活动的内容有专家讲座,组员头脑风暴式地讨论,教学实践等等。几次活动下来,专家的讲座和组内教师展开的讨论,甚至是争论,给了我很大的启发。

在课程开发的过程中,我要思考的不仅仅是"如何教",因为,我不是一个执行者,只要"教"就行了。我是一个开发者,必须要考虑我为什么而教?我要教给学生什么?

不仅仅为传授知识而教,更要为提高能力而教。为什么要设计《环游中国》这门课程呢?我可以用时下流行的说法告诉自己是为了学生的全面发展而教,但这个全面发展在我的这门课程里具体指的又是什么呢?我一个人无法解答。我想到:既然平时都在说"课程是为学生的全面发展而设计的",那或许答案就在学生那里。

在一节课上,我和同学们聊起了我们的这门课。我问孩子们:"为什么要选这门课?""上了一段时间下来,觉得这门课怎么样呢?"和学生的闲聊中,我发现了孩子们在旅游过程中只是一个跟随者,什么都听大人安排,从来没有真正参与其中、做过主人,所以从来没有真正体验到类似于驴评网上那些驴友旅游的乐趣。正因如此,他们才觉得课上老师讲的那些比他们参与的旅游还要有趣;他们在现实生活中参与的旅游其实有些无聊。他们选这门课,并不仅仅是为了了解各地的风土人情、人文景观,而是为了感受那份旅游的乐趣。

听了孩子的话,我想:真正的旅游乐趣其实是在整个旅游活动过程中的。如果孩子们在实际生活中能够和爸爸妈妈一起策划,真正地参与到旅游过程中,那他们一定会享受到其中的乐趣。我开始明朗起来:《环游中国》这门课程的目标应该是帮助孩子们在实际生活中能够真正地参与到家庭旅游活动中。

孩子缺什么,就要教什么。确定了《环游中国》的课程目标后,我开始思考该教什么，才能达成这目标。于是，我想到了家长。家长为什么不让自己的孩子参与到家庭旅游活动的策划过程中呢？这总是有原因的吧。为此，我请孩子们带回家一张调查表，上面只有两个问题：1. 在策划家庭旅游活动时，您是否也让孩子加入其中，真正参与？（如果答案是否定的，请说明原因。）2. 您希望孩子们在《环游中国》这门课上学到一些什么呢？收回的调查表上，第一题，家长的答案几乎都是一样的：否。原因归纳起来就是：孩子还小，缺乏这方面的知识，没有这个能力，无法参与。孩子的能力很差，自己带点什么、理个箱子都搞不清楚，更谈不上参与到旅游组织、策划的过程中了。第二题，答案就是五花八门了，但将近40%的家长都提到了，希望孩子们在这门课上能够知道旅游是怎么一回事情，能够在旅游过程中解决一些力所能及的问题，不要事事都依赖家长。

面对这些数据，我知道了《环游中国》要教什么，概括地讲：孩子们最缺的，就是我要教的。

课堂中，要引导学生成为主动探索者。一系列的调查研究，让我把握住了课程的教学目标和教学内容。那《环游中国》该怎么教呢？

我以“九寨沟”这一主题为实践内容，在“先锋团”小组活动中，进行了试教。在评课时，大家先一致肯定我已经比较准确地把握住了这门课程的大方向。课程中所增加的这些部分正体现了我这门课程独有的特色。然后，又有老师提出：“这堂课在内容上是比较丰富的，既有当地风土人情的介绍，又有为一次旅游做准备的方法技能的传授。这些内容确实对孩子的实际生活很有帮助。只是，课堂上，孩子们听得多，想得少，做得更少。他们听老师讲了这些方法，会真正运用吗？我表示怀疑。”

我仔细想想，觉得这话有道理。以往课堂中主要以讲授为主的教学方法不改不行。我阅读了大量有关教法和学法类的文章和资料，并且观看了不少优秀教师的教学视频，尤其是数学、自然科学学科方面。我发现，我的课程也可以借鉴这些学科的教学模式，从一个任务出发，或者是创设某种情境，让学生在虚拟情境中或是解决虚拟任务的过程中自己去发现问题，自己尝试去解决问题，掌握方法，实践运用。而我在关键之处，给予指引。

第二次试教时，我改变了以往在我的课堂上学生默默聆听的学习方式，而是努力使学生成为主动探索者，自己发现问题，搜集资料，进行归纳，然后解决问题。在这样的学习过程中，学生确实在很多方面都得到了锻炼。

身份转变：“执行者”→“领导者”

回家后，我重新修订了课程目标。接着，在每个单元中，增加了更多关于技能、方法习得的内容，删除了过多的人文类的内容。最后，我将课程序列进行了调整。原先课程的每个单元是按照景点介绍、人文情况、民俗风情这样的顺序来安排的。调整后的序列为：信息视听室（当地特色介绍）、相关链接（相关知识介绍）、背包行中国（学生完成相关的设计、调查或实践等任务），这些使《环游中国》成为了一门真正满足学生需要的课程，我也从一个“执行者”成为了一个“领导者”。

教师能够而且应该在校本课程开发中发挥主要作用。我们自己对于自己课程身份的认定应该从执行者的角色转变为创造突破者，将被动的开发活动转变为一种自觉的开发行动。要成为课程的主要设计者，或者可以在执行课程的实践中根据特定的情境发挥自己的创造性，在提升课程内涵的同时提升自己的课程领导力。我们设计的课程不仅要有我们学校的特色，更要有我们学生的特色，唯有这样，我们的教师才能不成为课程开发的奴隶，而成为自主开发课程的主人。

问题讨论

1. 你是否也曾参与校本课程的开发？在此过程中，你对自己的身份是怎样定位的呢？

2. 当你在设计属于自己的课程时，更多的是从自身的角度出发还是从学生角度出发呢？请简要说明理由。

找到你并不是一件很容易的事[1]

我经常自觉或不自觉地拷问自己:学校的课程使命是什么,课程目标是什么,课程所期望的结果是什么,说到底你对学校课程的"应然"状态有什么样的哲学思考?拷问无果是痛苦的,但它却促使我心底产生一种强烈呼唤,无论你在哪里都要找到你!

六年前,我们曾提出了学校的课程理念:"让课程引领并适应学生发展"。至今我还记得参加研讨人员兴奋的情景,因为它确实反映了当代社会对学校课程的客观要求,体现了课程以学生发展为本的价值取向。但事后不久,我们就觉得这是一个普适性的理念,找不到奉贤中学本身的印记和文化特征,学校独特内涵表现在哪里?我似乎无法从中找到答案。

到了找你的时候了

2010年,学校制定了新一轮学校发展规划,明确提出了走优质特色转型发展之路,提出了课程建设从全面优化走向特色课程的发展战略。此时,学校究竟要建设怎样的课程?课程在学校转型发展过程中到底要发挥什么样的作用?作为校长的我似乎还有一种雾里看花水中望月之感,显然不合时宜。

时隔不久,学校获准为上海市提升中小学(幼儿园)课程领导力行动研究项目立项学校,那时,我经常自觉或不自觉地拷问自己:学校的课程使命是什么,课程目标是什么,课程所期望的结果是什么,说到底你对学校课程的"应然"状态有什么样的哲学思考?拷问无果是痛苦的,但它却促使我心底产生一种强烈呼唤,无论你在哪里都要找到你!学校课程理念,到了找你的时候了。

---

① 上海市奉贤中学季洪旭执笔。

寻找你并不容易

作为一个有十几年校长工作经历的我，对什么是课程、什么是课程理念应该说并不陌生，为什么到了对自己学校课程理念要进行科学表述时就显得力不从心？茫然之余，唯一的办法就是静下心来，认真学习，系统梳理。

由于很难找到一个权威的课程理念定义，我只好先搞懂什么是课程、什么是理念。“课程是指学校为实现培养目标而选择的教育内容及其进程的总和”，我领悟到课程有其目的性、选择性和过程性的特征。“理念是思想观念、精神向往、理想追求和哲学信仰的抽象概括”，我感觉到理念的背后必然有其价值观层面的东西，包含着一种“应然”的追求目标。于是我推理，课程理念大概就是对“课程应然”的抽象概括。在当今社会背景下，课程理念的价值取向是科学精神和人文精神的融合，课程目标在关注人的综合素质的同时，还要关注社会和谐并指向终身学习。我想，一个完整的学校课程理念是否应该隐含着三个要素：课程的价值、课程的目标和课程实施的途径或方略，即课程为了什么？课程追求什么？课程怎么运作？

对课程、课程理念有了基本认识之后，我试图用已有的知识和经验来概括学校的课程理念，得到的却是一次次自我否定。“以人为本　和谐发展”显得空洞而缺乏学校的独特性；“崇贤践贤　主动发展”有学校特点，但对课程理想的哲学思考程度不深；“激发潜能　自主发展”有课程目标和实施方略，适切性是显得不够……看来课程理念的凝练不能仅凭灵感乍现，也不能是校长一个人的思想，需要有调研分析、团队学习、研究论证、梳理凝练等一系列过程。课程理念，找到你不是一件容易的事情。

千呼万唤始出来

我想，之所以不同学校的课程理念有不同的表述，原因在于课程理念一方面要符合社会的客观要求，另一方面还要基于学校的实际情况，这种实际情况大概就是学生的发展状况、学生的发展需求和学校的培养目标。

为了制定学校新五年发展规划，我们在师生中做了大量的调查问卷。学生对自身的发展状况并不满意，只有 25.27%的学生同意目前发展状况和理想状况相符，74.97%的学生认为自己的学习习惯一般或不好。老师普遍认为学生自我发展的动机和意识不强，特别是自我规划和自主管理能力亟待提升。与此相对应的，有 80%以上学生希望学校能通过开设学生论坛、搭建展示平台和建设多种社团来发展自身特长、激发潜能。

我清楚地记得是在凌晨3点才做完问卷分析，那时我还在新加坡学习，我躺在床上辗转反侧，那一夜我彻底失眠了，一连串的问题如潮水般地涌上心头。为什么一方面学校的教学质量连年提升，好评如潮，另一方面学生对自己的发展却不太满意？怎样的发展才算是学生满意的发展状况？有哪些路径来实现学生理想的发展状况？我竭力思考却思绪很乱，但我觉得必须直面绕不过去的一个话题，就是如何通过课程的优化来促进学生更好的发展，用什么样的课程理念来引领学校课程建设的拷问又一次强烈撞击着我的心灵，我无法按捺自己的情绪，第二天下午我就乘上飞往上海的航班，我要从同仁那里寻找答案，我要把清晰的学校课程理念和详实的课程方案摆在全体师生面前……

到家稍作休息，次日下午开始，我就分别组织了中层以上干部、教研组长、班主任代表进行团队学习。"你对我校学生发展很满意的请举手，一般的请举手，不满意的请举手。你知道学生自身是如何看待这些问题的？我校学生发展的优势和劣势分别有哪些？学校的课程优、劣势又有哪些？学校课程能否满足学生发展需求？什么样的课程才能满足学生发展需求？学校的课程理念是一个什么样的概念？你觉得我们学校的课程理念应该怎么描述？"一个个问题不断激荡着研讨者的思维，老师们不时迸发出智慧火花，各个小组的观点精采纷呈……大家迫切感受到，学校发展到今天，必须认真落实"以学生的发展为本，坚持全体学生的全面发展，关注学生的个性发展和可持续发展"的上海市课程改革的理念。

在凝练学校课程理念过程中，金继波副校长认为，"课程应然"再也不能回避学生的发展了，我们学校课程最大的问题就是对学生个性发展和终身发展关注不够；课程教学中心主任林春辉认为，要充分发挥学生主体作用，就要尊重学生差异；胡菊芳副校长认为，我们学校课程价值应更加侧重人文精神，育贤课程在前几年我们已经作了富有成效的探索，学生发展要和育贤课程建立必要的联系；发展研究与质量保障中心张育青主任提出，"基础全面、优质"、"个性鲜明、良好"和"全面提高与分层发展相统一"的学校育人目标要在课程理念上得到体现；还有很多老师认为，要以提升中小学课程领导力、创新素养培育两个项目为抓手，全面激发学生发展潜能，实现学生自主发展……尽管没有得到明确答案，但我对学校课程理念的感性认识已经明显加深，"生本、主体、差异、育贤、潜能、自主、发展"这些关键词不断萦绕在我的心头。

踏破铁鞋无觅处，得来全不费工夫。也许是校名以区名冠之的缘故，曾经听说奉贤地名是以敬奉言偃贤人而命名的，于是我就百度一下"奉贤"的由来，其中有这样一段话："海隅虽斥卤之地，然敦本重学，世所莫及……海隅奉贤尚文之风大振……”我顿时按捺不住自己兴奋的情绪，大声叫喊道：就是你！就是你！“敦本重学 奉文育贤”不是对学校课程理念最好的凝练吗？“敦本”：一切以学生发展为本，关注学生生命价值，敦厚学生知识之本、能力之本；“重学”：尊重学生、尊重差异，以学生为主体，以学定教、因材施教、教而不教，“敦本重学”可以说是完美地回答了课程价值和课程使命的问题，而且发展的本体和主体也得到了清晰的呈现。“奉文育贤”：继承“敬奉贤人、争做贤者、培养贤才”的办学传统，倡导人文引领，文化育人，培育学生求真、至善、尚美的人文情怀，让课程理念具备了学校特征，它回答了课程理念中所蕴含的方略及目标问题。

事后，我决定把自己的想法和大家作一次沟通。在研讨过程中，我欣慰于大家对“敦本重学 奉文育贤”课程理念的赞同，但我觉得其中还差一个要素，就是我们课程追求的目标是什么？有的老师说，既然学生自主发展的能力和意愿不高，我们应该追求学生自主发展；有的老师说，学校提出过“以人为本 和谐发展”的办学思想，用“和谐发展”表达是否更好？我觉得大家观点都很有见地，但是用“主动发展”表述可能会更好，因为“主动发展”本身含有“自主发展”的意思，我认为没有“主动发展”的“自主发展”是不可能成立的，“主动发展”的理念可以让课程成为激发学生发展潜能的环境和机会，使学生具有良好的自我意识、较高的成才抱负、较强的成就动机、浓厚的学习兴趣，具备较强的认识自我、规划自我以及探究实践和自我评价等主动发展的能力。通过对此排序，在热烈的掌声中，“敦本重学 奉文育贤 主动发展”的学校课程理念终于诞生了。

回过头来看，虽然凝练课程理念是一个比较艰辛的过程，但在凝练过程中我形成了这样的一些认识：把握课程理念的外延是凝练的前提，研究学校的历史与现状、分析学校学生的发展状况、摸清学生的发展需求是凝练的基础，把握课程改革的基本走向是凝练的方向，团队学习、头脑风暴是凝练的形式，精炼准确的表述是凝练的关键。课程理念，原来找你的路也是有章可循。

问题讨论

1. 想一想你所在的学校，它最大的特点是什么？
2. 你们学校的课程理念是如何形成的？是否还需要进一步完善？

本章感悟

第 2 章

课程建设:正视复杂性

不再被动寻找原因,而是主动出击……

为什么我们的看法会有那么多的不一样?

一学期下来,师生似乎有些倦怠了……

有的人抱怨着离开了,有的人却眼睛亮亮的,有的人则陷入了沉思……

从“一组调研数据”到“书香课程”的诞生[①]

为什么2010年学生家庭藏书量的指标提升较为明显呢？作为学校，其实很难“改变”学生家庭藏书量，那么，“变化”背后的原因是什么呢？

2009年学校收到了一份“沉甸甸”的调研报告。从相关数据比对中看出，2009年我校学生家庭的藏书量低于全区平均数值。本校学生家庭藏书量200本以上仅为10％，全区为22％；而本校家庭藏书量20本以下的却达到16％，全区为7％。

再从学生“一天中用于阅读自己感兴趣的书”和“一年课外阅读量”来看，我校学生的阅读情况也不容乐观。有1％与5％的学生，一天，甚至一年里都几乎没有课外阅读量，“一年只阅读1—3本”的学生比例达37％。

问题到底出在哪里？为了找到原因，我们不得不静下心，认真分析。由此发现：

第一，家庭居住空间狭小，影响学生家庭藏书量。

我校地处市中心，对口学生家庭主要居住在老式“公房”，俗称“亭子间”里。居住面积小，多数学生没有独立的学习环境。可想而知，也就很难再腾出藏书空间。

同样，外地来沪人员子女占就读学生一定比例。这些学生的家长多为来沪的普通打工人员，以租房为主，居住条件就更为简陋，加上他们经常更换住处，流动性较大，藏书对他们而言成了奢望。

第二，学生课外可支配的闲暇时间少，影响学生阅读时间。

目前，孩子闲暇的可支配时间真的不多，除去正常的上课、做作业外，有的学生还请了老师补课，或参加了一些补习班。细细算来，学生每天在家课外阅读时间顶多只有1—2小时。其中，学习能力较弱的学生阅读时间就更少了。

第三，学校支持阅读学习力度不够，影响学生的阅读量。

一方面，学校地分两处，虽有两个图书馆，但都没有很好的阅览空间，也只能满

---

① 上海市北京东路小学王燕萍执笔。

足学生分批借阅的需求；另一方面，虽说从一年级起，我们就要求学生每天至少阅读半小时，但没有具体措施，由于缺乏检查和具体落实的措施，似乎也“流于形式”了。

第四，高速的、多通道的信息传递，影响学生阅读的品质。

在信息高速发展的大城市，“纸质阅读”已不再是学生唯一的选择。电视中的娱乐节目，PSP、iPod touch 游戏机，互联网上的卡通片、聊天空间，百度、搜狗引擎等，受到更多孩子的“追捧”，这也或多或少影响了学生静心阅读的习惯养成。

面对这些“数据”，面对这些原因，我们能改变些什么呢？在管理团队的群策群力下，一个个建设性的设想孕育而出，一项项活动开始逐步实施：

第一，学生家庭环境我们无法改变，但可以把“观念”传递给家长。

学校决定把当年的家委会主题确定为“让书香飘进家庭”，邀请家长一起关注学生的阅读；寒暑假前，请各年级有意识地向家长与学生推荐必看书与选看书的书单，给予一定的引导。

第二，在“不挤占”学生闲暇时间的前提下，“创造”阅读时间与空间。

学校将每周二上午的晨会课定为全校的“快乐阅读时刻”；提供每班 500 元经费，由学生、老师自主添置书籍，组建班级流动图书角。

第三，创设快乐的“阅读氛围”，让学生养成良好的阅读习惯。

我们将每年学校开展的“爱心义卖”活动升级为“书市交换活动”，让学生通过书籍的交换来扩大阅读的视野；此外，我们还利用社区资源，联系黄浦图书馆与上海少儿图书馆，免费为我校学生办理借阅证。

2010 年学校收到了“略有改观”的一组调研数据报告。数据显示，2010 年我校学生家庭的藏书量已高于全区平均值。学生家庭藏书量 200 本以上的比例从 2009 年的 10%上升到 28%，并超过全区 17%的均值；同时本校家庭藏书量 20 本以下的比例从 16%下降到 4%，并低于全区 5%的均值。

而从学生“一天中用于阅读自己感兴趣的书”和“一年课外阅读量”来看，学生的阅读情况也有改观，特别是“高端”比例提升较为明显。

有“变化”总会让管理者欣慰，但我们再次追问自己：

一是为什么 2010 年学生家庭藏书量的指标提升较为明显呢？作为学校，其实很难“改变”学生家庭藏书量，那么，“变化”背后的原因是什么呢？二是这种变化、态势还能持续吗？

这次，不再是“被动”地寻找原因，而是“主动出击”。通过家长问卷、学生、教师访谈，“寻求”更为客观与真实的信息。于是，我们又有了深一步的认识：

第一，学生家庭文化氛围与学生家庭藏书量之间有一定关联。

调查显示，参与 2010 年调研的学生中，外来务工人员子女的比例低于 2009 年；

家长学历程度明显高于2009年参与调研的学生家长。

参与调研学生家庭背景统计表

调研内容 / 调研年份	外来务工子女入学比例	家长学历(按学生父母中最高一方学历统计)			
		专科以上	高中	初中	初中以下
2009年	50.05%	30人	36人	31人	8
		29%	34%	30%	7%
2010年	35.94%	50人	50人	26人	2人
		39.1%	39.1%	20.2%	1.6%

第二,学校"给力"点偏重于"外因"。

例如,为了应对学生家庭藏书量不多、阅读量不够,借阅书籍不便等问题,学校就出钱买书并把书送到学生手中;还向学生推荐书单;帮助办理借阅证等,这些管理行为对改善学生阅读状况有一定积极作用,但长效性不够,系统性更不够!

深度挖掘分析后,我们再次选择"前行"。

这次,我们不是急着想一条条对策。为了让孩子们在书香中浸润、在阅读中快乐成长!我们不仅要满足学生的"需求",还要创造更多"需求"!

几经酝酿,达成以下共识,即从课程的高度,设计学生阅读活动,最终实现将学生学习的经历转化为个体的幸福成长和全面发展。

思想引领我们行动,2011年3月,学校将"阅读活动"正式纳入2011学年的课程计划中进行统整设计。历经半年时间,经专家论证,《北京东路小学"书香课程"实施方案(初稿)》诞生了。

"书香课程"的诞生,是否能让我们看到一份"更有进步"的调研数据,我们不得而知!但我们对此充满期待……

现在,每个单周五下午,校园里总会呈现这样的场景:

沐浴着温暖、柔和的阳光,孩子们有的倚靠在墙上,有的坐在升旗仪式的主席台上,有的席地坐在塑胶场地上,纷纷以自己觉得最舒适的姿势开展阅读、分享与创作活动。瞧,他们有的一个人默默地看着,时而会心地微笑,时而蹙眉思索;有的轻轻地诵读,嘴里念念有词;有的三三两两合看着一本,读读议议,饶有兴致,为即将进行的成语故事会挑选"剧本"呢!

问题讨论

1. 回顾一下,你所在的学校是否也运用调查研究的方式监控课程开发与实施?
2. 回顾自己的课程领导经历,其中哪些事情是最让你感到自豪的?

CIE 课程诞生记[①]

我把自己思考已久的几个观点和大家进行了交流：首先这门课程是培养有兴趣的学生，而不只是培养学生兴趣；学生知识与技能的获得是在课程学习过程中通过项目驱动来建构的，是在创造过程中习得的……

"CIE"是创造能力(Creativity)、创新意识(Innovation)和创业能力(Entrepreneurship)英文首字母的缩写。"CIE"作为一门课程，是大同中学开发的以挖掘学生潜在创新意识、培育学生创新素养为目标，以学生自主开发并参与的项目为驱动，以"云"为课程、师资、教学资源的构成形态，组合而成的创新素养培育校本课程。

一次课程晚宴

"CIE"这个词语的产生来自我与丹麦一位校长的一次晚宴。汤姆·霍道先生是丹麦奥迪斯兰德斯学校的校长，是丹麦的教学流程研究专家，他告诉我丹麦在欧洲历史上是一个资源缺乏、国力较弱的国家，正是靠着不断地创新才使这个国家成为欧洲非常富裕的国家。对如何培养学生的创新能力成了我们间讨论的话题。他介绍了他们学校在学科教学中经常采用的一种培养学生创新能力的教学方法：他们在培养学生创新能力的教学时，首先创造一个适于创新的学习环境，让学生经历不同的头脑风暴，尝试一些创新的工具和方法，形成一些创意的想法；然后通过小组的活动将这些灵光闪过的想法设计出来；再指导学生进行项目的设计并学会使用工具把它们的"产品"进行展示和推销。听过他的介绍后，我把我长久思考的一个问题和他进行了沟通：我是不是可以这样认为，一个创新成果的产生必定要经历这样的过程——要有"金点子"，即要有创造的灵感；要有动手能力，把"金点子"付诸行动；最后，要使创造出来的东西为大众所接受。他非常同意我的观点，并形象地概括说：要

① 上海市大同中学郭金华执笔。

培养学生的创新能力，必须让学生走到三个房间内，即创意之屋、创造之屋与创业之屋。

创新体验日的课程体验

这引起了我极大的兴趣，我问他能不能在我校开展一次教学的实践，让我们的老师来观摩一下，他说给他三天时间可以尝试一下。最后我们讨价还价让他设计了一个一天的活动方案。这就是我们学校在2010年11月份开展的“创新体验日”活动。

创新体验活动以丹麦教师讲述“丑小鸭”的故事为开头，指出创新并不如我们想象的那般困难，每一个个体天生都具有创新的意识和能力，丑小鸭之所以能变为天鹅是因为蛋本身就是一只天鹅蛋。然后由教师拉出一条横线，其中一端为0，另一端为100，学生依据自身对于创新的了解程度进行站位，从而以具象化的形式了解学生对于创新的当前了解情况。接着让每一名学生以卡通人物或偶像等角色为自己制作新的身份名牌，从而转换学生的角色，突破其身份障碍，帮助学生发散思维，展开联想。学生们在丹麦教师的指导下按照鞋的款式是否相同或者鼻子的形状是否相似等诙谐轻松的识别标志，将25名学生进行随机分组，形成5支5人团队。乐高玩具是丹麦颇具地方特色的玩具，教师要求学生们在2分30秒内用7块乐高玩具拼成一只鸭子，从而让同学们意识到目的是相同的，但不同个体的结果却是丰富多样的。采用学生独立思考和小组讨论的形式，初次让学生思考究竟什么是创造。教师强调创造其实十分简单，有时出现错误或是做一些他人未做之事也是创造。

接着，教师以“设计一部节约能源的手机”为问题，引导同学不断思考，不断挖掘自身创造的潜能，构思那一部独具特色的个性化手机。教师通过多种方法引发学生的创意灵感，如出示拍摄有不同情景的照片，如家庭、船只、牛等，让学生们借助照片提供的具体情景，从而产生灵感，并将照片中的某一属性迁移运用至当前所讨论的手机问题中；出示代表不同职业角色单词的卡片，让学生们能够站在其他职业角色的立场上去思考手机的功能及其市场前景，帮助学生换位思考，完善对于手机的开发和设计；学生依据出示的照片及角色卡片，独立思考，形成心中那部能够节约能源的手机腹案，并将其写下，说明其构造、作用和功能等；小组内传阅组员各自的新鲜想法，以小组讨论的形式，最终从小组5个方案中，角逐出一个最为团队所接受，也是最具创意的方案。在归纳、汇总其他四个小组对本组的建议后，要求本组列出本方案的3大优势和3大挑战，从而帮助各小组明确各自方案的优势和待解决的问题。研究自己方案所需的各种资源和条件，并根据远近、重要程度，在网状关系图上列出能够促使本组方案实现的人脉资源。根据信息的收集与整理，在完善本组的方案后，将本组所设计的节能手机描绘在图纸上，并凸显其功能和特点，构思本组节能手机的宣传标语和 logo，待设计方案明确后，规划今后三个月的生产和推广计划，明确每个阶段的具体操作和要求。

教师团队还设定了这样一个情境，假如你在电梯内遇见了诺基亚的总裁，你如何在电梯从 1 楼到 35 楼的短暂时间内，将本组的创意想法表达并最终打动总裁。小组在这一环节中选派一位组员现场模拟电梯营销情节，要求在一分半钟的时间内陈述本组手机设计的亮点和创意。在营销环节后，每一位成员在纸上写下对于其他四组方案的意见和建议，并最终将这些想法反馈到各小组以供参考借鉴。最后再次拉出横线，学生依据活动后自身对于创新的了解重新进行站位，从而了解活动后同学们对于创新的认识程度，为本次活动画上一个圆满的句号。

课程体验引发的课程风暴

在创新体验日活动中，我们欣喜地发现，学生们的潜能得到了开发，他们充分地享受到了创造的快乐和成就。通过一天的活动，我们教师也感受到：来源于真实问题的课题让学生能够浸入式地参与研究，甚至于学生的作品还有机会成为真实公司认可的方案，这能极大地提升学生的成就感，激发学生参与学习的兴趣；这样的课程学习模式可以让学生学会项目管理，学会寻找知识，学会寻找帮助，而不是单纯地记忆知识，变储备型学习为需求型学习，提高学习和应用之间的转化率；课程强调团队合作，让学生学会交流沟通的技巧，真正适应社会化生产的分工协作模式，能帮助学生更好地融入社会。

于是，我们发动大家讨论，我们可不可以开发这样的课程。虽然大多数老师都承认这样的课程和课程教学模式非常令人兴奋，但真要开发这样一门课程，老师也在担心：既然作为一门课程，课程的目标该如何定位？课程的内容该如何安排？怎么来提高学生的学习兴趣？学生没有相关的知识储备怎么办？教师的知识储备不能解答学生的问题怎么办？

我觉得，要开发这样的课程，首先应该改变教师的课程教学理念，教学理念不改变，虽然是新瓶，装的也只能是旧酒。于是，我把我思考已久的几个观点和大家进行了交流：首先我给这门课程的定义是培养有兴趣的学生，而不只是培养学生兴趣；其次，这门课程不以学习知识为主要目标，老师是来上课，不是来讲授知识的；再次，学生知识与技能的获得是在课程学习过程中通过项目驱动来建构的，是在创造过程中习得的；教师的知识是有限的，教师回答不出学生的问题不可耻，关键是教师要知道可以通过什么途径去帮助学生解决问题。我的这些观点得到了老师们的认可。关键是如何行动让这门课程成型并得以实施。

校长助理王菲老师是计算机专业的硕士研究生，她想到了计算机研究领域里的“云计算”概念。所谓“云计算”，就是将大量用网络连接的计算资源统一管理和调度，构成一个计算资源池按用户需求提供服务。提供资源的网络被称为“云”。“云”中的资源在使用者看来是可以无限扩展的，并且可以随时获取，按需使用，随时扩展。“云计算”的概念让我们眼前一亮，这和我们心目中的“CIE”课程真的非常相似：按需服务，随时扩展。我们的 CIE 课程也应该随“心”而动，而这个“心”就是学生的创新素养发展的需求。于是，我们以挖掘学生潜在创新意识、培育学生创新素养为目标，以学生自主开发并参与的项目为驱动，以“云”为课程、师资、教学资源的构成形态，组合而形成了“CIE”创新素养培育课程，并围绕“建筑设计与营造”、“电子门铃制作”、“学生电视台运营”、“手机软件设计”等内容开展了课程试验活动。

首先，我们为学生搭建“素养框架”，以“专业知识”、“操作技能”、“交流能力”为素养框架的坐标轴，分别提炼出各个坐标上面的素养培育目标，如学会制作建筑设计方案，学会设计建筑图纸，掌握建筑施工的各项技能等。

然后，在“素养框架”上面嫁接必须的课程，如建筑方案设计中要涉及的建筑学和材料学知识；建筑图纸设计中要学习的平面作图和三维制作等。这些课程会随着“素养框架”的变化而发生变化，由此就形成了“课程云”。

课程在云端

有了课程，就需要有师资，我们采用“师资云”来解决校内师资不足的问题。CIE 课程的核心研究小组由各个学科的骨干教师组成，他们是“师资云”的“云核”，然后根据不同的项目需要吸纳项目师资。如：“电子门铃制作”由学校物理教师为“云核”，吸纳了华东师大电子系的教授作为项目师资；“建筑设计鱼营造”的项目师资则是同济建筑系的大同校友。作为“云核”的核心团队，能够不断地从“师资云”中获取信息、知识和方法，不断地成长、优化，增强自身的研究能力和组织能力，并向外辐射，将自己的理念不断地灌输给连接到“云”上的师资，提高他们的创新培育能力。

与师资一样，课程的资源关系到课程实施的成败，作为一所普通高中，我们能够获取的资源还是比较有限的，建立长期的合作关系是一个途径，但是也存在一定的不足，比如合作面相对狭窄、合作度不够严密等。于是，我们提出了“资源云”的思路，学校作为“资源云”的桥梁，寻找适合的资源，提炼有用资源，将这些资源根据需要整合在一起，为我所用。目前，我们已经积聚的高校资源包括上海交通大学、华东师范大学(电子系)、同济大学、复旦大学。“建筑设计与营造”项目帮助我们开辟了校友资源;“微软工程师”项目帮助我们连接上了上海市青少年活动中心;“中日联合研究项目”让我们在国际友好学校方面找到了新的活水源泉。此外,我们还提倡学生自主寻找资源,学会“寻源”,提高自己解决问题的能力,实现“授人以渔”的目标。

目前,以“云”为形态的 CIE 课程模式已经基本形成,该课程的主要教学内容以工程类学科为核心,涉及生物、材料、信息、环境等各个方面,以具有现实意义可操作的生活实例为教学载体,具有明显的跨学科特征,以学生为主体的团队活动为主要教学形式,开展与社会实践相结合的专题或项目研究。该课程面向高一、高二全体学生,以项目为载体,根据每个项目的不同内容和要求,采用比较灵活的课时周期,一般每个项目为 10—15 个课时。

CIE 不是一门简单的独立的课程,它无课程之形但有课程之实,它有灵活的内容、课时、师资,它不执着于某一个专业领域的系统化学习,它强调学生的经历体验,它可以为学生提供个性化的发展。

问题讨论

1. 在你的教育经历中,是否有过令你印象深刻的课程体验活动?如果有的话,请尽可能地列举。

2. 在过去的教育经历中,你是否曾经有效地激励身边的人共同完成一个目标?如果有的话,请举出一个例子。

要“合作”，更要“有效”①

“两位搭班老师的答案完全一致的请举手？”我适时抛出了这个问题。答案是：全军覆没。这种因为看法不一致而造成的教育不一致会在幼儿成长道路上产生什么样的影响呢？

探骊得珠：从“面对问题”的解读到“找准问题”的反思

在一次参加我园定期开展的“讲述身边教学小故事”的教研活动中，我和老师们就近期发生在自己身边的教学故事进行了分享和互动。

我讲述了自己看到的发生在同一班级教师身上的一则教学小故事：

记得有一次，我在同一周的周一和周二分别进入同一个班级听课。这是一个小班，刚进入《熊的故事》主题。

周一A老师开展的集体教学活动是“小熊的一家”，主要解决小、中、大匹配的问题。这天幼儿参与的积极性不高，只有几个孩子和老师互动，其他孩子有的只是对情景创设中小熊的小床、小碗、小蜜糖罐感兴趣，有的使劲吮着手指东张西望；周二B老师开展的集体教学活动是故事“大熊山”，故事中“大”和“小”的概念明显对这群孩子没有挑战，孩子们注意力不集中，老师在组织教学上花去了一半时间，以致前后两天的教学活动都严重超时。

前后两天的教学活动都严重超时。

故事讲完后，我请大家对故事进行解读，以期通过解读来寻找教师教育教学行为中可优化的地方。老师们纷纷从集体教学活动的目标、材料投放等方面给出了

① 上海市大风车幼儿园刘琪执笔。

很多建议，两位执教教师更是紧紧围绕集体教学活动的目标，寻找到很多失败的原因。

贯穿整个共同解读过程，让我从教学管理者的身份及课程领导力的角度出发有了更多的思考：

我的直觉：故事中连续两天活动内容难易程度的前后颠倒是两次活动失败的根本原因。

我的分析：产生上述现象的根本原因在于搭班的两位老师没有意识到备课中不沟通是一个致命问题。

我的质疑：由此引发和要解决的问题体现在以下三个层面：

- 教师是否意识到自己与搭班的看法是不一致的？
- 教师是否知道搭班在备课中不沟通会造成看法不一致并对幼儿发展不利？
- 如何通过建立一种合作备课的制度来促进教师有效的教育行为？

抽丝剥茧：从思维定势的想当然到感悟体验后的讲依据

在一次教研组长会议上，我抛出了上述三个问题，请大家各抒己见谈谈自己的想法。结果，很多老师不以为然，认为自己和搭班老师之间不存在看法上的差异，甚至有的老师认为自己和搭班老师之间在教育观点和行动上完全一致。

1. 游戏震撼——原来我们的看法会有那么多的不一样

面对大家的这份“自信”，我在一次“讲述身边教学小故事”教研活动即将结束之前，邀请所有老师一起做“对对碰”小游戏，游戏的主要“道具”是我给出的八道题目。

- 你班级里有几个男生？几个女生？
- 你班级里长得最高的小朋友是谁？
- 你班级里体重最重的小朋友是谁？
- 你班级里年龄最大的小朋友是谁？
- 你班级里最害羞的小朋友是谁？
- 你班级里朋友最多的小朋友是谁？
- 你班级里最爱吃鱼的小朋友是谁？
- 你班级里力气最大的小朋友是谁？

游戏规定：两位搭班老师分别是红队和蓝队的队员；两位搭班老师必须以背对背的形式完成答题纸上的问题。

很快，大家写出了答案，信心满满地等待着“一碰就赢”的结果。于是，我逐班安排分属红、蓝两队的搭班老师同时亮题，并让全园教师共同见证每对搭班老师的答题结果。

结果是不尽如人意的，许多搭班老师互看答案后的第一反应是不可思议。我从大家的面部表情中读到了惊讶，更从大家的沉默片段中看到了震撼。

> “我和我的搭班老师只有两题是一样的，我们班上有11个男生，19个女生，还有我们班级最高的小朋友是×××。其他的答案都不一样。”
>
> “我和她有四道题目不一样，我们认为的最害羞、朋友最多、最爱吃鱼和力气最大的小朋友都不一样。这是为什么呢？”

“两位搭班老师的答案完全一致的请举手？”我适时抛出了这个问题。

答案是：全军覆没。

这次游戏体验对老师们的触动很大，大家纷纷感叹：“细细想来，这些看似简单的问题，我们平时只在茶余饭后就事论事的随意聊过，从没意识到这也是教育的一部分……”终于，老师们在痛定思痛后发现和正视了这样一个问题：原来我们的看法会有那么多的不一样。

那么，这种因为看法不一致而造成的教育不一致会在幼儿成长道路上产生什么样的影响呢？

2. 拓展学习——原来教育缺乏一致性会有那么大的危害

追随研讨脉络，我趁热打铁选择了大量关于教育一致性的正反案例、专题素材和培训资料，希望老师们通过审阅、交流这些材料，从根本上感知、分析、认识到关于教育不一致所导致的影响教师教育教学行为有效性的诸多表现及其危害后果。

> “原来我们以为的教育不一致仅仅是指父母间的不一致，或者是家长与幼儿园之间的不一致，从来没有想到过居然还有教师之间的不一致。我们在开展主题活动《熊的故事》时所发生的问题，讲轻了是教学内容纵向缺乏衔接、难易前后颠倒的问题，讲重了就是没有贴近幼儿的“最近发展区”，没有尊重幼儿的发展规律。如果我们两位搭班老师事先能够静下心来一起好好地分析教材的话，这样的问题是可以避免的。”
>
> “就是，在阅读了这些材料之后，才发现教师之间的不一致对幼儿来说影响非常大。都说幼儿的观察学习能力很强，一旦幼儿意识到两位教师的不一致，就会根据教师的标准来调整自己的行为，这样一来，很可能会对幼儿的心理、行为造成伤害，比如说，幼儿在两个教师面前表现出不同的行为，也就是我们通常

所说的两面派，长此以往会导致幼儿道德、习惯等方面的偏差。”

“我觉得这种伤害对学前幼儿来说是‘致命’的。正如我们所看到的案例资料上说的那样：因为教师要求不一，导致孩子们要么不知道怎么做才好，要么就是绝顶聪明地利用教师间的这种不一致来钻一些日常规范上的空子。现在回想起来，我们身边其实也存在这样的现象，仔细想想，这是一件非常可怕的事情。所以，我要发出这样的感叹：原来搭班老师的沟通环节是这样的有必要啊！”

“我看到材料里有针对大学生进行的相关实验，表明教师对学生学习结果的反馈不一致，会导致学生失去学习的动机。真是不看不知道，一看吓一跳，害处真大啊。所以，接下来我和搭班老师说好了，除了主题活动开始之前共同备课外，在个别化学习时不仅要共同指导和观察，还要互相聆听对方的讲评，保证每次讲评延伸的内容能够落到实处，做到相互融合不断层。”

互动交流让教师们思索这样一个问题：当孩子们遇到一个标准不一的成人世界时，会有哪些迷茫与问题？而我，从教师们互动交流的字里行间，不无兴奋地看到了大家对习惯思维的冲击和对习惯做法的质疑。互动交流成就了大家在认识上的高度统一，归纳为：教育缺乏一致性，尤其是同一班级两位搭班教师之间教育行为的不一致，对幼儿的教育无疑是非常有害的。因此，教育一致性必须从两位搭班教师携手联动开始。

紧接着，一个新的问题又摆在了我们的面前：如何建立起搭班教师之间的教育一致性呢？

3. 寻找载体——原来搭班教师合作备课是那么的有必要

■ 找准合作备课抓手

直面问题统一看法以后，作为园长的我便将注意力集中到了“搭班教师如何合作备课”这一具体操作的层面上。我在课程项目研究组和保教主任会议上提出了这样一个看法：借助幼儿园已有的“主题活动预设表”（以下简称“预设表”）作为教师合作备课的载体，打通教师在合作备课时的交流渠道，以此实现着眼课程有序性、平衡性，着力教学科学性、有效性的目的。

保教主任赵老师（上海市教育教学评优一等奖获得者、普陀区教育教学能手、我园首席指导教师）认为，利用“预设表”的合作备课是保证课堂质量，实现有效教学的一个尤为重要的前期准备。

青年教师吴老师认为，我发现原来“预设表”是帮助老师有效思考的一根拐杖，它是搭班的两位教师合作教学的计划书。作为青年教师，要养成主动与搭班老师在追随幼儿发展中共同认真规划的习惯，只有这样，才能避免无效返工，成为一名高效而有智慧的老师。

■ **探索合作备课路径**

研究过程是一个“痛并快乐”的过程。随着研究的深入，我发现，有些班级的两位搭班老师怀揣着“预设表”却依然奉行“一人备课、两人凑课”的做法。观其现象，似乎这是老师的无奈之举，因为每天要六小时进班，每周一次小教研活动或者是大教研活动，还要参加各类园内、园外培训，于是，这就成为各自单独备课的最好理由。然而，深究根源的话，我认为，这一现象的反弹其实就是原有习惯做法在作祟。

那么我们又该如何帮助教师形成有效的合作备课习惯呢?

我们认为统一思想，提炼搭班教师合作备课原则是关键的第一步。其中，我们特别强调两项原则：在追随发展原则中，我们注重将合作备课的有效性定位在追随幼儿发展的这个基点上，要求搭班教师利用“预设表”共同预设每一个教学活动。在定位准确原则中，我们强调以助推教师主动发展为核心，要求两位搭班教师从自身实际情况出发，根据明晰界定的不同层级教师(青年教师、成熟教师、骨干教师)优化教学设计和教学反思的指向标准进行合作备课。

我和我的研究团队在遵循上述原则的基础上整理了一些行之有效的搭班教师合作备课的方法。其中，我们特别强调过程性、层次性、科学性，突出过程的有序性、层次的规律性和科学的平衡性。如，在时间预留法中，我们要求两位搭班教师在每个“主题活动”实施前的一周内，共同研读教材、分析幼儿、充分细致地填写下一主题的“预设表”。又如，在质量监控法中，我们以园长领衔监控小组形式，利用“预设表”就搭班教师合作备课后的课堂质量进行监控。我们的具体监控流程包括：听课前，先熟悉了解所进班级的“预设表”内涵；听课时，以当前教学活动计划为基础，观察幼儿的发展表现；听课后，以现场教学活动实施效果为基准，分析幼儿和教师的行为，建议调整完善“预设表”内容。

■ **建立合作备课制度**

习惯养成贵在坚持，在进一步巩固搭班教师合作备课习惯，提高搭班教师合作备课质量的同时，作为园长的我紧紧把住龙头，乘势而上，趁热打铁，从关注聚焦“预设表”各操作环节质量标准出发，建立了适合我园的搭班教师合作备课制度。

在关于分析幼儿的制度中，我们主要强调两个“动作”。其一：变每月每人交两篇案例分析为每月两位搭班教师共同完成一篇幼儿观察案例。其二：两位搭班教师每月月末定期共同研读对方的课程执行教学小故事。我们发现，教师们在观念上发生的最大变化是：“搭班教师如何合作备课”的根本不在于教师的教育手段有多丰富，教育材料有多新颖，教育内容有多别致，其根本应该是教育对象是否得到真正意义上的发展。

在关于分析教材的制度中，我们主要强调两种“做法”。其一：保证每周初有一个下午的两个小时为搭班教师合作备课的时间。其二：搭班教师每周五定期交换批阅对方的日计划。我们发现，教师们在行动上产生的最大转变是：搭班的两位教师为能填好“预设表”，主动相约安排了充足的聚首研读教材的时间，一改以往凭着经验、口头随意分配感兴趣的教学活动的习惯。

豁然开朗：从“锲而不舍”般的执着到“凤凰涅磐”后的成长

我们的研究内容是一个看似寻常的教学问题，如果我们因为定势而默认的话，它一定会是一个影响教学质量的潜在隐患。今天，当我们直击这一问题时，我们试图将园长的课程领导力体现在对合作备课问题的捕捉和分析上，更体现在对合作备课问题的引导和解决上。就前者而言我们的着力点是：在“讲述身边教学小故事”教研互动中发现搭班教师在合作教学上的问题，继而对问题根源刨根问底式的阐释；就后者而言我们的把控点是：在游戏感知、研读材料、实践推进的感悟体验中共同找抓手、研路径、建制度，以优化教师的教育教学行为。

经历了我园教师从形式上“准备课”到神似上的“会备课”，再到源于孩子发展需要的“合作备课”的过程，让我从中获得了这样的感悟：作为一名管理者，要及时捕捉来自教师身边发生的教学小故事，准确剖析故事背后的关键问题；要善于从课程领导力的角度出发，引领团队共同研究解读和反思教师待优化的教育教学行为；要积极营造有效的团队研究文化，通过建立相适宜的制度，实现促进教师教育教学行为优化的目的。行动研究让我看到在教师身上发生的最大变化是：第一，教师们读懂了“幼儿是天真的、好奇的、创造的，更是行动的”这句话；第二，教师们感同身受地理解了“教师的备课首先不是确定自己要干什么，而是确定让幼儿干什么、怎么干”的真谛；第三，教师们真正领悟到了这样一个道理：教育一致性是幼儿健康成长的重要根基。

今天，当我们亲历了“搭班教师如何合作备课”的行动研究后，无论从课程的领导者园长层面，还是课程执行者教师层面都已实实在在地明白：备课并不是关起门来“造车”，而是要睁开眼睛去看看别人的行动，去寻找可以学习和借鉴的途径，去汇集促进幼儿发展规律的关键合作要素。只有做到这一点，我们的教育教学行为才算得上“有效”。

问题讨论

1. 假如你手边正好有纸和笔，请试着在3分钟以内写出以下8个问题的答案，看看你在多大程度上了解自己班级的学生。

你班级里有几个男生？几个女生？

你班级里长得最高的小朋友是谁？

你班级里体重最重的小朋友是谁？

你班级里年龄最大的小朋友是谁？

你班级里最害羞的小朋友是谁？

你班级里朋友最多的小朋友是谁？

你班级里最爱吃鱼的小朋友是谁？

你班级里力气最大的小朋友是谁？

2. 你认为有效的教师备课习惯应具备哪些特征？

快乐玩　有效玩[①]

大家聚焦的问题主要是：

1. 表中提出的“玩出经验、玩出智慧、玩出自信”是什么意思、如何检测？2. 表中提出的“一物多玩”怎样操作？能做到吗？如何看待、如何评价？3. 这样的检测表看似有效，但是操作性究竟如何？

“还幼儿天性，给幼儿快乐的启蒙教育”是我最喜欢的一句话。这句话不仅折射出学前教育不同于其他学段的特质，也体现出学习和游戏的交融性。幼儿需要学习，但是这种学习应该与游戏相融合，方能彰显幼儿园教育特色。作为探索幼儿园游戏与学习有效融合的重要手段，“可玩性”个别化操作材料的设计和投放成为我园的一个重点研究项目。所谓“可玩性”材料，就是以“玩具材料是幼儿最好的教科书”为实践依据，赋予玩具材料一定的学习目的，让幼儿在愉快操作的过程中自然获得材料所蕴含的学习经验。

一、敏感于实践困惑，聚焦于教师问题

根据研究项目的安排，每位教师每月都要设计一则“可玩性”材料。随着项目推进，许多教师的设计热情都被激发出来，一件件的“可玩性”材料呈现在我面前。欣喜于其中的一些设计新意和匠心独运之余，一丝忧虑却也袭上心头。通过对这些材料的整理以及同教师的对话，我和课题团队发现了一些问题：(1)一些设计材料看似好玩，实则并没有跳出原先的“框框”，表象之下依旧缺乏趣味性；(2)部分教师对设计“可玩性”材料有疑惑和抵触情绪，既不知为何做也不知如何做；(3)片面追求材料的可玩性，忽视了材料应该具备的有效性。这些始终萦绕在心中的问题，成为我极力想要攻克的“桥头堡”。

俗话说，解铃还须系铃人。要真正弄明白这些问题的原因，离不开与设计者的对话和讨论。于是，我将课题研究团队及部分设计者召集在一起，开展了一场有关

① 上海市南西幼儿园洪晓琴执笔。

“可玩性”材料设计的大讨论，真可谓收获颇丰。在讨论中我们了解到，一些教师对“可玩性”材料的认识不够清晰，认为这样的材料制作辛苦没有必要，给幼儿玩玩现成的玩具即可。也有些教师认为自己设计的材料很花心思，已经颇为好玩，殊不知这些材料对于提升教学有效性，对于促进幼儿学习发展并没有太大帮助。针对这些信息，我们进行分析，最终归纳出了问题的原因：一是教师对“可玩性”的操作定义不甚了解；二是教师没有真正认清“好玩”和“有效”之间的关系。

二、确立检测性要素，研发可操作标准

有了这样的认识，我和课题研究团队便开始商讨应对之策，并达成了共识：不仅要开展专题培训提高教师的认识和设计能力，更需要制定一份“可玩性”学习材料有效性检测表，带领教师推进“可玩性”学习材料有效性评价的行动研究。

于是，在教学研讨、指导培训开展的同时，检测表的制定也在紧锣密鼓地展开。为了解决“可玩性”操作定义的问题，我们通过研究优秀的“可玩性”材料，并且在专家的指导下经过反复讨论，确立了“能玩、好玩、会玩、乐玩”四个检测要素。在检测要素业已确定的基础上，我们结合“好玩”和“有效”两个关键词，在每一个要素之下都制定了三条检测依据，使“能玩、好玩、会玩、乐玩”从抽象词汇变成具体要求。与此同时，我们也一致认为“可玩性”学习材料有效性研究，还应补充“可玩性”材料检测有效度的评价分值，以便于教师在判断评价中甄别，提升研究实践的自信心。于是，一份“可玩性”学习材料有效性研究检测表初具雏形，我将其交给了课题组，希望借此引发课题组进行讨论。

游戏课程“可玩性”学习材料有效性研究检测表

要素		检测依据	是	否
能玩	1	能蕴含该年龄段幼儿的关键经验		
	2	能诱发玩中学、挑战孩子独立思维和合作能力		
	3	能开放、让孩子自由掌控游戏时间与进程		
好玩	1	玩具材料有趣好看、适合幼儿特点		
	2	玩具材料好用、操作方法简便易行		
	3	玩具材料好重复使用、可轮换循环		
会玩	1	在与材料和玩伴互动中，玩出智慧：会运用一定的策略、智慧来获取成功		
	2	在与材料和玩伴互动中，玩出经验：会依据游戏规则，调整行为、自行检验或判断活动结果		
	3	在与材料和玩伴互动中，玩出自信：会主动向玩伴学习或交流，不怕失败、敢于尝试		

（续表）

要素		检测依据	是	否
乐玩	1	同一时段内，能持久玩，表现出玩了还想玩的意愿		
	2	大多数孩子自主选择的频率高		
	3	具有一物多玩功能，让幼儿有多样性、创造性体验，满足探索需要		
备注说明		(1)“可玩性”材料检测要素四个方面含 12 项检测依据：每项最高得分为 1 (2)“可玩性”玩具材料效度检测评价分四档： 无效度：1—3　低度：4—6　中度：7—9　高度：10—12		

三、研磨中获得真知，碰撞中达成共识

一石激起千层浪，这份新设计的“可玩性”学习材料有效性研究检测表立刻引起了课题组的热烈争议。值得欣喜的是，教师们对这样一份检测表都给予了肯定，认为这不仅能够便于自行检测自己设计的材料是否可玩和有效并重，也给了他们设计思路和操作指南。当然，检测表也不可避免地引起了教师们的一些质疑和询问。大家所聚焦的问题主要是：

(1) 表中提出的“玩出经验、玩出智慧、玩出自信”是什么意思、如何检测？

(2) 表中提出的“一物多玩”怎样操作？能做到吗？如何看待、如何评价？

(3) 这样的检测表看似有效，但是操作性究竟如何？

面对这些问题，我向教师们解释道：之所以提出“会玩出经验、会玩出自信、会玩出智慧”，主要是想抛砖引玉，强化“可玩性”学习材料与“非可玩性”学习材料之间的本质区别，以求突出“会玩”中的三个检验标准，让幼儿在游戏中的“学习”看得见。随后的讨论中大家达成共识：“会玩”的“三个”检验指标可以成立，但“与材料和玩伴互动中玩出经验、自信、智慧”只是一种解释不是要求，不必写进检测依据中。

对于“可玩性”材料的是否需要“一物多玩”，我们也展开了专门的研讨。课题组老师认为：“一物多玩”是游戏材料开放性的一个特征，值得倡导。学习材料结构越低，“一物多玩”功能就越多，幼儿的活动探索与游戏创造性则能更好地体现，但如果列入“可玩性”学习材料有效性研究检测表中，难免对老师的设计制作要求过高。同时，我们分析了一些案例，也确实体会到这一点老师难以操作。于是达成共识，这一点暂缓列入“可玩性”学习材料有效性研究的检测表内，但可作为游戏课程自主性游戏活动材料的检测指标。

针对第三个问题，我们共同商量出一个办法：将这份表发给每个课题组教师，并请老师们各自带两个“可玩性”学习材料，进行现场测评，征求老师们的修改意见。

通过对老师的培训与现场操作，我们收到了良好的效果：我们提出对“能玩”中所提出的“开放性”和“好玩”中提出的“轮换循环”等检测指标进行删减，原因是“学习材料的开放性”很难评价；而所谓的“轮换循环”即“反复使用”，不必重复。同时，对于学习材料的现场操作测评中，我们又看到了：在与学习材料互动中充分让幼儿感受“不同的过程有不同的结果”以及“不同的结果带来不同的体验”，而“不同的过程、不同的结果、不同的体验”才真正是幼儿“玩中学”基本特质，也是“可玩性”学习材料设计的基本要素之一。所以，一致认为有必要补充到评价指标之中。

一个个的交锋互动，一次次的争论研讨，多方观点的碰撞迸发出了惊人的力量，也凝结出了喜人的成果。“由实践生成问题、由问题推进研究、由研究指导实践”，我与课题组、与教师们的几番讨论研究，几经酝酿修改，几多现场论证，由此，一份游戏课程“可玩性”学习材料有效性研究检测表真正诞生了。

游戏课程“可玩性”学习材料有效性研究检测表

要素		检测依据	是	否
能玩	1	能蕴含该年龄段幼儿的关键经验		
	2	能诱发玩中学、挑战孩子思维和协调能力		
	3	能让幼儿获得“过程不同、结果不同”的多种体验		
好玩	1	玩具材料好玩有趣、可独立操作也可合作玩		
	2	玩具材料操作简便、便于幼儿自由掌控		
	3	玩具材料可反复使用、并适合幼儿特点		
会玩	1	会探索玩法、调整行为、敢于尝试、不怕失败		
	2	会依据游戏规则，自行检验或判断活动结果		
	3	会运用一定的策略、智慧来获取成功		
乐玩	1	同一时段内，能持久玩，表现出玩了还想玩的意愿		
	2	大多数孩子自由选择频率高		
	3	乐与玩伴互动、分享游戏成功的快乐和经验、教训		
备注说明		(1)“可玩性”材料检测要素四个方面含 12 项检测依据：每项最高得分为 1 (2)“可玩性”玩具材料效度检测评价分四档： 无效度：1—3　低度：4—6　中度：7—9　高度：10—12		

任何有效的研究都不是一蹴而就的，只有经受反复研究和检验才能不断完善，才能站得住脚。通过一份《“可玩性”学习材料有效性检测表》的诞生记，不仅看到了研究中的我与研究核心组团队和老师之间的故事，而且也看到了游戏课程的一种课程文化：“知无不言、言无不尽”，园长把问题研究发言权交给老师，主动让大家质疑，引发教师头脑风暴，既反映了园长与教师平等互动的合作关系，又不失课程实施方

案自我完善研究的引导，提升了教师的研究能力，让研究团队进一步聚焦行动研究和游戏教育有效性探索，而这一过程也让我进一步看到：只有源于自上而下、自下而上的互动，才能真正产生课程实施有效研究的实践效应，才能让教师在“学研做”中，学会“乐做、能做、会做、创造做”，这难道不是我们想要提升幼儿园课程领导力的出发点与归宿吗？

问题讨论

1. 回顾你的教育经历，你是否曾关注和研究过学生课堂行为的有效性？

2. 什么样的指标能够让你知道你上了一堂好课？你怎么知道学生掌握了你所要传达的知识与能力？

七色花的旋律[①]

对于一线教师来说，最核心的一条就是勤思考、善总结；对于管理团队来说，关键在于如何根据既定目标及遇到的各种问题及时作出决策；而对于校长来说，则要从宏观角度把握方向。

自1993年上海中学国际部成立以来，学校一直在思考一个问题，那就是如何原汁原味地引进国际课程。经过了一段艰难的时期，国际部由创办之初的18名学生逐渐形成了规模。

现在说话还为时过早

在十年之前的一次教师会议上，有老师提出，要编写一套专门介绍国际主流课程如何在中国实施的书，将上海中学国际部多年的实践成果进行总结。岂料这一提议虽赢得了很多教师的支持，但却被唐盛昌校长果断否决了。他说："我们确实经历了、思考了，确实该留下点什么。但不是现在，至少现在我们对国际课程的了解还不具有系统性，这条路还很长，我们只是起步，没有什么资格去引领他人。"

今天，将近二十年的探索使得上海中学国际部已发展成为拥有来自60多个国家与地区的2800余名学生的大型国际学校，形成中英文两大系列四大类课程——中国国家课程、沪港组合课程、国际文凭IB课程和类美国课程——含美国大学理事会授权的AP课程，是到了将我们的思考和实践展示出来的时候了。然而这时很多国际部教师反而陷入了另外一种状态，那就是授课非常好，在教授国际课程中感受也非常多，但仅限于在教研活动中发表自己的观点，不想也不愿意写出来。虽然有部分教师根据自己的实际教学写出了一两篇国内外教材比较的文章，但却缺乏从整体角度把握国际课程的能力。

---

① 上海市上海中学程琳执笔。

此时正值"上海市提升中小学(幼儿园)课程领导力行动研究"项目的学校自选课题申报之际,唐盛昌校长认为目前上中国际部的国际课程实施成果已经比较显著并且稳定,我们已经掌握了一大部分的话语权。正好借此机会,申报"优质高中国际课程的实践研究",一方面给国际部教师一个教育研究能力全面提升的机会,另一方面也可以将我们所取得的经验提炼出来,为学校本部的创新人才早期培育奠定基础。

不仅要能讲出来,还要能写出来

由实践向理论提升之路充满困惑,在下笔之前,大多数教师已经明显感觉到自己对国际课程的全方位理解还有很大欠缺。资料搜集与整理的过程必不可少,从何种角度去写?重点放在那里?如何将国际部多年的实践真实呈现?一个个问号写在教师们脸上。每个团队都需要一个组织者,有一个共同的目标,才能让个体迸发出凝聚力。因此,唐盛昌校长召集所有参编教师多次协商部署,"我们不仅上课要上得好,还要能够形成文本,让更多的人去了解我们的实践"。首先考虑到我们的团队优势,即国际部的教师对国际课程的实施更为熟悉,而本部教师对国内课程的设置及内容非常精通。其次,要能够全面展示我们的课程就需要从课程的角度对整本书稿的内容进行分类,需要在每个国际课程中选定一名负责人(如 IB、AP 课程等)。初稿形成之后,参编教师终于松了口气,但是很快就被唐校长否定了,原因主要有两点,第一就是部分章节没有足够的理论提升,其二就是没有将实践中的大量真实案例呈现出来。这也是教师教学实践文本化过程中遇到的最常见的问题。针对这一问题,各章节负责人进行了沟通和讨论,总结出来一些写作过程中的要点,最后由唐校长对各章节应呈现出的主要内容进行了修订。在全体教师的共同努力下,整本书稿经过了六次修订最终成稿,《高中国际课程的实践与研究(总论卷)》终于在 2011 年 8 月出版。回顾成书过程,有以下几点值得同类学校的管理团队借鉴。

第一,明确书稿的章节分布,并选择对章节主题最熟悉的教师组成参编团队。

第二,每个团队要有一个负责人,且该负责人既要能够对学科内容非常熟悉,又要能够调动其他教师的积极性。各部分负责人要及时沟通,发现问题协商借鉴。

第三,校长要能够对整本书的写作思路及时进行指导,保证与预设目标一致。

第四,在写作过程中,每个教师都要从自身的实践出发,既要能够表达自己的真实教学感受,又要有理论的提炼,及时查阅文献,加深理论功底。

要有微观分析，更要有宏观视角

总论卷出版之后，数学、物理、化学、生命科学、信息科技和经济卷六个分册的初稿也开始紧锣密鼓地进行。有了之前的经验，这次进展较为顺利，《物理卷（初稿）》最先出炉。翻看了书稿之后，喜悦之余，唐校长觉得整本书稿的体例似乎有些凌乱，内容上缺乏生动的案例，且与总论卷在风格上差异较大，更多的是从学科内容入手的呈现，无整体性和宏观性。于是，唐校长召集物理卷编写团队进行了多次讨论，国际部的教师发表了自己的写作感言，本部教师也对书稿中的内容提出了意见和建议。总结起来主要有以下几个方面：首先，作为第一本成型的书稿，编写体例需要谨慎决定，并且决定之后将影响其他学科初稿的编制；其次，上海中学实施国际课程已经有 20 年的历史，生动鲜活的例子比比皆是，应该贯穿到整个书稿之中；第三，作为一套丛书，应该在主题风格上保持一致，考虑到总论卷在课程的实施部分分别是从课程结构、课程内容、课程教学、课程评价几部分来呈现的（这也是对于一个课程的较为完整的介绍），因此，本分册也需要将书稿内容整合至几个大的部分，当然，物理学科的特色还应该彰显出来。

有了上面几个共识，作为其他五个学科分册的参照模板，第一本分册的写作工作就完成了。第一本分册的成形过程让我们认识到学科分卷确实需要从微观角度对学科的知识体系有一个清晰的把握，但是更重要的是它在实施过程中作为一个宏观的课程来呈现。每个教师在心中都要把自己作为课程的实施者而不仅仅是一个机械的操作者。

不能因为丛书体例而丢了特色

数学卷起初也按照物理卷的体例进行了编排，但是初稿出来之后，多数参与者认为这样的体例失去了数学国际课程的特色。该分册负责人带着问题找到了唐校长，唐校长当即决定“不能因为丛书的体例而丢了特色”，经过长时间的座谈与讨论，唐校长对书稿中的部分内容提出了建议并决定召开座谈会集体讨论这一书稿的修改。由于数学是上海中学的优势学科，且国际部 IB、AP 数学成绩均保持国际领先。因此唐校长建议本书稿设置专门的章节对中外高中数学科技与现代科技结合的比较，并将上海中学国际部与本部教学实践的比较作为国际课程在我国实践的最鲜明的例子。学科教师也提出了一些更为细微的问题，如对于“三角函数”这一部分内容的教学实践比较，因为我国与国外在设置上差异较大，因此将不放在函数一类，在合适的地方进行介绍等。最终讨论决定数学卷共包含五个章节，即“中外高中数学课程设置和教学内容的比较研究”、“中外高中数学课程与现代科技结合的比较研究”、“中外高中数学课程教学实践的比较研究”、“中外高中数学课程训练系统的比较研究”、“中外高中数学课程评价系统的比较研究”。有了这样的一个思路，之后的经济卷、化学卷、生物卷和计算机卷也相继形成。

“每个老师应该成为课程的研究者”

六本分册的编写是对上海中学国际部教师科研能力的一次提升，也是对学校课程领导力的一次考验。在这个过程中我们可以感受到一种来自一线教师的无形力量，教师不能再定位于传统意义上的教书匠，课程的改革以及实施需要每个教师成为课程的研究者。至于如何开始着手，从哪个角度切入，就要把握一些策略。对于一线教师来说，最核心的一条就是勤思考、善总结；对于管理团队来说，关键在于如何根据既定目标及遇到的各种问题及时作出决策；而对于校长来说，则要从宏观角度把握方向。如今，六册书已经全部交付出版社，并于 2012 年年底分批次印刷出版了。由于其封面为统一风格，且分别为七种颜色，故参编教师称其为七色花。这朵花凝聚了学校多年的教育实践精华，愿其能够带给更多同类学校思考的空间。

问题讨论

1. 想想作为一名教育工作者的你，一定拥有很多教学实践经验与思考，那么，能否借此机会梳理那些你一直努力想弄清楚和致力于解决的困惑、问题或争论？列出几个来。

2. 你是否意识到当你开始做这种思考与梳理时，你的经验正逐步凝聚成个人理论？请沿着这种思路继续前行，并记录你的思考和研究过程，那么你就是一个有效的研究者。

曲折中前进　变化悄然而至[①]

正如之前我们老师所担忧的一样，在这个变化的过程中，我们老师与学生都体验到了不适应与困惑。仅从语文外语组合的基础拓展型课程来说，就出现了很多问题……

2011新学年伊始的第一周，就在大家都还在整理办公室、调整放假状态的时候，我们高一、高二的语文与外语老师就连续地被召集开了两次课程会议，大家都在这种紧张的气氛中都感受到一种变化的到来。原来随着新一轮创新素养培育的需要，我校领导们决定从课程设置入手来全面推进我校学生创新素养的培育。之前，我校设置有三类课程：基础型课程、拓展型课程和研究型课程。为了给学生创新素养培育提供更大的空间与平台，校领导们决定对基础型与拓展型课程做出调整。在高一、高二把每周各五节的语文与外语课分别拿出一节来，一节补充给拓展课，使得原来一周一节的拓展课变为一周两节，另外一节则设置为语文与外语的基础拓展型课程。

调整方案的想法一出，一石激起千层浪，立即在我们老师中引起不小的震动。首先，对于我们语文与外语老师来说，每周各减少一节课，但教学内容并没有减少，教学要求又不能降低，先不说如何在被缩水的课时内保质保量地完成教学任务，单是这新设置的一节基础拓展型的语文外语课该怎么上、上什么，就难住了我们高一、高二的每一位语文与外语老师。在会议当中即有老师提出我们的质疑与困惑，会议之后还是有老师心存狐疑，这“不伦不类”的语文与外语基础拓展课到底怎么上呀？

化想法为实践：捆绑、菜单、走班、考核

在一片质疑与困惑声中，新的课程设置实施方案新鲜出炉了。2011学年的第一

① 上海市市西中学肖英、胡志成执笔。

学期，学校在高一、高二年级设置语文外语的基础拓展型课程，将语文外语这一节课以捆绑的形式进行，即这一节课将全年级学生分成两半，一半同学上语文，一半同学上外语。以菜单的形式供学生自主选择。在高一英语开出“听说”与“阅读”两个菜单，语文开出“语法知识”与“语用知识”两个菜单；在高二年级，外语开出“听说”与“读写”两个菜单，语文开出“作文”与“诗歌”两个菜单，两个年级以一学期为单位各开出四个菜单提供给全年级同学选择。每个菜单由两个老师同时上课，八个班级学生根据自己选择的菜单，实行走班制的方式上课。希望借这种新课型既能补充语文和外语的基础课内容，又能对语文和外语基础内容之外的知识做有益的拓展课。以高二语文为例来说，我们为学生开出的菜单是：诗歌鉴赏与作文思维训练。之所以选择这两个内容，我们是结合学生实际需要与我们老师教学需要两个方面的。从学生来看，我们高二同学在语文学习上感到困难较大的正是诗歌鉴赏与写作；从老师的角度来考虑，我们高二的老师觉得诗歌教学与作文教学作为语文教学当中很重要的环节，平时都是零敲碎打地掺杂在以教材为主的阅读教学中的，缺少整体性系统性的知识梳理与有序性的渐进式的训练。鉴于此，我们就在高二第一学期先开设出了这两个内容的菜单。因为是新的课型，又实行的是走班制，这就为班级上课与学生的管理以及课程学习结束的考核评价带来了新的问题与挑战。为了应对这些新问题，我们在班级上课与学生管理上采取将老师每节课上课点名与以班级为单位的小组组长负责制相结合的方式。在课程学习评价考核方面，我们也采用了综合评价的方式，将学生课堂听课表现，课堂笔记阶段性检查与课程结束前的作业或检测成绩结合在一起对每一位学生给出考核成绩，并将其计入语文、外语的平时成绩。

问题相伴而生：课堂松散，缺少互动

经过了一学期的实践，我们基本做到平稳顺利地过渡。当然，正如之前我们老师所担忧的一样，在这个变化的过程中，我们老师与学生都体验到了不适应与困惑。仅从语文外语组合的基础拓展型课程来说，就出现了很多问题，比如，走班制的方式，使得学生与老师都感觉班级上课的气氛与状态显得松散。另外，老师觉得为时八九节的基础拓展型课程时间对于一个完整的菜单内容来说实在有些捉襟见肘。为了尽可能地给同学一个相对完整的知识内容板块，老师上课基本上都是大容量、快节奏，以老师讲解为主，留给学生课堂上思考、讨论、交流的时间就很有限。师生互动、生生互动的生动课堂就更无从谈起了。

调整势在必行:扩充菜单,加强针对,尊重选择

带着这些问题与困扰,很快我们迎来了2011学年的第二学期,尽管有着诸多的不适应,但我们的课程设置改革已经上路,就意味着我们没有退路可走。于是,我们只能选择在实践中改进,在改进中完善。经过开学初领导工作筹备会的讨论,这学期决定借鉴吸取第一学期的课程设置调整实施的经验与教训,对高一、高二第二学期的拓展课与语文外语的基础拓展型课程安排上再次作出调整。

首先,把所有拓展课一周两节连上调整为有的拓展课一节与有的拓展课两节连上相组合的方式。然后,语文与外语的基础拓展型课程也进行了新的调整。外语依据分层教学的原则,并配合外语已经实施的作业分层教学改革,将原来的听说与读写两个菜单变为听说一班二班与读写一班二班四个菜单;语文则依据高考语文试卷的内容板块,由原来诗歌鉴赏与作文思维训练两个菜单调整为现代文阅读、诗歌鉴赏、文言文阅读与作文写作指导四个菜单。这样对学生来说,就有了更多的针对性与选择权。因为第一学期语文外语组合开出四个菜单,每个同学四个菜单都上到。但第二学期经过调整后的语文外语基础拓展型课程,同学就必须针对自己的需要与实际情况从八个菜单中作出选择了。对老师来说,教学的侧重点更明确,内容也要求相对更集中紧凑。

以我自己为例,上学期我与组内另一位老师上同一个板块——诗歌鉴赏,内容较多,我们两位老师将有关诗歌部分的内容共享,在这学期作出调整后,我负责文言文阅读部分,从上课的容量上来说,较为集中紧凑,但需要我独立完成这个部分的内容准备。为了对学生这个部分学习掌握的需要更具针对性,我把这个部分的内容划分为三个板块,分别是:古代文学文化生活常识板块,古代文言词法板块和古代文学作品分类阅读方法板块。每个板块三到四个课时,每一讲的内容尽量做到集中、清楚、完整,每一讲就像一个小讲座,即相对独立,又和另外两讲内容相关成为一个整体。上课采用当堂小练习带动讲授内容,既加强了上课内容的针对,又注意到将上课老师的讲与学生的练和接受结合起来。

几次课上下来,从我自己的角度来说,总体感觉学生上课的注意力、对内容的关注度与理解都较好,上课的状态气氛也比较凝聚,较上学期基拓课上出现的问题而言有一定改善。上课的方式、管理的手段与评价的方法仍然沿用第一学期的。到目前为止,我们这一学期的课程还未近半,成效不好说,但变化与调整适应则是一直相伴始终的。

课程改革,我们才刚刚开始万里长征的第一步……

问题讨论

1. 在你的教学实践中，是否曾尝试过走班制的授课方式？如果有请简要描述一下这段经历。

2. 你认为成功实施基础型拓展课的关键是什么？

研究型课程：读你的感觉像春天[①]

怎样拓宽学生视野，丰富学生的第二课堂，激发学生的学习探究欲望，促进学生综合素养的培养？近二十年来，市西人仍在不断思考，不断前行……

三月，江南，杏花，春雨。

端坐在书桌前，在屋外淅淅的雨声中，我梳理着我校研究型课程开设、实践的历程，现在已经悄悄走过了近二十年的路程，真的百感交集，而其中的酸甜苦辣唯有我们市西人知道。

序曲：一石激浪，我们探索新的课程

尘封的记忆帷幕慢慢拉开，昨日又在脑中重现……

上世纪 90 年代，我校成为上海市一期课程改革实验学校。市西人就开始思考着，怎样拓宽学生视野，丰富学生的第二课堂，激发学生的学习探究欲望，促进学生综合素养的培养？1992 年我校就着手开展了多学科的学生小组型的各种探究活动和课题研究活动。先试点，再推广。与我们生活息息相关的生物教研组成为探究活动试点。如何探究，怎样指导学生做课题，国内没有先例，只能摸着石子过河。程元英老师就做了第一个吃螃蟹的市西人：教书几十年，头一回听说探究之事。她利用课余时间一次又一次地去市图书馆查阅资料，弄清问题，理清思路；一次又一次地走访科研单位，了解探究的整个流程；一次又一次地围绕学科作实地考察，与学生们一起从我们身边或与我们生活息息相关的事物中发现可探究的问题。就这样边学习边探索，在她的带领下，经过一年多艰苦努力，终于有所收获，其中有多个项目在各级中学生论文和活动设计的评选中获奖，特别是“番茄种子搭载航天飞机的实验设

① 上海市市西中学肖英、胡志成执笔。

计”和“人类指甲生长速度的研究”两个课题，更是获得了全国青少年科技设计和研究的一等奖，让她尝到了成功的甜头，使市西中学在全市探究活动中处于领先地位。我们摸索着上路了：将它开发成一门真正的课程。

但探究活动如何构建课程？如何实施，又怎样评价？一系列问题等待我们去思考，去摸索。

第一乐章：山重水复，我们探索践行着课程开发

山道崎岖，迷雾层层。我们的探索在艰难行进着。1994年，学校提出了“要培养学生的求异思维，要发展学生的个性特长，要让学生学会选择，要开发学生的潜能和创造精神，要培养学生的责任意识和良好的意志品质，要为学生的终身学习、终身发展奠定良好的基础”的课程目标，全校上下满怀激情，学校邀请高校有关专家进行自研性活动的讲座；教科室邀请有热情有经验的老师以及精力充沛的年轻老师座谈，进行头脑风暴，集思广益。但也有人质疑，中学生会做研究吗？有人担心，会不会影响升学呢？学校在不同场合都进行宣传。经过一段时间的宣传，全校上下基本上达成共识，又经过几上几下反复斟酌磨合，构建了研究型课程的早期雏形——高中自研式综合活动课，仍然定性为活动课；时隔一年，学校提出并开展了“人格与学力的主体教育”的市级科研课题的研究，才把《高中自研式综合活动课》的构建和实施纳入了学校教育目标的整体框架中，从而使自研式综合活动课成为一门课程——研究型课程。尽管有先前的探究成果，然而我们还是谨慎地将它作为基础型课程的补充与拓展，尝试着由原先的生物学科扩大到自然学科（主要是理化生地）中探索。我们边探索边思考，在以实际成果消除了师生们的疑虑后，怎样使研究型课程真正成为一类课程。既然是课程，就要安排课时，是增加课时还是压缩基础课时？课程又如何运作，又有怎样的程序？更重要的是如何评价……一切难题摆在我们面前，萦绕在我们心头。这一切只能靠我们老师在实践中探索。

第二乐章：柳暗花明，我们确立了研究型课程

拨开重重迷雾，迎来和煦阳光。1998年，学校又开始参加了上海市的二期课程教材改革的实验。新一轮课改终于在一个微风拂面的日子来了，我们内心有几许激动，也有几分忐忑。新课改究竟又是什么样子？还是沿着素质教育的方向走吗？课程又是怎样的设置？我们的研究型课程又会怎样推进……问题一个接一个在心中翻腾。经过一段时间的学习培训，累是累了些，可心中越来越明朗，对研究型课程的

意义、构建、培养目标等有了更为深刻的认识。新课改就像一堆烈火点燃了心中的豪情；又如一盏明灯，给我指引了一条探求素质教育、创新教育的前进之路。学校在进一步明确了定位、目的和意义之后，对研究型课程的发展，提出了更为全面的要求，一改过去的“犹抱琵琶半遮面”的局面，于 2002 年制订了《市西中学研究型课程的方案》，正式将研究型课程确定为与基础型课程、拓展型课程并列的三大课程之一，旨在培养学生的质疑、探索、创造性思维，整合完善学校课程的建制，提升学校课程领导素养。于是，我们专门设立了研拓教研组，一人负责，语数外三位副组长为主要成员，专门负责研拓课程的开发、实施、管理以及评价工作。学校大胆地压缩基础型课程的课时，与拓展型课程一样每周安排 1 课时，并从高一下学期开始，在全校各学科全面进行课题研究工作。

起初，老师与学生抱有极大的热情，拥有较高的积极性，按着课程的程序按部就班地进行，一学期下来，师生似乎有些倦怠了，怎么啦？症结在于评价未能跟上。我们只是对课题做一个终极的评定，也就是说只对结果的评价，对优秀的课题进行展示。这样的评价模式，由于只能说明你的能力，却与升学没有关联，可能挫伤了学生的热情、积极性。如何做下去，评价体系的建立尤为重要。

因此，此时的市西人在享受探究快乐的同时，正在思考着如何全面而有效地构建一个“自主、开放、多向、过程化的评价体系”，并做着辛勤的努力。

第三乐章：春风骀荡，我们累并快乐着

在研究型课程的舞台上，我们共同谱写了充满青春活力的奏鸣曲。优美的旋律抒发出市西人投身课改的万丈豪情，欢快的节奏里透出课改铿锵有力的步伐。我们的研究课题频频获奖，我们的学生在自主招生的过程中、在大学校园里展示风采，更坚定了我们的探究。我们经过近十年的努力探索和反复实践，逐步建立了促进学生全面发展的评价体系。以课程的性质和特征为依据，本着“以学生的发展为中心，为学生的发展服务”、“坚持面向全体，以学生为主”、“以过程为主，贯穿学习活动的全过程”、“激励学生积极进取，勇于创新”的评价原则，使整个评价体系不仅关注了学生的学业成绩，而且注重发现和发展学生多方面的潜能；不仅了解学生发展中的需求，帮助学生认识自我、建立自信，而且充分发挥评价的教育功能，促进学生在原有水平上有长足的发展。研究型课程不仅考察学生最终的研究结果，还观察和分析学生在活动过程中的表现，实行过程评价与结果评价相结合，主要偏重对学生研究过程的评价。也就是说，评价贯穿整个课题的开发和实施过程，即“实施前、实施中、实施后”三个阶段评价，重视学生“认知、情感、动作技能”三个角度的评定。评价的主

要依据是学生活动全过程的记录和报告。课程过程评价的途径与方式也注意多元化:自我评价与他人评价相结合。自我评价与他人评价相结合,更侧重他人评价(这里的他人评价是指同组的其他人员、导师等的评价);指导老师评价与评审小组评价相结合,侧重评审小组评价。研究结果的评价采用"个个展示,人人答辩"的方式,评委由第一指导老师、两位相关学科的老师三人组成,由研究课题的组长主讲、其他组员补充,评委提问,课题组成员答辩,评委就学生的"研究态度、行为表现、能力发挥、研究中的体验、研究方法技能的掌握、合作意识及创新精神"等方面进行综合评定,最后进行表彰、奖励,并与高三直推生挂起钩来。近两年来,学校有 40 多位老师开设研究型课程,学生共有 100 多个课题,分文理做两次十多场的论文答辩。通过几年的不断实践与思考,一个"自主、开放、多向、过程化的评价体系"初步形成。学校的课程领导力增强了,教师课程设计技术、组织指导与评价技术等素养提升了,学生的探究兴趣、研究能力、合作意识和创新素养加强了。

尾声:涟漪荡漾,我们继续完善课程建设

对研究型课程的探索,在我校已经进行了近二十年,这一路走来,有阳光,有阴霾,有大道,亦有崎岖,而我们,唯有不断前行,不断反思,在挑战中达到完善。

课改奏鸣曲还在进行,请你继续倾听……

问题讨论

1. 寻找一个合作伙伴,尝试与他分享自己的课程改革经历。

2. 当你和合作伙伴回忆与分享这些课改经历时,你是否获得了新的理解和感悟?

本章感悟

本章感悟

第 3 章

课程实施:从学生出发

作业是什么？学生为什么如此痛恨它？

孩子的舞台我们能否放手呢？

虽然源源妈妈笑着说:“没关系,没关系。”可是脸上还是露出了一丝失望……

你把我搞懂足足花了十多分钟,我把学生搞懂需要多少时间呢？别的还能上吗？

一条微博引发的研究[①]

我非常赞同著名管理大师彼得·德鲁克曾说过的一句话：发现一个领导者最有效的办法，是看他是否有心甘情愿的追随者。真正的领导力应由获得追随者的能力来衡量——那就是你说话有人听，做事有人跟，能够一呼百应。

楔子

2010年10月，我在微博里转发了一首不同寻常的打油诗：

> 商女不知亡国恨，一天到晚写作业。举头望明月，低头写作业。洛阳亲友如相问，就说我在写作业。少壮不努力，老大写作业。垂死病中惊坐起，今天还没写作业。生当作人杰，死亦写作业。人生自古谁无死，来生继续写作业。众里寻他千百度，蓦然回首，那人正在写作业。

数小时，跟帖众多：有网友发声应和，有家长理直斥责，更有教师怨声载道。一时间众说纷纭，各执一词，由一条网络转帖引发了一场教师、家长、学生之间的微博争论，也引起了我的思考……

抛"砖"引玉

不久以后，我将学校的学科骨干教师召集在午间休息角。闻着咖啡香，我迟迟没有发言。静默中，大家似乎都在揣测着我有什么重大事情要说。

"最近我在微博里转了这样一条帖子，你们先看一看！可以说说自己的感受！"

① 上海市华东师范大学附属小学严玮懿、蒋慧敏执笔。

我用鼓励的语调说起大家都喜欢的时髦玩意，引得所有人忙不迭打开自己的微博。

“校长，这条帖子说的是实话！作为老师和家长的双重身份，我认为学生们的作业是多，特别是语文作业！像我儿子这种速度慢的孩子，昨天就做到9点呢！”宋老师忿忿地第一个发话。她这样的中年教师，上有老，下有小，工作和生活的压力让她常常疲于奔命，对于孩子的成长，她最有感触。

“作业是不少！”教研组长王老师接口，“但是，老师也没有办法，不布置一定量的作业，怎么检测学生学会了没有？”自从教材改版后，阅读容量大、教学时间紧，让像王老师这样的语文教师不知所措，都想用多做作业来换取教学效益。

“我看课堂教学是最要紧，学生上课听得明白，少做点机械作业，负担不就轻啦！”叶副校长用数学教师一贯的精简语言说着。

“作业不是检测学生学会的唯一手段！做得多就能学得好，我看未必！”我大声地说，“关键是老师怎么设计？怎么布置？”

大家听了，纷纷点头应和。

我缓了一下说：“最近我一直在琢磨，改变是为什么？改变一定是为了更有效！作业就应该追求科学有效，更加有趣，更加符合小学生的口味！作业也应该突破老师布置、学生完成的传统模式。我们可以借助作业这种手段，加强师生、家校之间的合作，为学生素质的全面提升做努力！”我一口气把盘桓在内心许久的话说了出来，感觉有了一丝轻松。“我也知道，实践起来可能困难重重，但是只要大家一起来想方法，没有什么不可能！尝试总比死守好！”一个围绕作业而展开的项目研究在我脑海中有了雏形。

“工欲善其事，必先利其器！”陈教导沉思了一会儿说，“我们先从一门学科入手，研究出一套作业设计的模式或策略，再推进到其他学科！”

“那么就让‘作业最多’的语文组先来做尝试！”我微笑着看向王老师。

“早就等你这句话了！”王老师爽快地回答。

务虚之后，“拂晓之家”的微博群里又开张了——

柠檬红茶：“作业是什么？学生为什么如此痛恨它？”

逆风飞扬：“老师到底应该布置怎样的作业？”

小蚊子：“浩瀚作业从何处开始研究？”

梦海看云：“巧妇难为无米之炊，可如果‘米’太多了，这锅饭也不是任何巧妇能轻易拿下的！”

惟一68：“哥伦比亚号在升空73秒后爆炸，使7名宇航员丧生。它爆炸的原因是由于火箭尾部的一点密封圈因寒冷而损坏。虽然有工程师发现了这问题，但高层没有引起重视，于是，缺乏协调的后果使灾难不可避免地发生了。当我们的研究项目看似很大时，只要精诚合作，共同寻找突破，不可能的任务也能成功！"

擒贼擒"王"

作为小学学科中的"王者"——语文教研组率先开始为作业的改变做前期的调查工作。

两周后的一天，教研组长王老师急匆匆地来到校长室，对我说："校长！这是我们做的三至五年级学生对语文作业的喜好度调查问卷，你看看吧！接下来，我们该怎么做呢？"

她呈上了一份报告，我接过后，仔细端详起来。

三—五年级"你喜欢什么样的语文作业"调查问卷

你对各项作业的喜欢程度(五颗星为最高分)：

抄写——喜爱指数：　　　　默写——喜爱指数：

练习卷——喜爱指数：　　　背诵——喜爱指数：

小练笔——喜爱指数：　　　周记——喜爱指数：

大作文——喜爱指数：

你喜欢(不喜欢)某项作业原因：

____

____

你最喜欢什么类型的作业(请在□里打√)：

多背诵小默写□　　　多形式多尝试□

多动脑少写字□　　　其他________

我看完后，王老师接着说："这里还有问卷调查的结果：三到五年级中有82%的学生不喜欢反复的'抄写、默写'，因为这对于他们来说不难；49%的学生不喜欢写'命题作文'，因为这些题目往往脱离孩子们的生活；超过90%的学生喜欢'多动脑少写字'和'多形式多尝试'的作业……"手捧这份报告，我深切感受到孩子们不是不喜欢语文，而是不喜欢繁多的语文作业。

在王老师的邀请下，我参加了语文教研组"有效作业设计"的第一次研讨会。会上，语文老师们提出了许多有价值的想法：

"做作业不是单纯为了检测学生的知识，真正判断他是否学会的标准，是看他自己是否能够应用知识！"

"学生是单独的个体，作业中也要体现个性化评价和差异化培养。"

"作业不应该仅仅是复习，因为学习包括三个阶段，即课前预习、课堂学习和课后拓展。"

"可是，我们使用的教材都是以主题为组织单元，相对来说缺少一定的系统知识的序列性，作业设计谈何容易！"

……

其实，学校经过多年的课改，有不少老师积累了一定的经验，他们对于作业变革是愿意做出努力的。我心里有些暗喜，也加入了讨论："很好！我们找到了问题，接下去就来想一想对策。既然大家已经发现了教材的欠缺——没有呈现螺旋上升的知识规律，那我建议大家先从深度解读课程标准开始，看看能否从中寻找到对语文作业的正确定位。"

"对啊！对啊！"老师们似乎茅塞顿开。

教研组长王老师说："我接校长的话说下去——解读课标后，我们根据课标再把三到五年级的语文教材知识点进行梳理。这样做我们就能明确'什么是必须做的作业'、'什么是选做的作业'、'什么是提高级的作业'……"

"值得做！"我给了大家一个铿锵有力的回答。

说干就干！语文老师们纷纷摩拳擦掌，投入到工作中。历时两个月的细致整理、反复删改、精心提炼后，语文教研组又把厚厚一叠丰实的资料交给了我。从资料中，我看到了老师们已经理清了各年段的知识重难点，明确了训练抓手。

翌日，我再次列席了语文教研组会。老师们各抒己见，最终达成了共识：作业设计要遵循语文学科的学习规律和学生的年龄特点，控制作业的数量，提高课堂教学效率……最后，教研组长在会上综合了大家的意见，把下阶段的措施作了陈述："我们准备从处于阅读能力中低段的学生学习现状出发，以'课前热热身'作业作为研究点，帮助学生将已有的旧知进行有效的梳理和提取，为课堂教学提供学习铺垫。接着琢磨出'课中动动笔'作业，帮助学生达到对所学文本的理解。最后，提炼出'课后加油站'作业，帮助学生巩固旧知，使他们对知识能够合理辨析、运用、积累，为下阶段的学习作好准备，从而建立循序渐进的学习体系。"

会后，我立刻在"拂晓之家"的微博群里留言：

惟一68:“周彬教授说我们总认为学生的改变是必然的,也是应该的。但这‘必然’和‘应该’,拥有太多的主观意愿和专业霸道的色彩。要让学生接受教师的想法,前提是教师必须接受学生,包括他的兴趣、能力以及他的学习规律。”

其利断“金”

随着学校语文作业变革的深入实施,也带动了数学和英语学科的实践研究。“三个臭皮匠顶个诸葛亮。”集体比个人更有洞察力,团队更能聚集智慧。

那天,我无意中参与到了“拂晓之家”微博群里四年级数学组的讨论:

美丽心情:“昨天上课学了树状算图分析后,我觉得学生学得挺好的!我布置这样一道题:社区今年绿化面积是12000平方米,比去年绿化面积的2倍多3000平方米。去年绿化面积是多少平方米?可没想今天学生作业上交后,还是有相当一部分学生把算式列为:12000÷2－3000。”

柠檬红茶:“树状算图是一种表达数学逻辑思维的方法,也是为后续学习解方程作准备。学生也许还没有体会到算图的有用。”

美丽心情:“如果把树状算图的价值完全展示在学生面前,让学生在具体的问题解决中,充分感受到它的直观、易操作。也许,他们才会有需求去接纳它并喜爱使用它。”

奇奇:“建议你再试试!不仅要反思、重构教学设计,而且更要跟进后续作业的设计研究。”

惟一68:“看来从‘听得懂’到‘学得会’需要走一段长路!”

几周后,我经过四年级数学办公室时,恰逢老师们在议论纷纷,一见他们那热烈争论的架势,忙问:“那问题解决了吗?”

杨老师(美丽心情)笑着回答:“我们先让学生对两类问题进行集体讨论,让他们理清思路结构,找关键句分析数量关系。”

侯老师(奇奇)抢着说:“再让学生翻译画出算图,把刚才分析的数量关系翻译成算图……”

听着他们化解问题的过程,我在心里暗自思忖:教学真需要这样的沟通,作业真能迸发思维的火花!

这天晚上,我又给“美丽心情”留下有感而发的话:

惟一68："二人若同齐其心，其钎利能断截于金。金是坚刚之物，能断而截之，盛言利之甚也。此谓二人同心，其利断金也。"

投其所"好"

接下去的日子里，整个数学教研组不仅在课堂教学上动足了脑筋，而且在作业设计上也花了不少心思。我是在一篇"我在活动中学数学"博文中了解到的。

阳阳是三年级的学生，他妈妈把孩子写的一篇有意思的数学日记传到网上：

端午节外婆给我包粽子吃，见外婆拿着一团棉线准备剪包粽子的绳子，我对外婆说："让我来帮你剪吧！"这时妈妈走来，问："阳阳，你准备怎么剪？"我拿起绳子，按着外婆剪的长度比划了一下，然后剪了下去。妈妈见了说："你剪一刀，只剪一条绳子，我可以一刀剪成三条绳子。"说着妈妈把一条绳子一折二，然后在1/3处剪了一刀，就成了三条差不多长的绳子了。

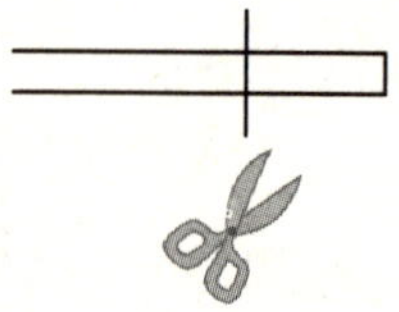

我看了说："妈妈，我想出来还可以有另外一种剪法，如果再把绳子对折，我剪两刀是不是可以变成四条等分绳子？"妈妈说可以试一试！结果我按照这个方法，又快又好地帮外婆剪好了包粽子用的绳子。

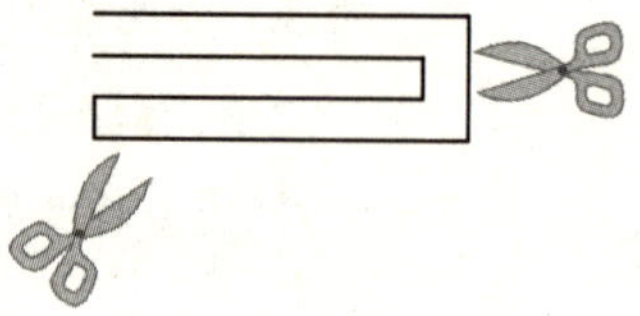

在这篇博文的后面紧跟着的是对这位有心妈妈的一串点评：

一直以为，让学生写日记是语文老师的专利。没想到，开学不久，儿子就拥有了一本数学日记本。本来他就怵写作文！他常常不知道写什么，或是无法用语言正确表达自己的意思。那天因为觉得新鲜，儿子显得兴高采烈的，我不想打击他，只在心里嘀咕："估计今后，空白页数会比较多！"

没想到，数学老师的这一创意为儿子提供了崭新的学习空间。我欣喜地看到，数学学习已经成了儿子生活的一部分，在轻松愉悦的玩乐中，不经意间就掌握了部分数学概念。以日记的形式记录玩乐的过程，儿子毫无畏难情绪，感觉就像在和老师谈心一样。他开始喜欢写日记了！感谢老师！

看完博文后，我立刻跟帖：

> 惟一68："学生学习数学的方式不是机械的记忆和简单的模仿，也不是枯燥的做题和反复的训练。有意义的、多样的活动，不仅让学生解决了一个个难题，更让他们在活动中积累了数学学习的经验，提高了解决问题的能力，更激发了他们自主探究的欲望。"

每天早晨，我总习惯早早到校，总喜欢亲眼看着孩子们一个个高兴地跨入校门。这天早晨，我也像往常一样，站在校门口。

"校长！Hello!"一个矮小的男生大声地叫着我。

我知道他——三年级的小调皮亮亮，刚要叫住他，没想到他吐舌一笑一溜烟跑了。

这天中午，我经过蘑菇亭，远远地看到了亮亮。他正在用英语和同伴高兴地交谈。我走上前去，笑着问道："你在干什么？"

"排课本剧！这是我们小组的英语作业！"他自豪地说，"我演的是主角！"

我知道这孩子平时口头表达挺强的，善于和人交流，可是就是不喜欢抄默的作业，所以他的成绩并不好。于是，我又问他："你喜欢这样的英语作业吗？""我喜欢！"他肯定地回答。

虽然，每个孩子都有自己的个性，但是只要摸准他们的喜好，设计布置他们喜欢的有意思的作业。孩子们是能乐在其中的。

> 惟一68："学习是学生的任务，但任务只是暂时存在的，而且也只能在学生能承受压力的情况下来完成。对他们来讲，只有是自己感兴趣的事情，才会从内心激发出活力来，这时候的学习也罢，作业也罢，都不再是个任务，而是一个使命。这时候推动学习进程的，不是外在压力，而是内在的动力。"

永无止"境"

作业既是教学过程中的一个常规环节，也是评价学生知识掌握、能力形成、情感体验的一种基本途径，更是洞察教学理念更新的一扇"窗户"。

目前，语文、数学、英语三个学科在校本教研的引领下，将作业的设计与实施作为基础性课程校本化实施的抓手，建立了"前后关照、层层递进"的研究架构，设计了

“三个阶段、四种类型”的练习范式和“科学有效、均衡发展”的作业实施。通过“课前——有效预设，建立组织者，课中——适时关联，相互迁移，课后——及时反馈，多样变式”三个环节的贯通，将作业放在宏观的“课程——教学——评估”体系中来思考，将作业视为反映学生学习程度的有效证据。

远处的风景很美，但跋涉的道路远没有止境。要编制好作业，我们还有很多路要走：将作业编制的策略提炼得更具普适性、推广性；将作业“地盘”更多地给予学生自主的空间，让他们自己做主；将其他的学科更多地融会到作业中……

不断研究中，我的微博渐渐成了反映学校文化的镜子，渐渐成了解决学校问题的通道，也渐渐成了汇集众人智慧的平台……

惟一68：“我非常赞同著名管理大师彼得·德鲁克曾说过的一句话：发现一个领导者最有效的办法，是看他是否有心甘情愿的追随者。真正的领导力应由获得追随者的能力来衡量——那就是你说话有人听，做事有人跟，能够一呼百应。”

尾声

2011年10月20日，《基于“合作共营”的作业编制与实施研究》项目中期研讨会后，老师们聚在一起，你一言我一语地聊着编制新作业的感受。大家不约而同地打开“拂晓之家”微博群想以一种特别的方式来纪念研究的历程。

惟一68：“两年了，边学边做边悟，我们一起成长。”

柠檬红茶：“痛并快乐着！”

逆风飞扬：“说实话，有些问题我还不是很清晰，但是越研究越觉得有意思！”

阳光July：“每天牵挂你，每天梦着你，作业想说爱你不容易……”

小蚊子：“合作真好，要是靠一个人干，像我这样的新人，真不知如何做呢！”

糯米姆妈：“反正我觉得我们家儿子是越学越开心啦！”

……

许想到随着下阶段探讨的深入，还有很多工作需要去做，还有很多细节值得去发掘。大家又一次沉静了。此时，我抬头看见同伴们或微笑或凝思或窃语的样子，心底有一种莫名的感动……

问题讨论

1. 想想你周围的教师和他们对学生作业的期望。他们对学生作业有相似的期望吗？你是如何知道的？

2. 你对自己学科作业的设计有什么新的认识吗？你想如何去实践？

从“小木偶”到“小主人”①

孩子们的表演明显进步着，老师们也显得从容、轻松起来。可演出中，小观众们似乎坐不住了，越来越多的观众开始骚动起来。有几个孩子在主持人报出节目名称时，会叫出来：又是这个节目啊，不是刚刚表演过吗？

小剧场的表演活动是幼儿园较为常见的活动形式，它为幼儿提供了展示才艺、大胆表现以及促进社会性交往的舞台。但是，每次小剧场的演出活动，我们看到最忙碌的却是教师们的身影：从节目选定到排练、化妆，从舞台布置到组织、主持……孩子们在演出，老师还在台下手舞足蹈地指挥着，锻炼的似乎是教师，而孩子们却成了一个个执行命令的“小木偶”，活动的自主性越来越少、兴趣越来越低。

新课程理念强调关注幼儿兴趣和需要，教师是孩子活动的推进者、支持者，孩子是活动的主体，这已成为教师们的共识。但是，为何在现实的活动中，教师的行为与理念又出现了这么大的落差呢？

排练让孩子做主

带着困惑，我们与活动后疲累的老师们一起坐下来，悉心交流。

（下列对话中Z为笔者，A、B、C……为不同的教师）

Z：大家真辛苦，怎么都累得满头大汗了？

A：唉，每月一次的活动，是展现自己班幼儿水平的时候，不亲力亲为帮孩子们排练、指导，节目质量难以保证啊。

教师们的一番回答，使我们了解了她们的“良苦用心”及“症结所在”。

Z：看大家累的，孩子的节目可不必要求很高啊，孩子的舞台我们能否放手点，减轻些老师们的负担呢？

---

① 上海市佳佳幼儿园朱惠、陈洁执笔。

B:是啊,每次表演我们都要利用休息时间,一次次帮孩子们排练节目,孩子也辛苦,但不练习,表演能力怎么提高呢?

讨论陷入僵局,突然,一老师提议:“班级小舞台里表演的节目是否可以到小剧场里去表演?”

Z:为何不行呢?

C:对啊,小舞台是孩子们自主表演的场所,每天演演练练,也方便我们常态的指导啊!

一语惊醒梦中人,老师们纷纷表示这个想法可以尝试一下,将小剧场的表演和班级小舞台的表演相结合,将节目平时的演练放手给孩子们,参演剧场表演的节目由班级小观众与老师共同推荐。

节目让孩子做主

放手后的第一场小剧场活动拉开了帷幕。

舞台上的孩子们一开始还在寻找着老师的身影,当看到老师也像观众一样坐在小朋友中间时,似乎开始有了那么一丝丝的不自信了,很多节目都出现了小差错……老师们心里有些着急,但仍用鼓励的眼神微笑地看着小演员们,并带领大家报以热烈的掌声。

第二场、第三场……孩子们的表演明显进步了,老师们也显得从容、轻松起来。可演出中,小观众们似乎坐不住了,越来越多的观众开始骚动起来。有几个孩子在主持人报出节目名称时,会叫出来:又是这个节目啊,不是刚刚表演过吗?

原来,孩子们自主表演的节目大都来源于课程相关的内容,形式无外乎是唱歌、跳舞两种。而且,各班推荐的表演内容也有很多的重复,对于看表演的小观众来说就会产生倦怠,这可怎么办呢?

带着欣喜,也伴着问题,教研组的老师们又围坐在了一起,讨论起来——

Z:放手给孩子们,将小剧场的表演和班级小舞台的表演相结合的方式,大家尝试下来感受如何?

A:虽然节目的质量不像以往那么高,但是,从孩子们的反应来看,孩子们倒是乐在其中。

B:班级里想要去小舞台的孩子比以前多了些,有些以往不太参加集体表演的孩子,开始和自己的好朋友一起,结伴在小舞台里练习了起来。

C:我们老师排练的任务倒是减轻了不少,原来以为孩子们不会有这方面的能力,实践下来还是可行的,孩子们的表现有些出乎我们的意料。

D：但节目重复、形式单一，现场小观众们可不怎么喜欢呀？

Z：小观众们的反应情有可原。那么，如何拓展孩子们的表演内容和形式，使活动更符合孩子们的趣味呢？

一位青年老师兴奋了起来："你们看过中国达人秀吗？最近达人秀可成为了我班孩子的议论焦点噢！"老师们一下子都兴奋起来，"我们班也是，孩子们还都在模仿呢！"……

对啊，近阶段荧屏上的"达人秀"，成人与孩子都很喜欢看，里面来自于草根的各种形式的表演，让孩子们特感兴趣，"Yes"or"No"的现场互动，更是调动了观众的参与热情。何不以此为借鉴，追随孩子们的兴趣，来调整我们演出内容和方式，引导孩子开展"宝贝达人秀"呢？思维的火花就此打开，于是，一个个引发孩子活动的问题、一幕幕孩子主动参与的行为出现了。

（下列对话中 T 是老师，C 是孩子）

片段一：

T：你们从哪里知道"达人秀"的？

C：电视里广告一直在放的。

T：如果我们也来举行一个达人秀，怎么让大家都知道呢？

C：告诉别人；去其他班级宣传；做广告……

于是，"宝贝达人秀"的宣传海报出现在了幼儿园大厅最显眼的位置，引来了不少家长驻足、询问。

片段二：

T：我们怎样了解谁想参加达人秀表演呢？

C：让想参加表演的人报名。

T：达人秀的报名单上需要些什么重要信息呢？

C：照片，姓名，联系电话，表演什么……

于是，由孩子们设计的"宝贝达人秀报名表"应运而生，宣传员带着报名表兴高采烈地去各班分发。

片段三：

T：达人秀除了我们小朋友表演，还可邀请谁来参加？

C：老师，爸爸，妈妈，爷爷，奶奶，大班的哥哥姐姐……

于是，报名表上出现了爸爸、妈妈等各类达人的报名信息。

T：达人秀除了演员，还需要哪些人呢？

C：还有周立波和伊能静——评委；还有程雷——主持

于是，一封封评委的邀请信送到了老师、小朋友、家长的手中。

……

“宝贝达人秀”引发的系列活动如火如荼地开展着，到处可以看到积极、忙碌的孩子们……第一季的达人秀报名活动结束后，5个班，共报了43个节目，大家参与的热情使孩子们兴奋不已：原来，除了唱歌、跳舞我们还可以武术表演、变魔术、讲故事、翻筋斗，甚至就讲一个小笑话都可以啊！原来，这么多人都愿意、乐意上台表演啊……自信、愉悦又回到了孩子们的身上。

剧场让孩子做主

第一季“宝贝达人秀”在一片“Yes”、“No”的呐喊声中结束了。老师们为精彩的演出激动不已，也为孩子们在活动过程中高涨的热情津津乐道。但是，细心的几位教师还是发现了问题，活动后的研讨开始了。

Z：没料到第一季“宝贝达人秀”就这么成功，大家有何感想？

A：是啊，很成功。参与表演的孩子数量增加了，上下互动的形式也符合孩子兴趣，但似乎美中仍有不足。

B：对，我班有几位孩子始终不愿意上台表演，总是缩在后面，难道他们只能做个较为被动的小观众吗？

Z：是啊，每个孩子都有不同的个性，每个班级总免不了会有一些不善于、也不喜欢上台表演的孩子，怎样在小剧场的活动中也关注支持他们的发展，我们能为这些孩子提供些什么机会呢？

老师们回忆起与孩子们的交流，纷纷建议起来。

C：我班的孩子们曾说起，进入剧场看表演或者看电影需要买票，每个剧场都会有售票员，还有领位子和检查票子的人。

D：演员们上台表演前需要化妆，能否增设小小化妆师？

E：我班的××不爱上台表演，但他拍摄照片倒很喜欢，拍得也不错。

F：表演完后剧场的整理也很费时，能否设立剧务工作人员？

……

原来，除了现场的表演，还会有那么多的幕后工作，在这么多的工作角色里，我们是否可以再放手一些，让平时不太愿意表演的孩子能有更多的参与小剧场活动的机会呢？

新一季的“宝贝达人秀”开始了，我们看到了更多孩子活跃的身影……通过自主报名的活动，不少孩子都选择了自己喜欢的工作角色：售票员、化妆师、小记者、摄影师、剧务工作人员……

看着孩子们工作时的认真劲和完成工作后的满足感，老师们都欣慰地笑了，也不禁地感叹，孩子们的剧场的确还是应该让孩子们自己来做主。

小剧场活动的变化，变的不仅仅是演出的内容与形式，而是我们老师的观念、思维和行为。由此及彼，老师们将小剧场活动的思考、收获运用到了其他的活动之中。

孩子从活动的"小木偶"成为了活动的"小主人"，而老师则从中真正体验到了：生动、丰富、主动的活动需要教师智慧地"放"与"引"，有价值、富有生命力的活动必须源于孩子的生活、珍视孩子的经验、关注孩子的兴趣。

各种精彩仍在继续着，我们的思考与实践也将继续着，让我们的管理者与团队成员，在互动中变得更自信，让我们的教师与孩子们，在互动中变得更自主，让理念与行为更一致，让孩子成为我们幼儿园真正的小主人！

问题讨论

1. 不妨回忆一下最近一个月的班会活动，孩子们的哪些表现或想法令你印象深刻？

2. 为了帮助学生更好地参与班级活动，你和你的同事一起付出了什么样的努力？

“绳”采飞扬[①]

常言道：小孩子三分钟热度，事实果然应验，学生们手臂一酸、脚步一沉，跳绳的劲头随即减少一半；再者学生基本都能掌握一到两项跳绳花样，但速度和耐力则有所欠缺，要求一高速度一快往往就乱了阵脚，失误连连……

阵雨袭来，我走在教学楼的走廊里，还未进教室就听见学生嚷嚷。“盼星星、盼月亮，最盼的还是上体育课，可偏偏又下雨了，扫兴!”“是啊，刚才天气还好好的，我们班咋这么倒霉啊，前一节课别班玩得很开心啊。”听到学生们这样的心声，当体育老师的我还真有点哭笑不得又无可奈何。我校地处中心城区，寸土寸金，现有 24 个教学班，800 多名学生，运动场地严重不足，没有一片标准的运动场地，更没有室内场馆和地下活动室。一到恶劣天气，体育教学工作则是雪上加霜，只好集体蜗居，上述情况严重影响了学校体育教学工作的有序进行，严重伤害了学生们的体锻积极性。

体育课照例又成了自习课，课后回到办公室，谈起此事，体育组老师均有同感。虽说是“螺丝壳里做道场”，但教学大纲的要求不会因此降低，就拿刚才那班学生来讲吧，站在讲台放眼望去，学生要么豆芽林立，要么胖墩滚滚，真正能符合体质标准的凤毛麟角，中考体育加试如同一把达摩克利斯之剑悬挂在某些学生头上。记得我校段力佩老校长提出的“三自”培养目标中，强调培养学生自觉体锻的意识，学校领导对此现象也是非常关注，要求我们体育老师集思广益，探寻有效的教学方法，改善学生的体质健康状况。基于这种问题，作为体育教师，应该如何去改变这种现状呢？将哪个项目作为突破口呢？我不禁陷入了沉思……

山不转水转，水不转人转，随着我校市级课题《传承段力佩教育思想，初中学生达成三自目标的实践研究》的成功立项，我组教师根据学生的心理和生理特点，结合学校的场地情况，进行了热烈的教学讨论，“开展的项目必须最易激发起最广大学生的参与，技术门槛要低，要易于掌握，急学快用”，德高望重的教研组长一开口就博得

① 上海市育才初级中学高艳、王薛执笔。

了大家的一致认可，这么多年来他可是深有感触啊！“对、对，运动空间要小，器械也要简单”，“最好运动性、趣味性兼具，要搞得热闹点，能够持续一定时间长度”，“光热闹也不行啊，提升学生体质，最终要落实到中考体育成绩的提高，一定要全身动起来，促进身体各项机能的均衡发展”……大家各抒己见、畅所欲言，经过思维的碰撞，最终跳绳这一传统体育项目进入大家视野。曾带队参加过区跳绳比赛的张老师可是颇有心得，她向大家介绍：首先，从运动学角度讲，跳绳是一种非常有效的有氧健身运动。它除了拥有运动的一般益处外，更有很多独特的优点：跳绳每半小时消耗热量 400 卡，对心肺系统等各种脏器、协调性、姿态、减肥等都有相当大的帮助，更有研究表明，跳绳时的全身运动及用手握绳对拇指穴位的刺激，会大大增强脑细胞的活力，提高思维和想象力，因此跳绳也是健脑的最佳选择。其次，跳绳运动的配备十分简单，只需一条绳、轻便衣服及一双合适的运动鞋便可。再者，跳绳所需的地方也不大，经测算一般不超过两平方米，加之跳绳一学就会，且花样繁多，运动的可塑性很强，造成运动伤害的可能性却很低。真是“山重水复疑无路，柳暗花明又一村”，经过讨论，全体老师都对项目的成功充满信心。

仪式启动：冠名为“绳采飞扬——人手一绳自主体锻的竞赛活动”，活动一开展就吸引了同学们的目光。为了激发学生的兴趣，我们体育组在学校各部门配合下专门组织了一次“跳绳启动仪式”，在一片欢声笑语中活动拉开了帷幕，活动首先从低年级开始实施，逐渐扩展到全校学生。一时间操场上、教学楼僻静处、教室里，一派热火朝天的跳绳锻炼，有人戏称整个学校都在震动，地震局也要打电话来询问情况了。

一度沉寂：常言道：小孩子三分钟热度，事实果然应验，学生们手臂一酸、脚步一沉，跳绳的劲头随即减少一半；再者学生基本都能掌握一到两项跳绳花样，但速度和耐力则有所欠缺，要求一高速度一快往往就乱了阵脚，失误连连。这些我们体育组全体老师都看在眼里，如何出点新招添把火，旧瓶里装点新酒，让学生重燃跳绳的激情？如何换位思考，学生参加体育锻炼最想得到什么，展示什么？大家都说，看来体育组又要好好开会了。

重整旗鼓：经过讨论，根据实际情况，我组又采取了新的措施推动活动的深入开展，比如从单一的短绳快跳发展到花样跳绳，如正跳、反跳、单脚、双脚、双飞、双人、交叉跳等等；从开始的教师传授到学生的自主学习进而自主创新。特别是借鉴吉尼斯世界纪录等成功案例，适时推出并公布各种跳法的年级及学校纪录，并征询了学生们的意见，特别规定：在校期间任何时间段，只要有其他同学现场见证，就能向学校申报自己的纪录，一时间形形色色的跳绳纪录如雨后春笋般地冒了出来，各项纪录的刷新更是日新月异，一个在跳，几个在数，更多的在练，全校同学共同创造了一个更好的跳绳运动氛围。

高潮时刻:在活动期间,"中国达人秀"的节目异常火爆,为增加时尚元素,每个月我们也进行一次预赛,让同学们展示自己的绝活,同时邀请部分老师作为嘉宾评委,没想到平时严肃的他们,现场点评妙语连珠,一时间仿佛都成了周立波。优胜者学期末进行一次总决赛即汇报表演,更是将学校跳绳活动推向高潮,表现最优秀的同学还将授予"跳绳达人"的荣誉称号。学生们好胜心强,爱表现自己,通过这样的比赛,让学生们不断挑战自我,锻炼的热情一浪更比一浪高。最终毕业班的于优同学以一连串让人眼花缭乱的"转体180度双飞跳",并且三分钟内零失误,赢得了冠军,一跃成为学校风云人物。学生中蕴藏着的无穷无尽的想象力和创造力被激发出来,"活"动真正被搞"活"了。

收获季节:这项活动的开展不仅丰富了体育教学中的教学资源,解决了学校体育场地不足的问题,同时也培养了学生自觉体锻、团结协作的自主学习能力,既符合我校的"三自"培养目标,也为学生树立了终身锻炼的意识,使学生真正在锻炼中获得了乐趣,真正从肺腑发出"我要跳绳"的心声。可谓小小一根绳,跳出了育才初级中学的精气神,完全达到了预期的效果。更令人欣喜的是,中考一个项目,而腿部力量、手臂力量的提高又有力地提高了50米、立定跳远、实心球等考试科目的成绩,至于涉考的技巧项目、球类项目,同学也一致认为通过跳绳锻炼,平衡感、节奏感、方位感增强了不少,动作变得轻松、舒展了许多;一些原先体型较大、体育成绩较差的同学经过一段时间的练习,减肥效果也是十分显著的,结实了全身肌肉,消除臀部和大腿上的多余脂肪,自我感觉像换了一个人一样。更有六(4)班的刘小明同学原先性格较为内向,作风也比较懒散,老师一度认为缺乏上进心,但在此次活动中异军突起,表现不俗,他也自称通过活动不仅增强了自信,还明白了一个道理,只要自己努力,别人能做到的,自己也能做到,甚至做得更好。闻听此言,令众老师非常欣慰。可以说学生们在思想境界和身体素质两方面取得了双丰收,创造了学生、老师、学校三方共赢的可喜局面。

另外,值得一提的是,活动的开展对学生心理素质的锻炼也是大有帮助的,由于要跳出好成绩就要先认识自我,对自己的能力有一个基本定位,随后循序渐进逐渐提速,否则欲速则不达,越急越绊,同学们学会了应对压力,调整情绪,这也算是活动的意外收获吧!

当我再次回忆起活动期间那一幕幕欢乐又催人奋发的场景,不禁感慨万千,一根小细绳,简单得不能再简单,可谓草根到了极点的运动,但就是这样却在育才初级中学创造出了前所未有的大场面。我要由衷地对同学们说一声:"谢谢你们,是你们让跳绳这项运动变得更精彩!"

问题讨论

1. 你是否曾留意过你的学生在学校的学习生活状况,他们有什么爱好和想法？你有何看法？

2. 在课程实施方面,你认为自己积累了哪些成功的经验？还有哪些值得关注或改进的？

学案成长记①

这时小陈一针见血地指出："你们有没有发现，今天娜娜带着她经加工后的'宝典'走进课堂，看似是用学案来进行教学，其实最大的问题在于我们这份学案里只有对学科的具体要求，而没有真正考虑到学生的因素……忽视了学生，学案就没有意义了！"

2010年下半年，课程领导力项目开展伊始，萦绕在我们这群青年教师脑海里的两个大问号就是"学案究竟是什么"、"学案和我们青年教师到底有什么关系"，带着这样的思考，我和几位来自不同学科的青年教师一起加入到了学校市级项目《开放教育背景下的教学有效性的研究》的项目组中，在这样一个契机下伴随着学案的孕育、成长一起成长、成熟起来。

清楚地记得2010年8月的一天早晨，我们和校领导、项目顾问一起围坐在图书馆那张召开过无数重要会议的圆桌前进行了第一次项目讨论会。

"我觉得学案设计起来一点都不难！"在第一次的项目讨论会上，我率先大胆提出了自己的想法。"最近几年，我结合教材单元主题，为每一课都设计了基础要求、拓展要求和课堂练习三份辅助小卷子。它面向全体学生，同时也考虑到了学生间的差异，使不同能力的学生都能通过它掌握必需的知识点，并相应提升自己的能力。它们就是我的'宝典'。这样我只需要把它们略作调整，不就是份现成的学案了嘛！"我不无得意地说道。

"听起来还真不错！这样的训练特别扎实，也符合我们学校一贯以来的'严、实、细、活、深'的课堂风格。"小李赞同地说。

"我觉得学案就应该是学生拿到之后可以自己通过它来学习，所以除了小邵前面提到的这些，还应该把教学目标和教学要求放在里面，让学生一看就知道今天学什么！"小陈紧接着小李道。

这时，晓静缓缓地讲："我觉得，这还不够。我们还应该再想想哪些练习和拓展

① 上海市实验小学邵婕执笔。

是适合学生的，要有取舍，少而精。要能关注学生的学习特点。另外，还要考虑到如何帮助学生去完成这些内容。”

“对！对！对！”大家纷纷点头表示同意。

这时，学校项目顾问顾惠櫟老校长开口说：“老师们，你们刚才说得都挺好！但是青年教师对学科的理解要变得更深才行！教材只是一种载体，每一种教材，每一个教学内容侧重的都是不同的维度。青年教师要会辨别他的理念和行为对学生产生的究竟只是现时的影响还是一生的影响！”

在这场初次的头脑风暴中，我们一致通过了对学案的初步理解：我的所谓“宝典”虽然能有效达成教学目标，但相对比较符合应试要求。而且练习也不能等同于学习过程，应该关注学生学习生成的过程。所以学案要能考虑到学生的学习特点，要让学生清楚学习目标和要求，要关注他们整个学习过程。草根学案应运而生。

随后，我自告奋勇地上了一堂研究课。然而课后，包括我自己在内的老师们，最大的感受就是用与不用学案没多大区别。那问题到底出在哪里呢？大家决定就我的这堂研究课进行一番剖析。

平时话不多的小云率先说：“小邵，我看你其实就是拿着学案当教案在用。教案是给老师看的，学案就该是给学生看的。但你整个教学过程中都没把学案拿出来用过。直到最后的作业环节才想起它的存在。”

“嗯，我自己也意识到了。感觉我还是按着原来设计好的教学环节在走，没有给学生足够的时间和空间来进行相对独立的思考。”

这时小陈一针见血地指出：“你们有没有发现，今天小邵带着她经加工后的‘宝典’走进课堂，看似是用学案来进行教学，其实最大的问题在于我们这份学案里只有对学科的具体要求，而没有真正考虑到学生的因素。既看不到面对不同学生不同的要求，也看不到对于不同层次学生相应的教学对策。忽视了学生，学案就没有意义了！”

“你说的很有道理！”我的思路也一下被打开了，“课堂教学中教师的讲、学生的听以及相应的练这三者的关系是紧密结合的。老师要随时根据学生的反应作出相应的调整。如果只是按着自己原来的设计思路一味地走程序，是无法做到以学生为本的”。

“对！对！对！”小李也随着我们热烈的讨论激动了起来，“除了你们刚才所说的这些，我觉得评价也是我们教学中很重要的一环。除了教师给他们的评价以外，学生的自主评价，还有生生之间的互评都可以体现在我们的学案设计中”。

“是的！学生的学习本来就有不同的途径，可以向老师学，也可以向同伴学，而有的是原本就会的。对于这些不同情况，教师及时了解后所给出的评价也会有很大的差异。"晓静补充道。

就这样，大家你一言，我一语，在越发激烈的讨论中不断碰撞出了各种思维的火花。

经过这次的反思研讨，我们对学案有了较为清晰的认识。项目组的青年教师也因为对学案有了全新的理解而走出了迷茫，对学案有了全新的理解而纷纷摩拳擦掌，于是大家分别到各自的课堂里实践了起来。

小陈的语文课里，我们发现他把原本给老师看的教学目标、教学要求变成了面向学生的学习提示：同学们，让我们一起学学生字、新词，读读成语故事《完璧归赵》。学习用抓住人物言行的方法复述这个故事。并紧扣"理直气壮"一词，联系上下文，体会蔺相如机智勇敢、维护国家利益的民族气节。这一表述让学生在走进课堂之前就清楚地知道今天要学什么，重点在哪里。小陈设计的学案除了学习提示之外，还列出了"我能读"、"我想问"、"我会想"、"我能演"、"我会说"的学习过程，每一个部分都和学习提示相吻合，并给出学习路径、学习方法的指导。可见，学案设计不可或缺的一部分就是要让学生明确要求，并给予清晰的指导，让学生在学习和思考时有方法、有路径。

而在晓静执教的一堂二年级的美术课《轻松画花边》的课上。我们发现最大的特点就是通过学案的设计清晰地呈现了教学重点，并通过 PPT 的设计帮助学生化解了学习难点。我们都知道，学生在美术学科上的表现天差地别，而平时教师很难通过示范和讲解让所有学生都掌握，过程中的指导总是显得很零散，效果也一般。晓静这堂课是将美术与电脑相结合，要求学生用电脑中的画图软件画出美丽的花边。她巧妙地将每个步骤分解开，示范、讲解、带着学生一起尝试，在每一个步骤中她都及时给出重点提示，并根据学生的情况进行随重点的评价跟进，这种辅助极其有效地化解了教学难点，同时给予精准的指点，学生的学习效果也出奇的好。

平日里，每每经过操场时，总能听到体育老师们诸如"某某同学，把手再举高点"、"某某同学的姿势非常标准"的指令和评价，但离开了老师们的眼睛，学生的姿势总是错误百出，同伴之间也不知如何纠正是好。小李的体育课学案瞬间让我们眼前一亮。他这堂课的学习内容是一年级的支撑与悬垂：直体俯撑。老师通过请高年级的同学分步示范，拍下照片，放在学案上，使小朋友一目了然。同时小李还拍下高年级同学错误的示范，让小朋友来判断正确与否，检测他们的理解。这一做法在我们这群青年教师看来真是不可不谓"破天荒"，但其收效却是有目共睹：每一个学生都清楚了正确的姿势，做到心中有数，个别课上没有掌握好的同学回家也能对照着自学，伙伴间的评价也有了标准，在学练中互助合作。小李的这一做法帮助学生读懂了教材，针对不同动作的评价分解了难点，使每位学生都能顺利完成学习内容。

上完课后，大家从课堂里带着各自的收获、问题和想法再次聚到一起，于是便有了一次“诸葛亮碰头会”。这一回，我们的学习方案的设计指导思想也随之出炉：学案要以学生的学习为主，面向不同层次的学生；通过学案，学生可以学得更好、更有效，学习积极性和自主性能被充分调动起来；根据不同能力学生在课堂中掌握知识的情况给予不同的活动和练习支撑；教师的评价必须是激励性的，是因人而异的。有的是要求结果的正确，有的是鼓励他更深入地学习，有的是表扬其思维方式等等；不同的学生认知能力、理解能力、表达能力都是不同的，而每个孩子都应该尽量去达到适合他的高度。随后，新出炉的学案设计栏目包括学习任务、学习过程、学习评价和学习拓展四个部分。其中学习任务这一块向学生列出学习内容、学习目标和学习重点，让学生可以做有针对性的预习。学习过程包括我的预习与问题、我的学习和记录以及我的收获，对于我的预习和问题，老师要给出相应的提示，为学生提供学习的方法、思考的路径。在学习过程中教师先重点讲，然后根据学生的学习情况做相应的调整，组织学生相互学，进行自主评价。这一教学的尺度不再仅仅由教师个人决定，而是完全由学生来决定。

教案助教，学案助学，教学互助，是基于共同目标下的学习主动性的最大化。学案设计，因学生的问题开始教，因学生的需要进行指导，因学生的差异设计作业，让学生喜欢课堂，使学生真正得益，教学有效才能真正实现。两年的时间，我和项目组的青年教师们一起经历了思想的转变，一起见证了学校课堂结构的变化。我们既是参与者，又是实施者。看着手中还不算成熟的学案，我想到了很多：两年的时间，我们这群青年教师对教材研读有了新视点；对学生学习有了新认识；对课堂角色有了新担当；对课程理念有了新理解。学案，成为了实现学生学而有助的桥梁之一；学案，成为了提升教师专业发展和教学艺术的有效途径。路漫漫，我愿和身边的青年教师一起继续成长，从重教到重学。

问题讨论

1. 从本故事的学案诞生过程来看，你认为最主要的是树立哪一种理念？你有过这方面的课程实践经历吗？你的感受是什么？

2. 你认为学生是不是课程领导者？如果是的话，学生的课程领导力体现在哪些方面？

转班风波平息记①

这学期以来，陆续有几位同学要求换班。每一次有学生提出这种要求，都让我不得不审视这门拓展课的课程设计。如今，连我最得意的弟子也提出“要转班”！

风波乍起

“老师，我要转班。”

“为什么？”

……

她是我任教的《古诗文阅读》拓展课上的学生，是个在古诗文学习方面颇有灵性的优秀学生，也是我打算重点培养准备参赛的种子选手。她竟然提出要转班！让我情何以堪？

望着她倔强的眼神，我的心突如其来地一阵慌乱。

话说这门拓展课建班以来，每个周三我都带着近三十个孩子徜徉在这片诗风古韵的海洋里，我们一起读诗品词，一起谈经论典，一起畅游古今。为了调动他们的兴趣，我还时不时地讲些古代文人的小故事，或诙谐，或正统，有正史，也有戏说，自我感觉上是风生水起，很有成就感的。上个学期学生们的兴趣很浓，一学期相安无事地度过，我也有些沾沾自喜了，觉得这门课程的开发是有效的，是受到学生欢迎的。可这学期以来，陆续有几位同学或自己来要求换班，或请班主任来要求换班。当然这些要求有客观原因，也有主观因素。每一次有学生提出这种要求，都让我不得不审视这门拓展课的课程设计。如今，连我最得意的弟子也提出“要转班”！

在我的追问下，她支支吾吾也没说出一个正当的理由。说来说去一句话，她觉

① 上海市崇明县实验中学钱广生、欧阳桂菊执笔。

得上这门课没意思。

“没意思!”简单的三个字就否定了我一个多学期的辛苦。我一直有一个理想：把《古诗文阅读》这门课程开发成像《百家讲坛》一样的节目，主讲人在台上纵横捭阖，听讲人在台下如痴如醉。所以最初的课程定位是以培养兴趣为主，努力培养学生对古诗文学习、古代文学常识积累、古代文人雅士精神解读的兴趣和爱好，让学生在听故事中获得新知，在快乐中学习。怎么会“没意思”呢?

“听那些诗人词人的经历会没意思吗？读品唐诗宋词会没意思吗？赏析我们民族的文化会没意思吗?”

也许是我的失望与激动表现得过于明显，最终她收回了转班的要求。可这件事就像一根鱼刺梗在喉咙口，令我十分不舒服。如果我们辛苦开发的课程得不到学生的认可，让学生越学越觉得没意思，这无疑是一种失败。

寻根溯源

问题到底出在哪里呢？于是我开展了问卷调查。

简单的几个问题却道出了问题的真相。问题有：你为什么选择这门拓展课？你认为经过一学期的学习，这门课对你有帮助吗？你喜欢上这门拓展课吗？你觉得这门课应该怎么上才能引起你的学习兴趣呢？你对建设这门拓展课有什么好的想法吗?

根据学生们的答案，我作了一下梳理。学生们都觉得最初听听古人的轶事趣闻挺好玩的，但不是每节课都有趣；有一些背默作业很麻烦，别的拓展课是没作业的；还要参加古诗文竞赛，有压力。他们认为拓展课应该是形式多样的、轻松活泼的。至于“好想法”，学生们没有什么建设性的意见。从他们的答卷中我也发现，学生们还没有从内心深处喜欢古诗文，然而由于那些诗词的意蕴还没有被真正品读出来，学生不觉其美，便觉枯燥，成为一种负担也就不足为奇了。

峰回路转

学生学习兴趣减弱的原因我已解读出来，可一时也想不出什么好的解决办法，我陷入了困境。好在天无绝人之路，一次拓展型课程现场会给了我极大的启发。

那天，窗外阴雨绵绵，但教室里的气氛却异常热烈。那是一节《课外阅读》拓展课，学生在老师的指导下课外阅读小说《哈里波特》。在课堂上老师设计了两项活动：一项是为一些卡通人物选择适合他们的魔法学院。先请学生谈一谈每个学院需要哪些特质的学生，老师将学生的说法板书在黑板上，接着让学生把熟悉的卡通人物分一分学院。有人说柯南很机智、有正义感，适合格莱芬多学院，有人说《樱桃小丸子》里的滕木，说谎骗人，很奸诈，最适合斯莱特林学院……学生的回答有根有据，都跃跃欲试想发表自己的看法。另一项是猜猜他是谁：模仿电视节目中“心有灵犀”的方式，请一位学生描述书中人物特点，另一位学生猜测这是书中的哪个人物。这节课学生的表现非常出色，他们对人物特点的概括是非常到位的，几乎所有学生都被最大化地调动起了阅读兴趣。后来在老师的说课中，我得知了她的设计想法。为了帮助学生克服对长文阅读的恐惧，在活动中将以教师为中心的教学调整为以学生为中心来思考，配合学生阅读的进度，结合听、说、读、写活动发挥语文的实用功能。而且将时尚元素加入学生的阅读活动中，也是将学生置身于生活大语文中，以学生生活经验为基础，将学习内容置身于特定的学习情境中，自然激发了学生的学习兴趣。

柳暗花明

给学生一个特定的情境，在这个情境下整合多元的教学内容，也许是条出路。我开始依葫芦画瓢。

恰逢端午节即将来临，我的课程整合计划也正式开始。当我告知学生们要进行一次综合学习活动时，他们最初没什么感觉，一副无所谓的样子。可当我说要开展一次以“端午节”为主题的古诗文综合学习活动，邀请学生设计活动方案时，有一些比较活跃的学生感兴趣了。课后我也稍微安排了几个学生作重点准备，当然包括那个要转班的女生。一周过后，近三十份的方案交上来了，其实也谈不上什么方案，仅仅是一些好点子。正是这些好点子，让我与几位学生共同制定出这次活动方案。有学生说，过端午节不能不了解屈原，可以重点了解屈原这个人的精神、人格等，建议采用课本剧的形式来了解一下这位三闾大夫。有学生说，这活动得有古诗文的特点，建议找一些相关的古文或古诗来解读。他们找来了《渔父》，叙述屈原自沉前的情景。他们还选了几首写端午节的诗歌，有刘禹锡《竞渡曲》、苏轼《屈原塔》、文秀《端午》、刘克庄《贺新郎・端午》等，想通过诗文的品评了解端午节的习俗。还有学生建议搞一个辩论赛，辩论一下“追求理想，纵身一跃”与“留着青山在，不怕没柴烧”的正误。这几个建议我打算采纳，并与学生们共同积极准备。在那一次拓展课上，虽然学生们的表演很稚嫩，他们的诗歌解读也仅仅是浮于表面，他们的辩论赛也很“菜”，但是我从他们脸上看到了一种快乐，是一种自信，更是一种满足。两周之后，这次综合学习活动才算告一段落，我觉得他们对屈原有了一点了解，布置了一篇作文,题目是借用某一年的高考作文题目《我想握住你的手》,写写对屈原的认识与感悟。

这次活动过后,我还特意表扬了那位种子选手,因为她在整个过程中的确发挥了很多的组织协调作用。看着她欣喜的笑容,我知道这个班,她肯定不换了。甚至有学生来问:老师,我们下一次活动主题是什么啊?

现在,这门拓展型课程的活动开展得有声有色,听,教室里怎么传来了歌声?那是我们《古诗文阅读》班正在学唱一首邓丽君的一首老歌《独上西楼》,原来我们在学习南唐后主李煜的《相见欢》以后,请学生感受词与歌的不同。还有学生提议下次我们学一学周杰伦的有中国风的几首歌,读一读方文山的歌词……

问题讨论

1. 在你所执教的班级中,是否也曾出现过学生要求转班的情况?如果有,你是如何处理这一问题的?

2. 你是否尝试了解学生对你所教授课程的学习兴趣与意愿?如果有的话,请简要描述一下这段经历。

由“晨检牌”到“全日观察提示板”①

如何能使班级教师对幼儿身体状况一目了然，让全日观察不流于形式？如何让午睡交接在无声中进行，让未进班的教师也能清晰地了解幼儿的午睡情况，便于与家长沟通交流呢？

我是一名年轻的保健老师，在日常工作中常会碰到这样的一些场景：

8:15 幼儿晨检时：

丁丁的爸爸对我说："今天丁丁的喉咙有点痛，但是没有其他的症状，希望老师可以加强观察，如果有特殊情况马上打电话给我。"我在晨检时发现丁丁的喉咙确实有点红，于是按惯例给了他一块黄色的晨检牌，代表孩子身体有些不适。

涵涵的鼻子里有些干掉的血渍，询问涵涵的妈妈后了解到他早晨起床之后有些出鼻血。为了让班级的老师能够多加关注涵涵的情况，于是我给了他一块黄色的晨检牌并在晨检本上注明了他的情况。

9:30 户外活动巡视时：

我来到丁丁、涵涵班，班级老师虽然关注到了孩子拿的是黄牌子，但是由于孩子年龄小，具体是什么原因，孩子讲不清楚，晚班的老师更是对此情况不甚清楚。

13:15 午睡巡视时：

来到午睡室，正好是保育员进班照看午睡的时间，看到教师和保育员正在交流幼儿午睡情况，虽然已经压低声音，但无意之中还是影响到了一些还没有入睡的幼儿。

16:00 幼儿离园时：

园门口听到这样一段对话，源源的妈妈正在询问张老师："源源昨天晚上醒了好几次，没有睡好，不知道在幼儿园睡得好不好？""不好意思，下午我不在班级里，我问一问林老师再告诉你，好吗？"虽然源源妈妈笑着说："没关系，没关系。"可是，脸上还

① 上海市城市花园幼儿园赵洁茹、葛超华执笔。

是露出了一丝失望。

我思：

这些场景发生在一日活动的不同环节，看似相互之间没有关联，但细细想来我们的一些习以为常的操作，却往往忽视了一些需要关注的个别幼儿。

作为保健老师，为孩子晨检是我每天的必修课，我非常明确晨检的意义是对幼儿的身体健康进行检查，并根据发现的问题发放不同的晨检牌以及每天对全日观察本的记录，帮助班级教师能够及时关注到幼儿的健康问题，并给予合适的关怀与照料。

然而，虽然对于身体欠佳的幼儿我用了不同颜色的晨检牌，但晨检中发现身体不适的幼儿情况可能不同，教师单一凭借晨检牌的颜色并不能区分，只有通过查看全日观察本或询问幼儿才能知晓。而由于上午的流程安排得比较满，一般情况下，班级教师要到中午幼儿入睡时才会打开全日观察本，不能及时了解幼儿身体情况。因此，类似上述晚班老师不知晓幼儿身体情况是非常常见的，这种情况直接影响到教师对个别孩子的关注质量。如何帮助班级教师及保育员及时了解每一位幼儿的身体状况，从而能够在一日活动中给予正确的观察与保育措施引发了我的思考。

另外，在幼儿午睡时，教师与保育员的交接是对幼儿午睡质量观测十分重要的环节，教师、保育员的沟通不及时，会导致教师对幼儿的情况不了解。而且在午睡环节后，老师与保育员之间一般不会对孩子午睡情况进行主动的交流和沟通。当家长询问时，教师就会很被动。

我想：

如何能使班级教师对幼儿身体状况一目了然，并进而在一日活动中给予特殊幼儿细心的呵护和有针对性的照料，让全日观察不再是流于形式的单一记录，真正发挥其对老师、保育员为个别幼儿提供特殊照顾的依据作用？如何让午睡交接在无声中进行，让每天午睡交接时不再影响到个别幼儿的入睡，让未进班的教师也能清晰地了解幼儿的午睡情况，便于与家长沟通交流呢？

我行：

我带着这些想法来到班级与教师们共同探讨，很快产生了共鸣，于是我们针对晨检牌的笼统性和全日观察记录的滞后性，通过反复商量决定从“细化、及时”上下工夫，创设“全日观察提示板”的环境，放在每个教室醒目的位置。我们粗略地罗列了一下幼儿在园可能需要加强观察的内容，大略为：咳嗽、鼻衄、咽红、流涕、腹痛等，将上述这些情况分为不同颜色的标识卡(例如：咳嗽为黄色卡片、鼻衄为红色卡片等)，根据晨检情况在进班发放全日观察本的同时，按照观察幼儿的实际情况，在各班全日观察板该幼儿的名字上插上相应颜色的卡片，帮助班级教师与保育员第一时间更全面、直观地了解班级幼儿的身体状况，特别是个别特殊情况的幼儿，根据孩子的情况提供更有针对性的保育措施。同时也有助于教师与幼儿互动时的言语和行为相对保持一致，确保对幼儿的身体与心灵的关爱都落到实处。

为了实现午睡情况的有效交接，并能针对特殊幼儿进行午睡观察，利用全日观察提示板上现有的每位幼儿的身体状况，我们制作了午睡记录板，分为已入睡和未入睡两种标志牌，由保育员和老师共同承担记录的任务。教师在巡视幼儿午睡情况时，在已入睡幼儿名字下插上入睡标志。对于还没有入睡的幼儿则放入未入睡标志。教师和保育员交接时，只要一看这块提示板，就能知道班级中哪些幼儿已经入睡，还有哪些没有入睡的幼儿需要关注，保育员在巡视过程中，也依照同样的方法给予记录，这样，幼儿的午睡情况就一目了然地呈现出来了。

在全日观察及午睡记录板制作完成后，为了让全日观察记录板能够起到真正的作用，不再流于形式。我们利用教研的机会，对班级教师和保育员进行了有针对性的培训，帮助教师和保育员明确提示板的记录方法以及观察内容，将全日观察提示板顺利地运用到幼儿一日生活的观察中去。

我悟：

《幼儿园教育指导纲要》中明确规定幼儿园要把保护幼儿的生命和促进幼儿的健康放在工作的首位，从身心两方面重视幼儿的健康。对于保健老师而言，关注每个在园幼儿的身心健康是我们的工作职责。

虽然幼儿园的一些全日观察记录、午睡检查记录等确实能对幼儿的情况作出记录，但可能会流于形式。"全日观察提示板"的推出，能帮助班级教师与保育员第一时间更全面、直观地了解班级幼儿的身体状况，并及时提供更有针对性的保育措施。同时也有助于教师与幼儿互动时的言语和行为相对保持一致，确保对幼儿的身体与心灵的关爱都落到实处。

幼儿在园一日生活皆为课程，而我们保健老师在幼儿园课程实施的过程中，能有为，有可为！

问题讨论

1. "观察"是一种技术，一种方法，你是否熟练掌握和运用了课堂观察的技术或方法？你的经验是什么？

2. 在过去的课堂观察中，你肯定收集到了很多资料，你觉得哪些对你的实践最有帮助？哪些帮助最少？

学习任务单——从“完成教”到“指导学”[①]

使用“学习任务单”，学生动起来了，但师生的情感交流如何进一步加强？学习基础好的学生或者超常学生，是否可以单独有任务单？个别学习基础差的学生，他们的学习“支架”和“条件”是否有可能在课前介入？

困惑：课堂呈现的难题

我们到课堂听课，常常看到这样一种状况：40 个学生的一个班，35 分钟的教学过程，和老师互动对话的学生不会超过 60%。可以这么说，课堂中至少有三分之一的学生是听众和陪客，他们因各种因素少有参加学习实践和体验的机会，这是造成学生在学力上差异大的重要原因，也是课堂教学效率不高的瓶颈问题。

如何改变这一现状，真正体现我校愉快教育“让每一个学生都能获得充分发展，让每一个学生都能体验学习的收获和快乐”这样一种境界，我们不断地在分析，在研究，在思索……

一种声音，课堂中有那么些学生不参与学习活动是正常的，老师教的内容，只要他们听进去，成绩及格就可以了。

一种声音，学生人数太多，教师完成讲课，不参与的学生可以放学留下再进行补课。

一种声音，每一个学生都是要发展的，课堂上，老师应该想办法提高兴趣度去吸引每一个人参与学习活动。

……

① 上海市一师附小鲁惠茹执笔。

探索：常规模式的改变

对问题的讨论后，管理者和老师们都在想：我们可以做些什么？在愉快教育研究所的指导和引领下，在团队的献计献策中，我们寻找到突破口：改变“教”，关注“学”！

一、研究“学习设计”：从分析学情，研究学生出发，引导教师从“设计教”转到“指导学”，把每个学生都可以参加的学习活动作为课堂教学的主线，把学习内容形成任务来组织教学。

二、建构“学习设计”的基本策略：①分析学生的已知和未知作为学习的起点；②明确学习的具体目标和要求；③以目标导向设计学习的任务单；④搭建帮助学生学习的“支架”，并提供相关指导；⑤为满足不同层次学生的需求，设计的“学习任务单”体现渐进性。

三、实施“学习任务单”作为课堂教学的改革尝试：打破学生围绕教师讲解转的模式，让每个学生以“任务单”为载体而动起来，主动建构，形成一种新的学习方式。

案例一：

《牛津2B Module 4 Unit 1 Abilities》（英语）的学习任务单

学习任务：用第三人称问答“球类”活动

-Can he/she play football?

-Yes，he/she can.

同桌两人合作、互做小老师

案例一：二年级的牛津英语课中，教师精心设计了这么一个学习任务：用第三人称问答小朋友参与的“球类”活动，学习形式是同桌两人合作，互做小老师。A、B同学都有一张彩色纸，正面是关于小朋友参加球类活动的阅读材料，反面是对于球类项目的问答评价表，还有教师提供的三个层次的不同问句形式：

Step 1 Read the passage

Class______
Name______
No ______

A

David is a student of YSFX. He has black hair and a small nose. He is big and short. He is super! He can do a lot of things. He can jump very high. He can play cards and play football very well. But he can' play basketball. How about you?

Step 2 Ask questions to your desk mate and fill in the blanks

B

Vita		
run		
play basketball		
play ping-pong		
play cards		

- Can she ... ?
  Yes, she can.
  No, she can't.

- What can Vita do?

- How can Vita run /play basketball/ play ping-pong?

句式 1:他(她)会××球类活动吗?只要回答会与不会。

句式 2:他(她)会什么样的球类活动?至少回答两个以上,加连接词。

句式 3:他(她)××的球类活动做得怎么样?要回答具体的情况,加形容词。(三个句式由浅入深)

第一步骤,A 同学读自己学习单正面的阅读材料,B 同学听。

第二步骤,B 同学根据自己学习单反面表格里的项目内容提问句式 1,A 同学答。

第三步骤,B 同学根据 A 同学回答情况记录和评价并标上"☆"或"×"。

第四步骤,A 同学答错的进行改正,答对的可以要求提高,用句式 2 或句式 3 继续问。

这一活动结束,同桌两人交换角色,由 B 同学读,A 同学听后问,以此循环进行学习活动。

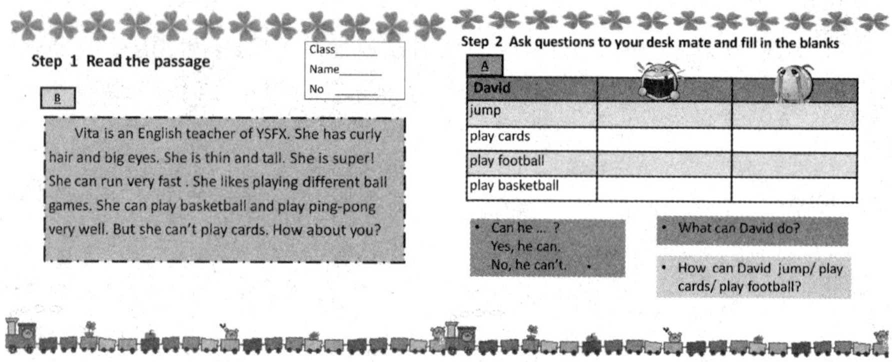

教师通过听课教研进行归纳,这样的任务单学习,有三个优点:

1. 改变了以往教师讲学生听的课堂模式,每个学生学做小老师感觉很好,态度认真,兴趣提高了。(老师可以对有困难的小组进行辅导)

2. 在生生互动中学生进行读、听、问、答、评、矫正等多种体验,个个实践,学习能力明显提高了。

3. 同桌两人都有不同的阅读材料,拓展了学习内容,且疑问句式有不同层次,学生不断进取的需求满足了,这是由"一题一标准"改变到"一单多答案"、"一单多维度",学生的训练量和准确率达到 100%,且可以把学习任务在课后继续作为练习运用,学习效能显著提高。

前行：不断改进的实践

然而，老师教研后又引发了新的思考：

1. 知识点的学习不仅仅是靠学生练，老师的指导性体现在哪里？
2. 如何让学生的学习活动更贴近生活，使学习兴趣持续保持？
3. 学生的差异性客观存在，能否让学生根据自己的特点拓宽学习领域？

…………

我们的改革实践要在不断改进的基础上前行。

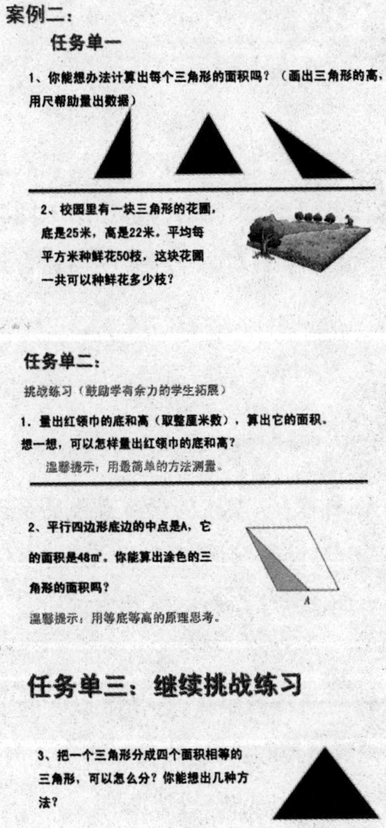

案例二：五年级数学课《三角形的面积计算》教学中，老师设计的第一张任务单是出示三个图形，让学生画出三角形的高，用尺量出底和高的数据再相乘，这是知识点学习基础，需要人人过关掌握。第二张任务单是可以自主选择做的。这两道题目，教师有温馨提示作为“学习支架”给学生一点引导启发，学生兴趣很高，马上取下脖子上的红领巾计算面积时，学生想到了“折叠”方法，量出底的数据，同样红领巾的高也可以运用这样的方法。这道题的参与人数为56%，余下的学生选择第二题，联想到已学过的平行四边形的知识，添上对角辅助线，很快求出蓝色部分的面积。

学到这里，好多学生意犹未尽，举手问老师还有任务单吗？教师在这种氛围中，出示第三张任务单，说了两句话：①这道题有点难，也没有提示，但老师相信你们有能力做出来。②课堂中可以讨论一下，时间来不及的话，可以在课余时间继续探究。结果，有86%的学生做出了这一题。最多的学生用了26种方法进行解题。

老师们从这个案例归纳，学生的学习是这样一个路径：学习兴趣→积极实践→教师适时提供帮助→学生获得成功→情绪高涨→继续挑战自我→进入新一轮的学习。

一次次的研究，一次次的实践，我们达成了共识：学习任务单起了重要的载体作用：①它让每一个学生因学习任务而“活动”起来（读、想、问、答、评、算等实践）；②它让学生要学习和掌握的每一个知识点得到了落实。

看到课堂上的这种变化，作为学校管理者心中自然欣慰，但新的问题又提出来了：

1. 使用“学习任务单”，学生动起来了，但师生的情感交流如何进一步加强？

2. 使用“任务单”是不是都是从“第一”开始，学习基础好的学生是否可以直奔任务二或任务三，甚至他（她）是超常学生，是否可以单独有任务单（开小灶）？

3. 个别学习基础差的学生，他对任务一都完成不了，更何况进入到任务二呢？他们的学习“支架”和“条件”是否有可能在课前介入？

我们又开始在分析，在研究，在探索……

看来，我们的学习任务单不仅仅只是让学生“动”起来，不仅仅是把知识点加以落实，更重要的要尝试不同的学生给予不同的任务驱动，不同的内容采用不同的活动形式和组织形态，那么，学生最后的收获将是不一样的，对每个学生个体而言是一种充分的学习，这是个性化教育的一种新探索。

反思：改革需要有创新

在习以为常的课堂教学中，学校更要关注人，即学生，学生的学习直接关系到他们的终身发展。从研究“听众”、“陪客”现象到“学习设计”后的任务单实施，不仅见证了学校愉快教育发展的内涵不断丰富，还真实地体现了学校遵循教育规律——以人为本、以学生发展为核心的改革魄力。

课堂教学是教改的核心所在，教师的观念转变到行为跟进，是学生发展的重要保障，只有正视问题，分析研究问题，从问题中找到对策和出路，并且不断深化创新，我们的教育才能真正回归到本质——让每个学生都可以成长、成功、成才。

问题讨论

1. 在课堂教学中如何把握教师指导的“度”是一道难题，你有什么体会可以分享吗？

2. 最近一个月，你是否有收集反映学生课堂学习状况的资料？如果有的话，你从这些资料中发现了什么？

本章感悟

本章感悟

第 4 章

课堂聚焦:意义创生

为什么在今天公开教学中,竟无人参与这个活动?

电视剧的穿越是荒诞的,我要赋予“穿越”不一样的含义……

难道他们真的能做到吗? 要知道开发软件可是需要一定的电脑编程基础啊!

说实话,我也不能回答,但就这么说出来了,我的权威让大家陷入了沉默!

周校长实践后“茶馆式”教学的“故事”[①]

以点带面、循序渐进的推行策略人们似乎都明白。然而，这个“点”选在哪里？从副校长开始，从教学骨干开始。因为，这些教师改变了，又可成为“革命的种子”。

2010年12月，静教院附校的后“茶馆式”教学获教育部颁发的“首届全国基础教育课程改革教学成果一等奖”。后“茶馆式”教学带来了课堂教学的转型，促进了学生学业效能的提高，效果显著。后“茶馆式”教学的实践研究是从静教院附校的校长、副校长开始的。

经过长期的分析、归纳、提炼，逐步形成后“茶馆式”教学的雏形。但是，推行、实施、完善，好比“众里寻他”，就不是件容易的事了。

众里寻他

以点带面、循序渐进的推行策略人们似乎都明白。然而，这个“点”选在哪里？从副校长开始，从教学骨干开始。因为，这些教师改变了，一个循环下来又可成为“革命的种子”。这样，周校长实践后“茶馆式”教学的“故事”就开始了。

我对分管学校教学工作的副校长周骏说：“你上课的讲解还是太多。”周校长回答：“我的话真的太多了吗？”不多呀，学校的物理成绩已经领先，难道还不够吗？周校长可能是这么想的。我说：“按后‘茶馆式’教学试试看，行吗？”周校长回答：“不试。”很干脆，我很纳闷。静教院附校经历了十余年的课堂教学改革，以“最近发展区”理论作支撑，把建设有效课堂作方向。然而，前期的改变基本上是在某学科、某内容上的具体方法、手段。试图有颠覆性变化的，则从酝酿后“茶馆式”教学开始，课堂教学设计的逻辑结构从以学科体系为线索，变成以学生的学习为线索。后“茶馆

① 上海市静教院附校张人利执笔。

式”教学雏形的产生，让我的主意多了些，但周校长也是参加共同讨论的，为什么自己就不愿意试试看呢？

这只能说明后“茶馆式”教学模式给课堂教学带来了更加深刻的变革，但是课堂教学改革的设计与具体教学改革实践不是一回事。然而，改革的实践才是我们的目的。我没有罢休，问道：“为什么不能试试呢？”周校长很坦诚地说：“我不敢。对于后‘茶馆式’教学，我也认为有道理，但是万一学业成绩下降了怎么办？”我放低了要求，说道：“就试一堂课，行吗？一堂课就是出了问题，影响也不大。再说，我们不是去评价你上课的优劣，只是去研究哪一种教学更好。”周校长勉强同意。

意料之外

实验开始。为了控制变量，我要求他上原来不是他教的初二年级。第一个班完全按他原来的教学设计上，他认为该讲的，尽管讲，没有任何讲解约束，第二个班按后“茶馆式”教学上。完全颠覆教学设计的逻辑结构，从原来的以学科体系为线索，变成了以学生的学习为线索。强调“学生自己能学会的教师不讲”，“尽可能暴露学生的潜意识，尤为关注‘相异构想’的发现与解决”。

与第一节课一样，都没有让学生课前预习。区别的是上课开始教师让学生自己先阅读课本，并且提出了学生自己独立学习的要求。教师设计了问题，让学生带着问题先学。问题的设计以课堂教学的目标为依据，关注学科中的重点和学生可能存在的难点。问题的功能不仅在引导暴露，而且还在于评价。评价哪些学会了，哪些没有学会，哪些学生自己认为学会了，实际上并没有学会。当学生独立自主地学习之后，学生之间就出现了差异，有人学会，有人没有学会，有人是这方面学会，有人是那方面学会。有可能都是正确的，但也有可能产生不同的想法。这样，小组合作就成了自然的选择，把学生之间的差异看作教学资源。最后，才是大组交流，教师的讲解。

两次课堂教学之后，由其他物理教师命题，检测这两个班级学生的掌握情况。周校长自己阅卷。阅后，他对我说：“难道我十几年在教室讲了许多不应该讲的话？”因为两个教学班的检测结果，是出乎所有物理教师的意料之外，第二个班成绩高于第一个教学班，而原来两个班的学生学业基础几乎没有差异。我想，这个结果已经可以说明问题了。然而，周校长并没有“服气”，他认为这是偶然的现象。他希望再进行一个班级的教学。我认为，这是好事。如果每位教师都有这样的课堂教学研究的激情，后“茶馆式”教学的推行就完全有可能了。

当周校长上第三个教学班时，因为已知道了检测的题目，教学上似乎对要检测的内容加强了语气，常在提醒学生：这点要注意，那点要注意。他太想证明，他的讲解是有效的。我本来想改变检测题，但是，即使检测题相仿，周校长和物理组的教师也不一定“服气”。我也没有把握了，只能试试看吧！然而，结果更是出乎大家，包括我在内的意料之外，成绩还是没有第二个班级好。第三个教学班的学生学业基础与前两个班也差不多。这时，周校长有所震动，他同意试一试。我说：“‘稳定是压倒一切的’，初三就慢慢试吧，先从初二开始。”

周校长带领物理教研组的教师在初二的物理课上开始了后“茶馆式”教学的尝试。半年之后，全区测评。周校长特别关注学生的物理成绩。物理课堂教学上教师少讲了这么多话，初二学生的物理成绩究竟怎样呢？他没底。周校长自己参加了区的阅卷工作。晚上，已8点多，周校长给我发信息：“张校长，坚定不移走后‘茶馆式’教学之路！我校物理成绩不但第一，还遥遥领先……”我对周校长说：“就是学生学业成绩没有提高，后‘茶馆式’教学也值得在物理学科教学上推行。因为，学生学习的经历已经完全不同了。学生学会独立学习、合作学习的能力得到培养，正是我们所期望的。”

证据意识

为什么上述的“故事”给周校长、给物理教研组的教师有震撼呢？为什么周校长从不愿试到积极推进呢？证据的作用不能低估。我们面对的是课堂教学改革，期望改变的是教师的日常教学，这也许是学校最难，也是最关键的事情。全校一百二十余教师，每天就有二百余节课，校长怎样才能驾驭每天日常的教学活动呢？光靠行政命令不行，要靠教师的文化认同和文化自觉。教师的文化认同需要证据的支持。然而，更值得研究的是：这个证据证明了什么？这个证据不能证明什么？问题的判断反映出校长及其校长所领导团队的课程领导力。

上述周校长上的三堂初二的物理课，证明了后“茶馆式”教学是好的、有效的。然而，这样的结论太过笼统。

从证据的内部原因分析，静教院附校虽然是一所九年一贯制的公立学校，小学一年级学生对口入学，由于对口地段家长的文化水平、经济条件好的占了大部分，家长一般能重视孩子的教育问题。静教院附校虽然也有各种各样的特殊学生，但总体的学生学业基础比较好。因此，证据只能证明对学业基础比较好的学生有效，不能证明对所有学校，所有学生有效。

从证据的外部原因分析，授课的周校长是一位成熟教师，对学生的了解，对学科的把握都很到位。因此，证据只能证明后“茶馆式”教学对成熟教师有效。不能证明对职初教师、对学生了解不够、对学科把握欠缺的教师也会有效。

从证据出现“几率”的分析，它只是证明了物理学科，在某一课型、某一内容教学上后“茶馆式”教学是可能有效的，还不能证明在物理学科的其他课型，其他教学内容是否有效，更不能证明所有学科、所有年级、所有课型都有效。还可以看到，在“因”、“果”关系上是对应的。因为，已经基本上控制了其他的“变量”，授课的是同一教师，上的都不是他原来授课的班级，三个教学班物理学科基础几乎相同，学的是同一个教学内容，花费的时间也相同，学生都没有课前预习。因此，三个班级物理学业成绩的变化不是其他原因造成，而是应用了后“茶馆式”的教学。之后，初二年级实行后“茶馆式”教学之后的成绩变化又能证明什么呢？只是在以上证明的基础上扩大到在静教院附校的物理教学上有效，其他仍不能证明。

由点及面

还特别需要指出的是：现在所谓的变化，所谓的后“茶馆式”教学有效仅仅在学生的学业成绩上。学业成绩并不是“知识、技能”的全部，也难以涵盖“过程、方法”和“情感、态度、价值观”。提高学生完成学业的效能，效能是一定有价值取向的。这个价值取向应是新课程的“三维”目标。正是出于这样的分析与思考，静教院附校在周校长的这个“故事”基础上提炼出了一种新的教育科研方法，称“循环实证”，并且以“循环实证”的科研方法，把后“茶馆式”教学从中学物理学科，推行到中学数学、语文、外语等学科，又从中学推行到小学的其他学科。一学年后学校进行了学生访谈和学生问卷，了解和掌握在学生学业成绩之外的数据。如学生在课堂教学上发表自己见解的机会增多，对学科学习的兴趣提高，学科考试、检验的次数减少，学生学习自信心增大，师生关系改善等等。并以这些数据证明后“茶馆式”教学提高的不仅是学业成绩，而是减轻了学生过重的学业负担，提高了学生的学业质量。后“茶馆式”教学也在上海、全国其他地方试行，证明其重复性和普适性。

我与我的“班子”成员正在学习提高自己的课程领导力。

问题讨论

1. 如果您也是一位学校校长或者中层管理者，是否也遭遇过“改革”的阻力？回想一下您当初的一个类似经历，您当时是怎么思考的？采取了哪些措施？是否最终渡过了“难关”？

2. 请您梳理一下自己的教育管理历程，哪些经验是有效的？还有哪些问题存在？下一步您想怎么做？

我与学生一起“穿越”①

我告诉孩子们，咱们的历史课也能“穿越”，孩子们一片雀跃。可是，怎么“穿越”呢？电视剧的穿越是荒诞的，我要赋予“穿越”不一样的含义……

“老师，咱们能不能把历史课上成电视剧那样？”“老师，我好喜欢《宫》、《步步惊心》，我喜欢清朝的历史。”“穿越剧太肤浅了，没深度，我喜欢的是《档案》、《揭秘》，主持人抛出一个个的问题，再解决这些问题，太神奇了，就像福尔摩斯破案，充满了智慧，就像探险旅行，我期待这样的历史课。”“我觉得那还是《百家讲坛》好，那些讲坛上的老师好神气啊，上知天文、下知地理，我要是能有机会，也想像他们那样，老师，您不知道我多喜欢明朝的历史，《明朝那些事儿》这本书，我都看了好几遍了，我就想研究明朝的历史，老师，您什么时候讲明史啊？我好期待啊！”

这就是我在七(6)班的第一节历史课，我看到的是一双双渴求知识的眼睛，感受到的是孩子们对历史课美好的期待。作为教师，学生对知识的渴求和期待让我激动，也对我的工作提出了挑战。毕竟，课堂不是拍电视剧，也不是拍系列片，作为历史课，它有教材的要求、有课时的限制、有教学目标的规定，课堂是严谨的，那么，如何才能让我们的历史课既能满足孩子们的要求，又能不失历史课的特点与本色呢？

我想，就从最近大热的“穿越”入手，先激发孩子们的好奇心和求知欲，再结合孩子的情况逐步探索、逐步改进，逐步形成孩子们喜欢的历史课。

我告诉孩子们，咱们的历史课也能“穿越”。孩子们一片雀跃。

可是，怎么“穿越”呢？电视剧的穿越是荒诞的，我要赋予“穿越”不一样的含义。

我把我的想法汇报给了相关领导，领导肯定了我的想法，但也提出了她的顾虑，“这会不会影响正常教学啊？特别是教学进度呀！”“课前准备的工作量肯定比较大，你有困难吗？”我想，困难肯定有，但只要坚持、只要努力，就一定行。

---

① 上海市育才初级中学张雯雯执笔。

我在学校的支持下开始了和孩子们的“穿越”之旅。

“穿越”一：“我是小小造纸匠”

七年级上册第11课《科学技术的发展》讲述了蔡伦改进了造纸术及其影响，我想就从这节课入手，给孩子们上一节不一样的历史课。在课前，我问孩子们：“你们想知道古人是如何造纸的吗？你们想体验造纸的过程吗？”孩子们积极性很高。我说：“那你们就要好好预习历史教材呀？看看可能会碰到什么问题？我们大家一起来解决。”孩子们在预习教材后，七嘴八舌地提出了自己的看法。有的孩子说：“教材上说早在西汉时期就有了纸，那为什么还要把造纸的功劳算在蔡伦身上呢？”有的孩子说：“我们要尝试造纸的话，造纸的材料上哪里去弄呢？比方说旧渔网、过滤网，有难度啊！”孩子们的投入让我很开心，但也意识到，教师的适当的引导与师生之间的合作可以激发学生的积极性与求知欲，让这节课达到意想不到的效果。但是，在这过程中，一定会遇到很多的困难。

我和孩子们一起根据他们的兴趣爱好分成小组，研究不同的方向。有些同学研究《究竟是“发明”还是“改进”》，着重研究蔡伦造纸的前后历史。有的同学则体验造纸的过程。我们一起制定研究的目标，细化研究的问题，并组内分工查找相关资料。第一个小组的孩子们把自己的研究重点放在了资料的查找与整理上。在研究的过程中，最可贵的是孩子们认识到可以借助网络的力量而不是依靠甚至于迷信网络。对于网络上查找的资料自己要学会甄别。另外，要学会从其他渠道查找信息，比如养成阅读的好习惯。孩子们在阅读并整理大量信息的过程中，发现了不同信息来源之间有偏差，那么，该如何处理呢？我跟孩子们说：“这就是我们在研究的过程中所获得的最宝贵的东西，那就是质疑、思考、研究。”孩子们在这次的体验中第一次感受到历史原来可以这么学，自己距离古人原来是如此的接近。

还有一组是侧重于动手，是体验造纸的过程。这个过程看似有趣，但解决过程中却困难重重。首先，就是材料找不齐。我们在多次尝试后，不断改进方法，过滤网找不到就用旧丝袜替代，后来孩子们还找到了劳技老师，找到了一个绣花绷，用它制成了一个过滤网，成功地解决了难题。当我们的第一张纸成功制成，孩子们难掩心头喜悦，他们激动地把自己的名字签了上去。我相信，这节历史课他们一定终身难忘，这次经历一定会成为他们初中生活的美好回忆。

第一次的“穿越”使孩子们感受到了学历史的乐趣。他们说：“原来我距离历史并不遥远。”孩子们喜欢这样的历史课，可是，作为教师的我却做了深刻的反思。这样的授课形式新颖有趣，符合当代初中生的心理特点，但是，在操作的过程中，也暴露出了一些问题，需要作为教师的我不断改进完善。

这样的授课形式学生喜欢、上课气氛活跃、课堂效果好，这是它的优势。可是，这样的授课形式却要花费师生课前很多时间，如果每节课都是这样开展，操作起来肯定是有难度的。我想，可不可以再设计出其他授课形式，各种形式的授课形式与不同的授课内容相辅相成、相得益彰。

第二次"穿越"——"古钱币会讲故事"

我给孩子们布置了一个演讲的题目——选择一枚古钱币，讲述它背后的历史故事。这枚古钱币，可以是收藏的实物，也可以是图片，看看谁讲得最好？其实，这就是对中国古代史相关知识的复习反馈。孩子们开心极了，他们找钱币，准备资料。在这个准备的过程中，我加以适当的引导，和孩子们一起潜移默化地复习了中国古代史的相关知识，这种知识的传递是浸润式的，所谓"润物细无声"，由于孩子感兴趣，注意力集中，所以效率很高，复习效果也很好。而这次有趣的"古钱币会讲故事"开拓了学生的知识面，他们在学习中进步、在交流中提高。

这种授课形式的特点是课堂容量大，比较适合在复习课中运用。师生凭借一枚小小的古钱币，把一学期来所学的知识点串起来，如同是把一粒粒珍珠穿成一串光彩夺目的珍珠项链，而古钱币则是串珠的红线。

我们的历史课还可以怎么上呢？学生期待着新的更活泼的历史课，我也在动脑筋想主意，我希望对孩子们来说每一次历史课都是一次惊喜。

第三次"穿越"——"我帮维多利亚女王筹备下午茶会"

这是世界史的内容，讲述的是维多利亚时代的生活方式以及城市化进程的原因和表现。我设计了一次别开生面的下午茶会，把本课的内容糅合在这次下午茶会中，孩子们在课上筹备下午茶会并体验了维多利亚时代下午茶会的过程，在这个过程中，教学内容浸润其中，教学目标的达成水到渠成。

在课前，我查找并筛选了大量资料，根据教学内容选择了一些资料，如下午茶的礼仪规范、餐具的选择，英国当时的贫民区住宅情况以及贫民区生活，当时英国的国民生产总值、人均收入等一系列数据等。我要求学生根据资料角色扮演，为当时的公爵夫人设计一次维多利亚时代的下午茶会，讨论的主题就是英国当时的社会情况和需要解决的问题。孩子们从设计下午茶的请柬到下午茶餐具、食物的准备，再到下午茶会上话题的讨论，一节历史课，孩子们侃侃而谈，不少平时沉默寡言的孩子都说了很多，他们为这次下午茶会的设计出谋划策。一节课下来，我做了一次小调查，孩子们对相关知识印象深刻。整节课没有填鸭式的基础知识记忆，但是，这些知识点孩子们都掌握了。他们仿佛真的回到了维多利亚时代，甚至连平时最调皮的孩子都达成了预期的学习目标。从学习能力的锻炼培养来看，学生的阅读能力、筛选有效信息的能力都得到了提高，在交流的过程中，孩子的组织能力以及演讲交流的技巧都得到了不同程度的提高，一节课下来，学生积极性很高，效率很高，自然效果也很好。

在反思的过程中，我征询了学生的意见，孩子们都很欢迎这样的历史课，觉得它生动有趣、贴近他们的生活，自己感觉就像身处其中，过了一把"穿越"瘾。但孩子们也提出了他们的想法，希望能多给他们展现自我的机会，让他们有机会站在讲台上侃侃而谈，像《百家讲坛》的老师一样讲述历史。

孩子们的要求是合理的，反映了他们强烈的求知欲和这个年龄阶段孩子所特有的表现欲。可是，孩子们没有想到，要走上讲台侃侃而谈，看似容易却并不简单，这需要深厚的文化积淀，最起码，得有一定的人文知识基础才行。我想，这不正是一个鼓励孩子们好好学习的好机会吗？

我便根据授课的内容给孩子们列出了一些符合他们年龄特点的书籍，比如说在讲述第二次世界大战前，我给孩子们每人一份这样的材料：

> 这次，老师希望你们能对世界现代史的重要组成部分——第二次世界大战有一个深入的了解。老师给你们精心挑选了一些有意思的书籍与影像资料。它们中有幽默大师卓别林主演的《摩登时代》，有堪称经典的记录片《大国崛起》，有二战中活跃在北非战场的"沙漠之狐"隆美尔的人物传记，有描写诺曼底登陆的《最长的一天》，还有记录了德、意等法西斯国家覆亡的《最后一百天》。同学们可以根据自己的兴趣选择一本书或一部影片，仔细地看一看，认真地想一想，老师相信，你们一定会有收获。当然，如果同学们对这段历史有浓厚兴趣并已有一定的了解，你也可以自己挑选资料，老师期待着你们精彩的表现哦！

主题	对应课文内容	推荐书目或视频资料	需要解决的问题
战前社会状况	《凡尔赛——华盛顿体系》 《繁荣与危机》	影片《摩登时代》 影片《大国崛起——美国》	根据查找的资料分析当时美国、欧洲各主要国家、亚洲的日本等国在二战前出现了什么情况？
战争进程	《第二次世界大战的爆发》 《反法西斯战争的胜利》	人物传记《隆美尔》 (英)戴维·欧文 《最长的一天》科尼利厄斯·瑞恩 《最后一百天》约翰·托兰	1. 请你选择最感兴趣的人物或历史事件谈谈自己的认识 2. 谈谈你对二战的看法

（续表）

主题	对应课文内容	推荐书目或视频资料	需要解决的问题
主要历史人物分析	回顾本单元内容	自主选择本单元所提及的主要历史人物传记	完成有关此人物的介绍、评论的小报

孩子们积极性很高，他们在“穿越”中培养了学习历史的兴趣，在兴趣的激励下快乐阅读，快乐学习。

这样的历史课给孩子们带来了快乐，也使我感触良多。“上山千条路，同仰一月高”，历史课可以是生动的、活泼的，也许教师改变了传统的授课方式，大胆的尝试新的教学模式，尝试符合学生年龄特点和时代特征的教学方式，会给自己和学生带来更多的惊喜。探索、尝试、体验、反思，历史课不一定是单纯地复述过去的事情，历史课也并不是机械地识记前人的故事，历史需要实践，历史需要思考，学生在实践中尝试与历史“对话”，在探索中寻找前人的思维轨迹。实践证明，作为教师，与学生共同思考，与学生一起研究，这样的“穿越”，让我们的课堂更有活力，这样的历史课更受学生的欢迎，让我们的学生更有收获。

问题讨论

1. 你是如何在课程的内容覆盖面、知识的深度、授课形式以及成绩的取得上获得一致的？

2. 你觉得这种会“穿越”的历史课，能够对你的课程实践活动产生启发吗？如果可以，请列举一些。

一定要从梯形出发展开研究吗?①

教研员的一席话更是往我们身上泼了满头的冷水:学生梳理知识,回家一遍、小组交流一遍、全班汇报一遍,这三遍的意义有什么不同吗?关系探究只能从梯形出发来寻找吗?图形与面积公式之间的联系是分开的吗?

学科研究,需要我们给出更多的空间,将围绕课的研讨转变为一种思想的引领,让老师在高端思想的指引下从不同的层面获得不同的体会、感受,激发内在的动力。学科研究的目的不是简单的知识与能力的发展,它更期待教师思考方式的转变、思维力度的加深,内心更具有持久的动力与生长力。

这学期,我们又承担了一次区级教学研讨活动,因为学校学科组正朝着"单元整体设计"的方向研究,所以我们决定上五年级平面图形面积复习与整理的第一课时,由学科组的夏老师执教。按照惯例,我们将邀请教研员一同参与试教,确定课的定位后再进行细化研磨。指导这样的活动,对我来说已经驾轻就熟了,它只是作为学科主任的我日常工作中的一个缩影。然而随着试教活动的进行,我发现这一次远没有想象中的那么简单……

"只能从梯形出发展开研究吗?"

在设计《平面图形面积复习》这一课时,我们商量着:学生已经经历了研究长方形、正方形、平行四边形、三角形、梯形等平面图形面积计算方法的过程,那么在复习课上就不能是简单的重复,而是应该让学生进行系统整理,并尝试从梯形出发去观察图形面积计算公式之间的关系。借鉴以往复习课的经验,我们满怀信心地开始了第一次试教。

① 上海市闵行区实验小学毕明芳执笔。

过程描述:

一、全班交流汇报事先整理好的内容。(1)图形特征及关系;(2)面积公式的推导。

二、探究面积公式之间的联系。通过演示,从“点的移动”角度寻找梯形与其他图形面积公式之间的关系,从而达到面积公式从复杂到简单的认识。

三、借助面积公式之间的联系进行相关的练习。(1)一条线段20厘米,与它相交的垂线段是它长度的两倍,可能组成什么图形?(2)在网格中画面积是12的图形。

我们为这样的设计沾沾自喜,觉得既有照顾到全体学生的“知识整理”,又有思维提升的“关系探究”,打开了学生的视野,是一个比较有价值的设计思路。

课后,我们和教研员围坐在一起,听课的老师感觉到:在探究面积公式之间的联系时,学生还只是停留于原先的面积推导,而“点的移动”的角度,只是介绍性地呈现了一下,似乎没有达到学生探究的目的。而教研员的一席话更是往我们身上泼了满头的冷水:学生梳理知识,回家一遍、小组交流一遍、全班汇报一遍,这三遍的意义有什么不同吗?关系探究只能从梯形出发来寻找吗?图形与面积公式之间的联系是分开的吗?

听了教研员的几个问题,我们都懵了。我们最喜欢的“学生整理”的环节究竟意义何在?“从梯形出发展开研究”只是沿用了以往教学中的常规思路,却缺少深入的剖析。难道上一节学生已经清晰、只是简单重复的常规思路的课就是我们的追求吗?想想实小数学一路走来,赢得“实小的课一定要去听,不能错过”的美誉,不就是因为我们的课不是简单的“展示课”,而是真正意义上的“研究课”吗?它可能不是最好的,但一定是有新的探索的,有启发的。作为学科主任,有责任带领老师将研究推向新的视野、新的高度。

我们重新坐下来思考,力争打破常规有所突破。“从梯形出发展开研究,是我们的思维定势,并且我们也从未去思考是否还有其他的角度。现在,我们需要深入全面地思考,如果从其他图形展开研究,会是怎样一个结果呢?如果我们能探索出来,那么将引导学生的思维从单一走向多角度,这样的价值将会更大!”听了我的建议,大家非常激动,学生探索之前,我们先经历探索的过程,把自己当成学生,看看到底哪些图形面积公式之间是有联系的?经过一个晚上的头脑风暴,随着夏老师“我发现了!通的,都是通的!”的一句话,我们惊喜地发现,任意两个平面图形之间都是有联系的,而且可以从“公式的反推导”、“点的移动”、“图形之间的包含关系”等角度出发研究,其中的联系是四通八达的。我们为自己的思考而高兴,也正是这样的换位思考，我们对学生的信心增加了很多！已经迫不及待地想进行下一次的试教了……

“怎样才能想到不同的思考角度？”

过程描述：

一、回顾研究方法。在面积公式的推导过程中发现，图形之间是有联系的，我们都是将新知识转化成旧知识，从而解决问题。

二、探究图形面积公式之间的联系。在教师的启发下，从梯形的面积公式入手，通过点的移动，使得上底与下底相等，从而找到梯形与平行四边形、三角形之间的联系。引导学生想象从其他图形出发探索图形面积公式之间的关系。

三、练习：网格图中画面积为12的图形（可以用数格子、面积计算、面积公式之间的关系等三种不同的水平）。

我们满怀信心地走进课堂，却不曾想到学生毫不领情。面对探究的问题，学生无从下手，不知道该如何调换角度去思考图形面积公式之间的关系。我们再一次陷入困境，夏老师也开始犹豫了：究竟这样的教学设计是否可行？我们该放弃还是继续？商讨中，大家都表示不甘心，坚定地认为引导学生多角度思考问题的意识是正确可行的。那么问题又在哪里呢？为找到答案，我决定让大家各自回家思考，第二天把意见进行汇总。

经过一夜的思考，大家谈出了各自的想法，发现其实学生和我们一样，已在长期的学习中形成了一定的思维定势，课堂上又缺少适时的指导与点拨，所以尽管教师一味地要求“转换角度”，可学生却始终不明白如何做才能实现“转换”。看来，我们缺乏对学生的充分预设，也没有及时地做到指导跟进。我们明白了，探索也需要有一个启发和引导的过程，才能使学生“想到怎样从不同的角度思考”。

“原来还可以从这些角度思考！”

为了使执教教师能站在旁观者的角度看清问题，也为了使自己能更清楚课堂的状态以便及时作出决策，我想不妨试着让夏老师作为旁观者看看课堂吧？于是，我拿着教案走进了课堂，和往常一样进行了“下水试教”。通过长、正方形的面积关系引导学生从其他角度进行思考，将师生互动、生生互动的过程呈现在夏老师面前……之后，夏老师面向全区进行了课堂教学。

过程描述：

一、回顾研究过程。针对平面图形面积计算的探究过程回顾研究的方法。感受从简单到复杂的学习过程。

二、换种思路，任意选2个或多个图形研究面积公式之间的联系。“这么多面积公式，可否用一个公式来代替所有图形的面积公式？”

（看到学生的资源，马上进行交流点拨）

生1：我以平行四边形为标准，它的面积计算公式是“ah”，当它的高变得和它的底边的邻边一样长时，公式就变成“ab”，其实这时候就变成了一个长方形。然后当长方形的宽渐渐缩短，变得和长一样长时，公式就变成“aa”，其实这时候就变成了一个正方形。

师：在研究平面图形面积时，我们是先研究了长方形，再研究正方形，最后研究平行四边形。而这位同学从相对复杂的平行四边形出发，转换角度，寻找它与长方形和正方形面积计算公式之间的关系，发现它们三个图形的面积计算公式可以统一为“ah”，你能像他这样选择其他图形，转换思考角度，寻找公式之间的联系吗？

……

生2：我可以把梯形变一变，由梯形的面积计算公式变成其他图形的面积计算公式……

生（齐感叹）：原来还可以这样思考啊！

夏老师的课上得非常成功！学生选择了从不同的图形出发，去探索各个平面图形面积之间的关系，而最后都恍然大悟：原来，这几个图形之间都是有着内在关联的，是一致的，是一体的。听课的老师都惊叹于如此巧妙创新的设计，更惊叹于学生独具匠心的思考角度和活跃的思维，纷纷表示“从来没听过这样的课，实小为我们打开了眼界”。

感受与思考

这次教学研讨，可谓意义重大：于学生，意犹未尽，不曾想到无论从哪个图形出发，都可以发现各图形面积公式之间的关系，大有“殊途同归”的感觉。复习的作用，不仅仅是整理，更是提高。在前期学习的基础上进行多角度思考的回顾与梳理，有助于帮助学生辩证地形成知识的整体网络结构。思维的多样与创新难能可贵；于老师，茅塞顿开，学生思维品质的习得与养成需要教师自身具有高水平的思维品质，聚焦知识背后的内涵，挖掘内容所具有的思维特点，并通过有效的教学传递给学生，多角度地丰富学生的认识与见解；于我，独辟蹊径，不安于现状，带领教师勇于突破固有的学科研究模式，基于学生的学情大胆创新，多角度地思考问题、研究问题，创新思路，大胆实践，实现继承与创新的融合，真正实现教师主动智慧的工作。

问题讨论

1. 你是否会定期反思和质疑自己的教育教学实践？如有，请举出一个具体的例子。

2. 在你的教育经历中，有没有让你印象深刻或受益匪浅的教研活动？请简要描述一下你的经历。

实验肯定成功吗？①

拓展型、研究型课程，如何上？让学生自己找课题，美其名曰“自主”。久而久之，学生总习惯捧着一堆作业来“研究”，最后按照要求草草交一份报告。如今，一切都开始改变……

立足现实　直面窘境

要上拓展型课程了，怎么办？我常常是找一本书或从网上下载一些内容讲一讲，抑或是随便安排一个学生实验，让学生做一做。拓展型、研究型课程，如何上？让学生自己找课题，美其名曰“自主”。久而久之，学生总习惯捧着一堆作业来“研究”，最后按照要求草草交一份报告。面对这样的状况，我也能只能是睁只眼、闭只眼。临近考试时，我也曾借拓展型、研究型课程之名，行基础型课程之实。

最近，乔校长光荣退休，新来的王铁桦老师接任校长。俗话说：新官上任三把火。不料，王校长烧出的第一把火是“继承与发展”。其中之一是依托学校已有的实验项目，推进学校在原有基础上转型发展。对于《基于“四个三”为特征的学科课程建设研究》子项目，王校长明确提出学科课程既要全面体现学科的育人价值，又要为学生自主发展赢得更多的空间。我校学科课程建设要坚持“四个三”（即“三类课程有机整合”、“三维目标有机融合”、“三个年级有序衔接”、“三个层次学生共同提高”）的建设策略和要求。学科教师尤其是青年教师，要积极承担三类课程的教学工作，要根据学校课程建设的要求，加强整合，努力克服三类课程“三张皮”的现象。

化学教研组是我校特色教研组之一，实验教学与研究是其特色。组内有两位上海市特级教师和多位区学科名师。作为组内一名青年教师，常常得到组内老教师多种形式的帮助和指点，获益匪浅。尽管坚持承担三类课程的教学工作，但自身日常

① 上海市松江二中殷莉莉执笔。

教学偏重于基础，少有课程整合的意识。但最近基础型课程教学中一个课堂演示实验的失败却引发了我的思考：能否通过化学实验把三类课程整合起来？

付诸行动　探索出路

铜与浓硫酸反应，是教材中例证浓硫酸氧化性的经典演示实验。印象中的结果是把铜与浓硫酸放在一起发热，放出能使品红色溶液褪色的二氧化硫气体，同时溶液出现蓝色。但我两次实验均出现了意外：

“咦，怎么发黑了，没有蓝色嘛？”

“怎么是绿色的呢，不是蓝色吗？”

“实验失败了！”

……

学生七嘴八舌，一时间课堂炸开了锅。

面对学生的质疑，我只能心虚地敷衍着。课后，我请教组内老师，有的说成功了，有的说会产生少量黑色物质，完全变黑的现象好像没有出现过。

不知是出于对初次尝试兴奋，抑或是课堂上演示失败的刺激，引发了我探究的冲动。我查阅文献，发现对该实验的研究由来已久，而且是当前研究的热点之一。我感到这个实验不那么简单，仅凭一己之力恐怕难以解决。于是我请教研组内两位特级教师，说出自己的想法，得到充分肯定后，他们建议我发动班级学生，组成实验小组利用化学拓展型课程与研究型课程课时，进行持续研究。就这样，一个以基础型课程中的问题为出发点，在拓展型和研究型课程中加以延伸与探索的化学实验小组，就此踏上了漫漫研究之路。

面对这样一个实验，作为老师的我并不比学生多了解多少。所以，我与学生商定着力解决两个问题：一是收集该实验的研究资料，了解其研究进展，并撰写一份文献综述；二是根据现有的方案，重演一些实验，学习实验操作和研究方法。

第一个任务，我只简单地介绍了查阅文献的基本方法和这个实验可能的文献来源，便放手让学生独立查阅，要求做好文摘或下载下来。下一次课上，学生各自交流已查阅的文献资料，相互提问，并在交流结束时请一位学生作总结陈词。三次课后，学生从上世纪六十年代的大学教材到最新的期刊，收集到相关文献近二十篇。有了每一次的消化和吸收，我建议学生将这些资料从不同角度进行整理，写一篇文献综述。一周后，实验小组从三个维度初步完成了文献综述。至此，我们对该实验研究进展有了比较清晰的认识。

接下来，就是实验操作啦，学生们很兴奋。但我很担心！因为实验对象是加热的浓硫酸，而且反应会产生有毒的气体，整个实验有一定的危险性。所以刚开始重演该实验时，我不敢掉以轻心，全程坐镇，反复提醒。几次下来，尽管没有得到完全相同的实验现象，但学生们基本克服了恐惧心理，操作熟练、规范，不仅改进装置解决了安全和污染问题，而且还初步确定了影响该实验的几个因素。

后一阶段，就是朝着当初设定的目标开展实验研究了。学生们有了前一阶段的学习和积累，很快进入了角色。设计出通过控制变量研究得到最佳实验效果的系列方案。方案讨论中我指出：如果从最佳条件角度去探索，几个变量的范围是什么？有依据吗？不明确的话，怎么知道得到的就是最佳条件呢。说实话，这个问题我也不能回答，但当时的情形下就这么说出来了，我的权威让大家陷入了沉默！

我们转而请教组内两位特级教师。两位老师都肯定了小组的设计和我的观点，但认为如果这样做，有可能得到较好的演示条件，但工作量很大，有一定的盲目性。"能否先理论探讨一下，再实验。"其中一位老师无意间说道。对，利用能斯特方程计算该反应发生的理论条件。心灵的微光，一下点开了我的心窍！能斯特方程计算是大学知识，我可以计算后直接给学生，但两位老师建议我继续让学生自学计算。学生们虽有疑惑，但也有心硬着头皮一试。于是大家去学校图书馆找来大学无机化学，边学习边进行计算。

计算结果很快出来了！在理论计算结果的指导下，小组重新设计了一些控制变量的实验方案，并据此开展了一系列对比实验，得到了一些初步结论。但遗憾的是实验的重复性很差，实验并不圆满！到底是怎么回事呢？看着装置中的反应液，我们真恨不得变成孙悟空，跳入反应液，一探究竟。但这终归只是一个美好的渴望与期盼！

不能在对比实验中找寻原因，研究又陷入了困境……这时，有学生主动提出可否对已有的文献记载予以佐证，探索原因。我觉得很有创意，便和学生一起进行了两个实验。一是把铜和浓硫酸反应结束后的液体蘸出，发现反应过程中硫酸浓度并没有如文献记载的那样逐渐变稀。我们通过理论论证，初步判断硫酸此时形成了恒沸液，不会变稀。二是把硫酸铜晶体放入浓硫酸中加热，看是否会得到蓝色、会不会出现黑色。实验结果是温度升高后出现明显蓝色，但始终没有得到黑色物质，从而说明黑色物质是铜和浓硫酸反应过程中的副反应产生的。这些实验客观、科学、条件易控、现象明显，得到的结论可靠。

在撰写课题研究报告过程中，学生们分工明确、合作默契，生动地记述着研究历程。报告的结尾提出了一些还可以继续研究的问题，拓展了研究的思路，读来让我感到既惊讶又惊喜！更有意思的是，他们形象地称该研究为"吐血研究"——反映的是他们经历的艰辛和曾经的迷茫。

近一个学期的探索，尽管没有完全实现初定的研究目标，但细细想来，从学科学习本身来说，我和学生一起不知不觉地走到了这个实验研究的最前沿，触及到这个变化的一些本质性的东西。正如学生在小结中写到：化学变化极其复杂，独具个性。这样的体验与感悟在基础型课程教学中很难体现得如此深刻！而我也“被成长”了！

以点带面　高屋建瓴

源于基础型课程的这个实验，本来教师只需做一做、讲一讲，失败了就让学生记住课本上的实验结果，会考试就可以了。但这只是“教什么、怎么教”的问题，不是王校长所倡导的“建设什么、谁来建设”的问题。对照这次探索的历程，化学实验研究其实就是学科老师立足学校实际、学科特点，与学生一起建构、一起开发我们自己的课程。

教研组集体分享我的个案后，提出以化学实验为载体，从目标、内容、实施以及评价等角度出发，建设三类课程有机整合的高中化学实验课程体系，进一步彰显我校化学学科特色，提升学生的科学素养。

这一思路得到学校课程领导力项目组的积极支持后，迅速转化为全体化学组教师的行动。高一上学期，选取基础型课程中的一些实验，设计《化学实验基础》课程，安排专门课时让学生动手操作，发展学生基本实验技能。高一下学期，开设《趣味化学实验》课程，让学生在联系生产、生活和社会的趣味实验中拓展视野，进一步激发创造性的欲望，提升创新的动力。学生除完成实验报告外，还要单独进行实验考核。高二年级，开设《化学实验研究》课程，从趣味实验、疑难实验、异常实验和创新实验等四个角度入手，引领学生在社团活动中自主研究，着力提升学生探究化学实验问题的意识、能力和方法。一年时间内，学生自行查阅资料、自主设计方案、合作研究、撰写研究报告并进行答辩交流。

于是，我校化学学科基于实验的特色，再次汇聚成一股合力，从点上的生成到面上的预设，从一个年级到三个年级，蔓延开来。正所谓“千淘万漉虽辛苦，吹尽黄沙始到金”。

问题讨论

1. 在你的教育经历中，有没有什么“突发事件”是令你印象深刻的？请尝试简单描述一下。

2. 你认为这些“突发事件”会对课程建设或实施带来什么新的启发？

一堂“失败”的公开课带来的……[1]

三位同学主动找到我，提出想利用自己的业余时间开发一款基于网络平台的单词测试软件。听了他们的构想，我将信将疑，难道他们真的能做到吗？要知道开发软件可是需要一定的电脑编程基础啊！两个星期后，名为“千霜灵单词歼灭计划”的软件终于揭开了神秘的面纱……

这究竟是为什么呢？

又是一个星期二，这天的英语课要进行每周一次的词汇默写。如同往常一样，前一节课一下课我就踏进了教室，只见学生们都人手一本词汇手册，抓紧那最后一点时间往“大脑”中储存即将要默的单词。见此情景，我很欣慰，看来学生对于词汇默写真的很重视，再加上之前上课我把我认为重要的单词进行了非常细致的讲解，想必通过词汇默写应该易如反掌。谁知当我批完所有词汇默写后，全班竟有超过三分之一的人不及格，而且除去我重点讲过的单词学生依旧会错之外，还有许多错误我根本就未曾预想到。

我陷入了沉思：究竟是什么原因使学生记忆单词会如此痛苦呢？词汇教学始终是英语教学中最难啃的骨头之一，老师花了这么多功夫，学生也为之辛勤地付出了许多，可为什么结果却始终让人感到失望呢？问题究竟出在哪里呢？

一堂“失败”的公开课改进了我的教学策略

还没来得及等我仔细思考这个问题，学校一年一度的青年教师课堂教学大奖赛就开始了。作为英语教研组的代表，我参加了比赛。和以往的比赛不同，此次大奖赛学校请相关专家指定了授课的内容，英语学科给定的课题是“基于文本的词汇教

① 上海市晋元高级中学张勇执笔。

学”。从接到上课任务到最终上课,其间只有短短的两周时间。那两周时间我丝毫不敢怠慢,从确定上课主题到设计教学环节再到最终产出,我都精心做了设计。针对词汇教学的特点,我罗列了 7 个核心单词,并详尽地归纳了 7 个核心词汇的用法和我认为的重要考点。准备得很充分,可是上课的效果却不尽如人意。

下课后,我就刚才的这堂课与听课的老师们交换了意见。我的困惑是为什么我精心设计了授课内容,并且在课上也做了一定的引导,而实际的授课效果却不尽如人意呢?听了我的问题之后,组内有的老师认为这个班级学生的基础太薄弱,安慰我按照既定的想法把课上下去,但也有老师认为我的课忽视了学生的主体作用,没有把学生的既有语言能力考虑在内,换句话说,也就是没有发挥学生在学习过程中的主体作用。听了组内老师的意见,我下定决心,要对这堂课进行彻底的改革。

一点改变点燃了充满激情的课堂

既然下定决心要做改革,就必须找寻到改革的突破口。

就在我冥思苦想之际,《上海教育》杂志上刊登的一篇关于静教院附中“后茶馆式教学模式”的文章吸引了我的注意。此文提出的“学生会的教师不用教,教师重在激发学生思维过程中的相异点”给了我启发:我何不讲得少一点,让学生自己去阅读,进而在阅读中发现如何去正确地使用词汇。基于这种理念,我重新设计了这堂课,相比第一堂课,我说得内容少了许多,那么课的效果怎么样呢?请看下面的一段课堂实录:

师:Please read the following passages and pay attention to how the word “available” is used.

生:【认真阅读 8 分钟】

师:Now could you imitate the sentences in the passages to make some sentences by using the word “available”?

生:【纷纷举手】The book is available in the book store.

The toy is available in the supermarket.

…

师:Very good! If I say he is available this afternoon. What does that mean?

生:【思考】He is free.

同样的教学内容,不同的教学效果。看来教师真的应该把课堂还给学生。学生通过阅读自然能获取的知识,教师真的没有必要多讲!教师应该关注的是学生思考过程中的相异点或者是思维盲点。以这堂课为例,学生通过阅读自然能掌握available的用法,从他们的造句反映出来的情况看,唯一的思维盲点就是没有能够拓宽该词的语用范围,那么教师只要在这个学生的相异点上进行指导即可。这样处理,看似教师说的少了,但由于学生主体的作用得以加强,课程的执行力反而得以有效的加强。

乘胜追击,改革继续推进

这堂公开课改革的成功促使我继续思考前一次公开课失败的原因:固然我对于词汇手册上要背的单词作了重点讲解,但我忽略了三点:

首先是我的讲解并没有顾及学生的实际需求和已有的语言和知识储备,换句话说,也就是学生会的我反复唠叨了许久,而那些在我看来应该是没有问题的单词却有可能是他们在学习中真正存在的"拦路虎";

其次,我忽略了学生在语言学习中的主体作用,没有让他们的思维相异点在课堂上显露出来;

再次,用一张单词默写卷去考察所有的学生,也未必能达到预期的效果,因为所有学生的起点与基础本来就是不同的。

认识到了问题所在,我开始变革。上课我不再专门讲解词汇,而是改用小组交流的做法,让学生自己走上讲台,鼓励他们用各自的方式把他们认为有困难的单词传授给同伴,而我则站在一边聆听他们的讲解过程,而后就学生在互相传授过程中暴露的问题进行点拨。变革实施了三个月,我明显感觉到课堂更活跃了,更有生机了,同学交流的方式也五花八门:有编故事的,有利用歌曲帮助记忆的,有做诗的。有了学生的积极参与,我也更易捕捉到学生在交流过程中暴露的问题,适时点拨也就更有针对性了。

学生积极性被调动起来之后,三位同学主动找到我,提出想利用自己的业余时间开发一款基于网络平台的单词测试软件。听了他们的构想,我将信将疑,难道他们真的能做到吗?要知道开发软件可是需要一定的电脑编程基础啊!可是我想到学生开发的背诵软件肯定能更加贴近学生的实际,也就鼓励他们积极去尝试。两个星期后,他们设计的软件终于揭开了神秘的面纱,这款名为"千霜灵单词歼灭计划"的软件诞生了!利用这款软件,学生可以根据自己的实际情况,自行录入需要检测的单词,利用软件进行反复检测。在这个软件的简介中,学生这样写道:这不仅仅是一款软件,它是颠覆传统英语学习模式与计算机强大功能的一种相对完美的结合!

改善了背单词的效率，激发了使用者对英语的热爱与兴趣。

变革三个月后，我的课堂已无需进行专门的单词默写，但学生学习英语的热情和兴趣却明显提升，学习效能也显著彰显。前不久，我在未提前通知的情况下，随机进行了一次单词测试，结果全班学生全部合格，优良率达80%。

激发学生的主体作用，让学生真正动起来，若能使学生参与到相关课程的开发中来，那么教师的课程领导力也就有了适切的着陆点——这是我经历了这个不寻常的过程后的感悟！

问题讨论

1. 回顾一下你的教育经历，你是否有过不太成功的公开教学经历？如果有的话，请回忆一下当时的情境。

2. 在此之后，你是否尝试采用某种策略来改进？效果如何？为什么？

玩"陀螺"引发的……[①]

我决定将原先活动中"自制陀螺"的环节删除，把重点放在围绕探索"陀螺转动的速度"上，将原先在桌面上探究陀螺的转动，改成引导幼儿在不同材质的面上玩陀螺，促使幼儿探索场地材质与陀螺速度的关系……

迷茫中的我　起初百思不得其解

这是我的第一次公开教学展示，展示活动主题为《玩具总动员》的个别化学习活动，伴随着些许兴奋与紧张，我终于完成了第一研的展示……可是展示的效果并不如我预期那般，尤其是活动中所预设的重点，即"探索区"中"有趣的陀螺"这一活动，而最令我百思不得其解的是这个区域内容是我原本觉得最有把握，花最多时间作了精心准备的啊！

记得刚投放陀螺的几天，丰富的材料引起了孩子们极大的兴趣，时常看到在这一区角逗留的孩子络绎不绝，他们聚在一起自制陀螺、玩转陀螺，好不热闹。但随着主题《玩具总动员》的深入，在这一天公开活动中，最后竟无人参与这个活动了……我变得愈发纳闷，自己辛辛苦苦投放的材料，作为重点预设的内容，为何会遭到冷遇，预计最看好的活动内容为何变成如今这般冷清？

于是，我开始回忆，开始重温，开始思考……

追溯中的我　原来事情是这样

凭借自身对个别化学习活动材料投放层次性的理解，一直以来我总觉得：在活动中，材料投放越丰富、玩法越多、能难倒幼儿就一定代表材料是具有挑战性和层次

① 上海市大风车幼儿园钱卫春、郑雅文执笔。

性的，也一定会是成功的。记得当初我提供的有关探索陀螺转动的材料有：三角形、圆形、正方形三种形状的卡片，牙签；有关装饰陀螺的材料有：彩色手工纸，水彩笔，蜡笔。我认为这样提供的材料，能使活动变得丰富，并在玩法上体现层次性(即，层次一：装扮并能自制陀螺；层次二：能将陀螺转起来)。这样从易到难、层层递进的方式，就能体现“跳一跳，能摘到果子”的教育策略，也能帮助幼儿提升经验，再则由于这些“自制陀螺”都是出自幼儿之手，所以我想，这样一定更能引发幼儿主动参与活动的兴趣和欲望，从而进一步促进活动目标的达成。满怀着期待，我与孩子们一起进入了活动……

重温片段一：

凯丽、彬彬、隆隆开始了陀螺制作，凯丽选择的是圆角形的卡片，并用水彩笔装扮之后，就按照步骤图开始制作陀螺，整个过程大概花了 15 分钟左右，彬彬和隆隆都选择了手工纸来装扮陀螺，由于他们需要将手工纸剪成自己喜欢的花纹之后，再进行装饰陀螺，所以制作陀螺的时间相对于凯丽来说更久了一些……

待各自自制好陀螺之后，凯丽：我们一起转动陀螺，看谁转的时间长谁就赢。

彬彬和隆隆都说好！

只见他们各拿一个不同形状的陀螺，一同喊“一、二、三”，三个陀螺同时转了起来，可是由于凯丽的手抖动了一下，陀螺一下子转到其他地方并停了下来。

凯丽：不算！不算！我的手抖了一下，这次不能算。

彬彬：那再来一次。

这一次三人还是同时转动，但由于自制陀螺轴心是用牙签做的，太细了，因此一不留神，圆形陀螺一下子转到地上又停了下来。

此时个别化学习活动结束的音乐响了。

彬彬：真没劲，陀螺转的太慢了，还没我家里的那个转的有劲……

凯丽：怎么这么快就结束了？嗨！不能再玩了……

转陀螺的比赛只持续了 5 分钟就结束了。

在短短的 5 分钟转陀螺比赛中，有时是凯丽的三角形陀螺转得快，有时是彬彬的正方形陀螺转的快，有时隆隆的圆形陀螺转的时间最长，三人一时没有分出胜负。

从以上幼儿的表现我觉得，幼儿玩陀螺的经验各不相同，有的孩子动作熟练，有的孩子手指不够灵活，影响了陀螺的转动，而活动中所用的陀螺是一种自制陀螺，陀螺的轴心太细、底部太尖，和孩子生活中游戏时用的陀螺有所不同，因此也影响了孩子的探究。同时，我更明显地察觉到，幼儿在此次持续总长为30分钟的活动中，花在“自制陀螺”这一步中就占据了大量时间，而幼儿在“探究陀螺转动”上却只用了约5分钟时间，只占整个活动时间的6%左右，而从幼儿兴趣方面看，显然玩陀螺比做陀螺更吸引幼儿，因此幼儿对活动失去了兴趣，同时探索活动时间与幼儿操作时间也不成正比。

这是我完全没有想到的局面……真是出乎我的意料！

思考中的我　决定放弃与调整

于是，我对原来的个别化学习活动方案作了全面的再审视，从平衡个别化学习活动内容来看，我对“表达表现”和“探索世界”两个板块作了对比与思考。我觉得，类似于“制作陀螺”这类制作并装饰的活动内容在“表达表现”领域有很多，如：玩具汽车、造高楼，加上制作陀螺，表达表现领域中的活动内容总量已达到5个，而“探索世界”这一领域的活动总量只有3个，这其中数量就有明显差异，造成对孩子能力的发展一定不平衡。此外，我也反思到活动目标的制定不仅应考虑活动内容设置的平衡性，关注主题活动大目标的均衡落实，还应关注幼儿的活动兴趣、需求以及如何使活动对幼儿发展的价值最大化。

因此，我决定将原先活动中“自制陀螺”的环节删除，把重点放在围绕探索“陀螺转动的速度”上，将活动目标作了适当调整，并在环境创设上也作了调整，将原先在桌面上探究陀螺的转动，改成引导幼儿在不同材质的面上玩陀螺，从而引发幼儿对场地材质与陀螺速度的关系产生关注的兴趣，对幼儿的探索学习发起更大的挑战。同时也避免将活动预设得过满，确保幼儿有充裕的时间进行有效的学习。

对预设计划作了分析后，我决定在公开展示的二研中，对活动材料作进一步调整与完善。调整后的材料为：各色发条陀螺（现成的）、供陀螺转动的不同材质的面（如：毛巾、地面、泡沫板、沙）、记录纸、笔。其玩法有两个层次：一为探究陀螺转动持续的时间；二为探究陀螺在不同面上的持续时间，并进行记录。这一次我这样调整材料的意图是想通过提供不同陀螺转动面，以及借助记录的形式，旨在引发幼儿对陀螺转动的不同实验现象与结果产生思考，借助记录推动幼儿的学习与发现能力，进一步激发幼儿探索的兴趣。

在历经这一次的调整后，我再次鼓起信心，仔细观察起这群玩陀螺的孩子们。

重温片段二：

新宇给色彩缤纷的“奥特曼”陀螺上了发条，然后在地上猛转了几圈，随着陀螺的转动，新宇又跳又叫：“看，我的陀螺转得好快啊！”一边的明明也赶紧忙着给陀螺上发条，一会儿就让它转了起来，两个孩子还高兴地拍起了手……而对边上另外的泡沫板、毛巾、沙子的面，却没有更多的关注。

怎么办？材料似乎没对幼儿起什么作用，我等待了一段时间后，决定用语言给予提示：“试试，陀螺还可以在毛巾、沙子、塑料板上转起来吗？”

在我的提示下，孩子们开始了尝试。

隽婕先将陀螺轻轻放在沙子里转，第一次陀螺没有转，但她听见陀螺里发出孜孜的声音，于是她又转了一次，可结果与第一次一样，隽婕于是将陀螺放在毛巾上转，陀螺也转了几秒就停下来了。

当她将陀螺放在毛巾上转动时，她发现陀螺并没有像她想象的那么快，而是和刚才一样转几下就停了。

“为什么不行，找到原因了吗？”我追问道。

“我觉得毛巾上面很毛糙，所以陀螺只能转一会儿。”隽婕说。“其他材质上转动的情况也一样吗？可以把你的发现记录下来哦。”我又提示着。

接着，她又在地面和泡沫板上进行了尝试。

隽婕说：“我觉得，陀螺还是在地面上和泡沫板上比较好转。”于是她用手分别在两种材料上摸了摸，偶尔又试了几下，她看见旁边正在实验的凡凡，就指着自己的记录对她说：“我发现陀螺在这两种材料上转一会儿就停了。你知道吗？毛巾上面很毛糙的，所以陀螺只能转一会儿，沙子又很软，就像皮球不能在上面拍一样。”

凡凡说：“是的，我上次在沙子里打排球，球总是弹不起来，我也发现陀螺不能在这里转很长时间。”

在活动持续的30分钟内，这几个孩子始终转动着陀螺，并不时地在不同质地的转动面上来回尝试、记录、讨论，再尝试、再记录……他们不断地积累着各自的经验，我欣喜地发现，孩子们正朝活动的预定目标越来越近！

感悟中的我　体会解读事件的意义

通过追溯，重温这则故事，从失败的第一次公开展示，到第二次有一定成效的公开展示，我感到整个故事所显现的情景冲突、引发的问题，直至问题化解的全过程，其背后所折射出的意义对于我，一个青年教师而言，有着更为积极深远的意义。

1. 学会从日常教学情景中捕捉关键教育事件

作为一名青年教师而言，我的教学生涯才刚刚起步，因此对于我而言，其中一定有着许多的第一次，在这些或失败、或成功、或烦恼、或不解的第一次中，一定有许多属于自己的故事可以发掘。虽然这些故事未必都是大事件，只是经常发生在我日常教学情景之中，但事件背后却蕴含着值得捕捉、发掘、分析、记录与反思的深刻价值，这些价值则是：练就自己一双会发现的眼睛，善用眼睛发现、捕捉关键教育事件，正视自己的教学现状，而非熟视无睹。

2. 善于从解读关键教育事件中促进自身教育行为的优化

在捕捉到自己的关键教育事件后，还应落实在行动上，以自我督促，达到完善。我认为应善于从自己课堂教学中的一些现象进行深究，鞭策自己从中多剖析、常反思，把课堂教学实际与理论、与幼儿当前发展、与一些专业意见联系起来，深层次地解读与理解事件，进而缩短自己教学理论和课堂实践的距离，只有这样才能最终获取有益的实践经验，真正让“故事”起到优化自己教育教学行为的作用。通过以上这则故事的捕捉、分析与解读，我这样梳理对自己教育教学行为优化的若干方面：

(1) 学做一个心中有目标的教师

我觉得，活动开展的有效性与教师心中是否具备清晰的预设目标有着直接、密切的关系。因此，教师在考虑活动目标时，要明确活动背后所涉及的教育价值以及幼儿的兴趣、经验，如果一味追求太多，反而会使活动目标不清晰，更会阻碍幼儿的学习效率。

(2) 学习追随幼儿的经验，动态调整活动材料

对于幼儿而言，知识的获得、能力的形成不仅是在教师的指导下，而更多的是在与材料的相互作用过程中构建的。所以在个别化学习活动中，材料投放得好、投放得巧，更能激发幼儿学习的欲望，并从中获得经验与能力发展。实践中，我感到活动材料绝非一成不变的，更不是一开始投放完就可一劳永逸的。教师应追随幼儿学习的经验，始终做好动态调整材料的准备，要将所投放的材料，逐一与幼儿通过操作该材料可能达到的教育目标之间产生联系，按由浅入深、从易到难的要求进行投放，使材料彰显对幼儿发展的最强作用。

(3) 锻炼自己在活动中适时点拨与指导的能力

幼儿用自己独特的、不同于成人的眼光认识事物，他们的经验还不丰富、概括还不全面。但幼儿总是怀着强烈的好奇心和良好的动机去学习、去探究周围的世界。教师要耐心地倾听、仔细地观察、真诚地询问、适时地点拨，了解幼儿的意图，支持幼儿的学习，只有这样才能在推波助澜中将教育的意味细细渗透进每个孩子的发展

中，才能彰显教育真正的价值。

这则小故事让我思绪万千，它促使作为青年教师的我逐渐学会在不断观察、分析幼儿与调整自我教育行为中勇于直面问题……

这则小故事让我思绪万千，它更促使我在边实践边反思中学会自我审视、自我管理，养成在观察解读幼儿行为、调整自我教育行为中优化自己的教育理念与教育行为的良好意识……

我觉得这对于我，一名青年教师而言，如何跨出自己教育生涯的起步阶段，有着十分重要的意义，我为自己的成长感到高兴！

问题讨论

1. 能否举出一个具体的例子来说明“我”对学生进行了个别教育指导，并为学生提供了独特的、多变的学习方式？

2. 你是如何收集资料和具体的证据来说明你主动尝试的新教学能够提高教学效果？

由一个土豆引发的故事[①]

在二年级自然常识课《土豆发芽》上，一个很聪明的男生对土豆发芽后有毒不能食用感到很惊讶，问："既然土豆发芽了不能吃，那为何还要让它发芽，为什么不研究不让土豆发芽的方法呢？"这句话引发了全班的大讨论，也引发了我的思考……

我校大华校区现有21个班级，科学类学科专职教师6人。我们每人同时兼任自然、劳动技术、信息科技、探究型课程等有关学科的教学工作。在教育教学实践中，我们发现我校科学类各学科间独立性过强，学生参与科技活动的情况有明显的"两极分化"现象：有些学生四面开花，忙于各类科学项目探究，能力越来越强；有些学生则疲于应付，甚至感觉无处下手，越来越跟不上集体的"节奏"。

在二年级自然常识课上，我在上《土豆发芽》的内容时，一个很聪明的男生对土豆发芽后有毒不能食用感到很惊讶，问："既然土豆发芽了不能吃，那为何还要让它发芽，为什么不研究不让土豆发芽的方法呢？"这句话引发了全班的大讨论，也引发了我的思考。

课后我和教研组老师们一起讨论学生的这个问题。有位老师说："我以前也上过这堂课，我也想帮助学生解决这个问题。可是这样要观察实验，还要制作实验装置等，不要说我们自然教材上没有这部分内容，何况也不单是我们自然课就能解决的呀！"

由学生在课堂上引发的问题，肯定是发自学生内心真实的问题。也是我们生活中经常碰到的实际问题，是多么值得我们去研究呀！由此我大胆地想到设计一个科学类学科主题性综合探究活动来解决学生引发的疑问。

在教研组的研讨活动中我产生了《怎样延缓土豆发芽》这个科学探究活动的想法。这个活动显然不能单靠自然课来完成。必须要突破教材和学科的限制，因此，由我们自然教研组牵头，邀请劳技、探究、信息科技老师参加的科学类学科综合性探

---

① 上海市昌邑小学(大华校区)张挺执笔。

究活动《怎样延缓土豆发芽》在我校开始了。

由于是全新的内容，无章可循，有一定的难度，必须充分考虑各学科特点、发挥科技教师各人特长及团队协作精神。例如，在自然课堂上，学生提出的问题，可以在探究课中进一步深入探究；在劳技课上完成部分制作任务等；并利用信息技术课收集影像资料，制作相关的电子小报、演示文稿等。

首先，我们开展了跨学科的教研活动，就两方面的问题进行深入研讨：一是研究怎样开展跨学科合作教研活动，二是研究怎样引导学生进行多角度探究。经过几次研讨，决定先选一个班级分学科设计教学、开展研究实验。取得阶段成果后再以点带面，逐步拓展推广到整个年级，直至全校性的探究活动。

经过我们多次讨论，形成了以下活动方案：

活动准备	1. 策划方案，执行过程中的指导、设计。 2. 讨论探究课《怎样延缓土豆发芽》教学设计及上课主要意图。 3. 收集记录教研活动中各种资料。（录像、文字、课件等）
活动过程	1. 教师讲述上课意图及教学反思，集中提出教学过程中产生的问题。 2. 各学科（自然、探究、劳技、信息科技）的教师针对问题，畅所欲言，研究解决的方案。 每个教师可根据自己的学科特点，自身教学优缺点在教学实践中的有关问题，围绕教研主题，各抒己见，互帮互助，积累心得体会，写成教学体会。
具体分工	《怎样延缓土豆发芽》分学科教学设计：（突出学科特点、各人特长、团队协作精神） 1. 自然（倪颖）：（1 课时）了解土豆。土豆的营养、土豆发芽的条件。 2. 探究（张挺）：（1—2 课时）利用盆栽、实验田等种植土豆，验证土豆发芽的条件及方法。（辅导学生加工制作装置） 3. 探究（做中学）（张挺）：（1 课时）延缓土豆发芽的方法及方案设计；利用简单材料验证实验。 4. 劳技（王世平）：（1 课时）利用高年级思维及动手能力设计、制作出一些延缓土豆发芽的装置并验证。 5. 信息科技（王树春）：（1—2 课时）指导学生利用网络查找关于土豆营养、土豆发芽的条件和延缓土豆发芽的方法等信息；指导学生设计出相关的电脑小报、演示 PPT、网页等。并在其他学科师生探究活动中，搜集活动过程照片、录像等资料。 6. 陆熠（副校长）：全面负责协调相关老师开展教学研究活动。（经费支出、材料费等） 7. 龚仲毅（后勤资源保障部、科技总辅导员）：从科技教育层面全面支持相关老师开展教学研究活动。（辅导学生加工制作装置、零部件采购等）

然后，教学实践活动也随之展开。

下面举几个我们活动的主要片段：

活动一《了解土豆》，倪颖老师描述了她所负责的第一课时：

“这一课怎么上呢？我觉得自然课的教学模式‘发现问题、提出问题、解决问题’非常适合这一课的教学，充分发挥学生的主体能动性、自主性。于是我围绕着这几个方面开展教学。

一、发现问题。我与信息教师王老师配合，请他在信息科技课上让学生查找有关土豆的资料，内容不受限制，只要找自己感兴趣的方面。但是受时间、学生本身知识水平、实际操作能力的限制，学生不可能查找得很全面，所以允许学生带着疑问到正式上课的时候提出来。

二、提出问题、解决问题。学生发现问题以后，我在正式上课时先让学生交流在信息课上找到的关于土豆的资料，也可以提出自己感兴趣的但还没有找到答案的问题。由于学生回答的内容范围很广，有些也很有深度，提出的问题顺序也无法预知，所以在上课时对这方面的内容我是没办法预设的，因此一定要有充足的准备才能积极应对。在课上提出问题和解决问题这两个环节是互相交叉、交替进行的。我在学生提出问题的同时，及时运用各种形式对学生交流的内容进行补充或引导。例如：提供实物土豆，让学生亲手剥皮感受厚薄，各小组成员亲手切割有芽眼的块茎，知道农民是怎样播种，通过 PPT 欣赏知道土豆可以制成菜肴和零食，利用网络资料知道土豆品种不同，如产地不同、大小、口味、颜色、营养价值也都不同。最后我拿出两种不同的土豆，发芽和不发芽的，让学生找出它们之前的不同，完成观察记录并画一画，然后，接着师生共同探究发芽土豆的危害和土豆发芽的条件。这一个重要的环节引出了下节课的内容：为什么要延缓土豆发芽？怎样才能延缓土豆发芽？

整节课学生积极性很高，求知欲很旺盛。学生课后感叹："没想到貌似平常的土豆身上蕴藏着这么丰富的知识。"作为教师我也觉得对学生开展科学类学科主题性综合活动很有意义，也很有创意，整个过程也是师生共同学习、共同提高的过程。

活动二《延缓土豆发芽的方法》，张挺老师具体开展教学研究的内容有两个：

"第一个内容是接着前一节倪颖老师的自然课，在了解了土豆知识，掌握土豆发芽的基本条件的基础上，通过活动让学生运用逆向思维从土豆发芽的条件上进行转换，推理得出一些延缓土豆发芽的条件和方法。课后，请学生通过网络等查询相关资料，进一步巩固拓展了解一些延缓土豆发芽的条件和方法。这个步骤由王树春老师在信息科技课上进行指导完成。

第二个内容是在了解一些延缓土豆发芽的方法的基础上，通过讨论等活动设计出一个合理可行的实验方案，并进行验证。验证环节需要设计制作一个装置，由王世平老师在后面的劳技课上完成。"

活动三《设计延缓土豆发芽的装置》，王世平老师是这样描述的：

"在前面倪颖和张挺两位老师上课的基础上，加上王树春老师传授有关制作电子小报知识的铺垫下，我上了一节侧重制作实验装置的劳技课。目的是培养学生在合作互助的气氛中学习，树立他们实事求是的科学态度。根据三年级学生的年龄特点，由于他们的动手能力较弱，因此我选取了以下较简单易做的装置来指导学生制作，从而培养他们初步制作小装置的能力。

(1)用草袋、麻袋装土豆，或用垫好草的篮子装土豆，上面再撒一层干燥的沙子，放在阴凉干燥处，可延缓土豆发芽。(2)利用苹果储存土豆。把需要储存的土豆放入纸箱内，里面同时放入几个青苹果，然后盖好放在阴凉处。由于苹果自身能散发出乙烯气体，故将其与土豆放在一起，可使土豆延缓发芽。(3)将土豆放到一个纸箱子里，上面覆盖旧衣服遮光，用线或绳把旧衣服扎紧，以防漏光、透风来延缓土豆发芽。

我还上了一节《延缓土豆发芽》的汇报总结课，课上学生们把精心准备的方案和实验结果用PPT形式展示出来了。我的任务是如何把那些五花八门的资料加以总结和去粗取精，于是我试着把各个学生展示的成果中的共同点找出来并重点提示一下。为了便于归纳整理，我把自己做的有关PPT展示给学生，强调了关键词，同时也出示放苹果延缓土豆发芽的对比实验结果，并让他们完成一张带有发散性思维的实验记录。有个学生在家长的帮助下带来了干冰，于是我给学生观看并让他们感受一下干冰的特性，把学生探究的情绪激发了出来，启发学生通过触觉来体会发芽和不发芽土豆的区别，潜移默化地传授了研究问题、发现问题的学习方法。课时虽然完成了，但留给我和学生的思考还很多，真是意犹未尽。”

活动四《延缓土豆发芽信息的收集和整理》，王树春老师是信息科技学科组长，他对这次活动也非常感兴趣：

“在活动中我尝试围绕《延缓土豆发芽》的主题，引导学生在不同学科的教学中，采用不同的方式与途径采集信息。

其一，注重在实践活动中引导学生采集信息。在其他三位教师授课过程中协助组织学生自己拍摄土豆的芽眼，引导学生抓住种植过程的关键步骤进行拍摄。这样更清晰地了解并记录了土豆发芽的条件。这样一个活动既可以为自然学科、劳技学科提供教学支持，也让学生亲身体验了运用照相机、摄像机去采集信息的过程。

其二，注重在信息科技教学中引导学生采集与甄别信息。在信息科技课中，由于有了前面实践活动以及自然教学的铺垫，学生对为什么要延缓土豆发芽产生了浓厚的兴趣。通过搜索为什么要延缓土豆发芽和怎样延缓土豆发芽的方法，不但复习了搜索引擎的使用方法和关键字的选择，而且还引导了学生对网上信息进行归纳和总结。

由于信息采集的方式多样化且学生参与的积极性也是空前的高涨，所以学生在制作信息作品时取得了良好的效果。学生在信息科技课中制作作品的同时，也为其他学科提供了较有效地支持；反之，其他学科的教学也为信息科技课提供了多角度的支持,这样一个学科互补的模式对学生信息素养的提高有一定的帮助。"

看来,通过不同学科的整合,这次教学实践活动取得了很好的效果。作为一名自然学科教师,我对新的教研活动模式体会尤深,感悟良多:

1. 教研组团队精神得到了更好的发挥

俗话说:"众人拾柴火焰高。"在这次主题性综合活动中得到了深刻体验。活动刚启动时,说实话,大家都有点茫然,都没做过,没有什么现成的东西可借鉴。在一次次教学研讨中,查资料、备课、搜集教学具、试教、修改教案、再上课、听课、评课等,大家想方设法,全力以赴。开课时,听课老师也在摄像、拍照,甚至做助教等。评课时,大家互相指出发现的缺点,辩论得面红耳赤。但大家都明白,这是为对方着想,为了团队集体考虑。比如:在分配课时和教学模式上,一开始大家就展开了激烈争论,甚至咬文嚼字查字典,查阅教研资料等。特别是钻研"自然"、"探究"、"做中学"、"劳技"等学科教学模式上究竟如何区分和分工。一系列活动下来,反而大大增进了同事之间的友情,真正体验到了群策群力,互帮互助,共同提高。这就是我们对这个活动的最深刻体会。

2. 教研组长的工作也渐入佳境

我是从1995年工作开始一直在昌邑小学执教自然课,还有搞科技模型兴趣组之类的工作。2010年9月调到大华校区,开始担任教研组长。说实话,刚开始也没什么信心,两校区虽说都是昌邑人,但是都不熟悉,有的甚至连名字都叫不出。在大华校区工作两年后,才慢慢熟悉起来。特别是在这次的主题性综合活动中,由我起头,制定方案,大胆尝试,没想到大家能一呼百应,互相磨合,互相帮助,所有人的创意和斗志都被激发了出来,有时为了钻研甚至废寝忘食。

3. 教研组的教研水平有了很大提高

通过这个活动,我们开阔了教育视野,更能集中大家的智慧探讨一些新课程实施过程中出现的实质性问题。我们体会到教研要根据实际情况创造性地实施课程,根据教材内容灵活设计和组织活动。比如,我们在教学空间的选择上,曾有分歧:有的主张应该以课堂、以教室内为主;也有老师大胆提出可以结合实验田,用田园耕作法,实地种植土豆等植物。经过讨论,也在学校的大力支持下,采购了耕种用的锄头、镰刀等用具,使我校的试验田正式播种。这样,学生们不仅能在课堂上、在实验室里研究植物的生长奥秘,还能学以致用,自己亲手种植、亲手收获,甚至有机会亲自品尝一下自己的劳动和智慧之果。

本次科学类跨学科的教研活动,在专家的指导和引领下,在教师间的合作互助下,达到了预期的目标,促进了教师的团队建设,师生共同得到了成长。我们还将加强两校区间的科技团队协作,因为两校区的实际情况有所不同,相对而言,陆家嘴校区各科学类学科独立性更强，各学科分属不同的教研组，由不同的人分别任教。我们打算把大华校区中可借鉴、有推广价值的成果，结合陆家嘴校区的实际情况，尝试进行推广。形成多学科、更多人参与的教学科学研究，从而带动更多学科、更多人员提升教研水平。

问题讨论

1. 你们学校是否也有类似的跨学科教学活动？如有，你认为有哪些值得推广的经验或需要改进的地方？

2. 想一想，只会学科的教研会对学生学习产生什么影响？

本章感悟

本章感悟

第5章

课程资源:借水行舟

我不要我的孩子做英雄!

可是“爸妈老师”时而紧缺,时而告急,怎么办?

校舍可以过渡,学生决不能“过渡”!

能将课内知识学好就不错了,哪还有时间去教育基地学习呢?

求则思变[①]

一个电话——“我不要我的孩子做英雄!”

一场火灾——“我想孩子掌握更多的逃生技能!”

一条短信——“我家居住的大楼有消防电梯!”

一个建议——“我想与孩子一起学习逃生技能!”

冲突一:一个电话——“我不要我的孩子做英雄!”

一天,学校接到了一位家长的来电,电话称她的孩子在隔壁邻居家着火的情况下,做了一次小英雄。孩子的举动虽然得到了大家的认可,可是作为家长,她不希望孩子这样做,她觉得未成年孩子在火灾现场应该做的是逃生。因而家长建议学校就孩子的经历给予相关教育。

家长的一个电话引发了学校的思考:当青少年学生面对危险时,我们是该宣扬“奋不顾身地挺身而出”,还是彰显“以人为本,尊重生命”的人性关怀?

众所周知,未成年人由于身体和心理上的特点,决定了他们的幼稚与不成熟,他们对复杂的情况无法作出正确的判断,不能对自己的行为负责,更不能对自己的“壮举”负责。如果不顾自身条件而去救火灭火、英勇救人,这种有“勇”无谋和有勇无“力”多半只能造成无谓的牺牲。

学校认为我们有责任对学生进行生命教育,告诉学生生命权是至高无上的,没有生命作为依托,其他权益也就无从谈起。

一、自编教材

我们组织社会学科的教师共同收集火灾逃生的相关教育内容,梳理知识点,将火场逃生的技能总结为逃生十法,为了让学生更形象地学习,我们请美术老师参与

① 上海市中华路第三小学戴荣晟执笔。

编写了校本教材，为了确保教材的科学性，我们请消防战士帮助我们最后定稿，装订成册的消防校本教材走进了中三的校园，走进了中三的课堂。

二、带学生走进消防队

每年11月9日前，我们的老师都会带领学生走进码头消防队的训练场，学生们不仅亲眼目睹了消防员叔叔紧张而激烈的训练，而且在消防员叔叔的耐心讲解下认识了基础的消防器材，了解了火灾逃生的一些基本技能，进而对消防知识的学习产生了浓厚的兴趣。

三、开设《红色"119"》课程

我们整合小学三年级《社会》学科的教学，开设了《红色"119"》校本课程。课堂学习前，学生们与家长共同收集消防逃生的相关资料，对如何在火灾中顺利逃生有了初步的了解。课堂中，教师运用谈话式的课堂教学形式，让学生们就火灾后如何逃生的问题开展了激烈的讨论，通过消防员叔叔的指导，通过电脑来收集资料，通过家长代表的共同合作，队员们掌握了逃生的技巧，知道了预防安全隐患、灾害事故的初步知识，初步树立了正确的生命意识。

四、开展全校逃生演练

在11月9日那天，学校联合消防队组织全校师生开展模拟火场逃生演练。当消防员叔叔投放烟雾弹之后，浓浓的烟雾从三楼的一间教室冒了出来，紧接着刺耳的消防警笛骤然响起，全校队员在老师的带领下果断地用毛巾捂住口鼻冲出教室，短短的几分钟全校师生安全地逃离了火场。紧张而有意义的消防活动，使队员在实践中提高了消防安全意识，感悟到了生命的来之不易。

冲突二：一场火灾——"我想孩子掌握更多的逃生技能！"

我校的一位学生与其母亲在家中遭遇一场大火，孩子应用学校《红色"119"》课程中学到的知识挽救了母亲与她的生命。面对这场惊心动魄的火灾，家长感谢学校《红色"119"》课程，更希望孩子能习得更多的逃生自救技能。

钱月亮因为学习了家庭火场逃生的基本技能，沉着冷静地救了自己与母亲的生命。在我们为学校教育成功而感到骄傲的时候，家长又对学校提出了更高的教学要求，多教学生一些逃生自救技能！

《红色"119"》课程模式是否需要改变？又如何改变？

一、学科整合、内容拓展

《红色“119”》德育课程以消防教育为主线，从学科教学出发找连结点，从主题活动入手找融合点，从社会实践延伸找发展点，采用教育与教学整合的方法，更全面更科学地实施了校本课程的教学。

我们梳理了三年级的各学科教学内容并将其内容进行科学的整合，在品德与社会学科中我们整合生成“家庭逃生”及“公告场所逃生”的教学内容，在美术学科中我们整合生成“画消防标志”的教学内容，在探究型课程中我们整合生成了“揭秘消防器材与标志”的教学内容，在生劳学科中我们整合生成了“学打消防绳结”的教学内容，在体育学科中我们整合生成了“模拟消防逃生”的教学内容。我们以整合为《红色“119”》活动的设计实施思路，以探究为方法，以发展为目标，师生共同参与课程开发与实践，在一次又一次的体验中让学生潜移默化地接受着生命教育。

二、奖章设置、多元评价

学校在《红色“119”》活动中特设了校本奖章“消防章”，设立了五个考章点，分别是“画一画消防标志”、“打一打逃生绳结”、“练一练火场逃生”、“访一访消防英雄”、“选一选消防器材”。在《红色“119”》课程现场展示活动中学生都兴奋不已地拿着“消防章”的争章卡到各消防考章点考章，整个考章活动中学生得到了公平的、多元化的评价。不同的争章达标要求，金章、银章和铜章，每一位获得奖章的队员除了可以佩戴光荣的“消防章”之外，他们还可以与消防车一起合影，每到这最后一刻，学生们都显得异常的激动。这样的经历对这些学生们来说一定是终生难忘的！

冲突三：一条短信——“我家居住的大楼有消防电梯！”

在《红色“119”》课堂中，孩子知道了遇到火灾应该做到“三要三不要”，其中有一项“不要”就是不要在火灾现场乘坐电梯。当孩子回家后将课堂中学到的知识与父母分享时，家长给老师发了这样的短信：“老师，火灾现场不是所有的电梯都不能乘坐的，比如我家大楼的消防电梯就可以用来疏散逃生！”

时代在发展，消防技术也在不断地更新，我们的《红色“119”》课程内容是否也需要更新？课程内容更新了，我们教师的专业技能是否也需要提升与拓展呢？

问题的回答是肯定的，《红色“119”》课程必须与时俱进，教师的专业知识与技能必须提升！

一、开展课程培训、现场展示

为了提升《红色“119”》的相关课程实施教师的专业知识与技能，学校组织教师们一起参观消防队，请消防专业人员为教师现场上课。每每老师们去消防队之前都会自学一些与课程实施有关的学科消防内容，带着疑问请教消防人员；参观学习中，经过现场培训，教师的教育智慧又一次一次被启迪，为他们课程实施的专业化发展提供了广阔的空间。

同进，在学校《红色“119”》活动现场，我们请来了医护专业人员，他们教我们的师生如何在逃生后做简单的自救，教师与学生们的兴致可浓了！接下来的现场比赛活动更是为《红色“119”》课程抹上了一份新绿！

二、修改课程内容、添新去旧

为了进一步提升课程质量，学校在专业人士的指导与帮助下，将原有的《红色“119”》校本教材作了修订。如之前的教材中有关于消防器材的描述与介绍已经过于陈旧，我们作出了修改，新增添了最新的消防器材的介绍；如以前的教材中，我们告诉学生火场千万不能乘坐电梯，现在新教材中我们告诉学生消防电梯是可以帮助老弱病残的人尽快逃离火场；又如以前的教材中我们只提及家庭逃生的内容，现在随着学生出入公共场所次数的增加，我们在以往家庭逃生的基础上增加了公共场所的逃生学习内容等。

冲突四：一个建议——“我想与孩子一起学习逃生技能！”

《红色“119”》的课程实施过程中，学校多次邀请家长参与课堂教学，家长为此也受益匪浅。在一次家长座谈中，有位家长提出这样一条建议：“学校能否让更多的家长参与到《红色‘119’》课程中，让孩子牵着家长的手共同学习消防逃生知识。”

《红色“119”》课程如何从百草园走出去？怎么走？如何使课程的实施回归教育的本源，真正完成大教育的概念演变呢？

《红色“119”》课程园内生长，园外开花。

学校获悉家长的建议后，又就本问题征询了更多家长的意见。最后，基于家长们的共同需求，学校组织家庭开展网上的逃生自救学习，请家长进课堂与孩子们一起学习消防知识，设计家庭消防路线图。孩子们还在家中与自己的父母长辈共同开展火灾逃生演练，当家长与孩子站在学校的操场上与全校师生分享家庭逃生学习的感受时，我们感到了从未有过的欣慰，我们知道，《红色“119”》课程不再仅仅是百草园的课程，它已经成为中三学生的家庭课程、社区课程，终有一天它也将成为整个社会的课程。

问题讨论

1. 你们学校的家长委员会是如何组织和开展活动的？

2. 在你的教育经历中，是否曾邀请学生家长帮助你更好地开发与实施课程？如果有，请简要描述这段经历。

人走"茶不凉"①

"爸妈老师进课堂"既丰富了幼儿的认知经验，拓展了幼儿的生活视野，也活跃了课堂氛围，充实了课程资源。可是"爸妈老师"的资源时而紧缺，时而告急，给课程的正常实施带来很大的麻烦，也给管理工作带来了很大的困惑。

"爸妈老师进课堂"是我园利用社会教育资源开展教学活动的积极尝试，也是我园课程的一大亮点和特色。近年来，各种各样职业的家长纷纷走进了课堂，有厨师、理发师、裁缝、小学老师、巡警、交通协管员、医生……"爸妈老师"利用自己的职业优势和教师所不具备的专业技能，帮助幼儿了解周围人的工作以及和我们生活的关系，配合老师共同完成教学任务，既丰富了幼儿的认知经验，拓展了幼儿的生活视野，也活跃了课堂氛围，充实了课程资源，一举多得，事半功倍。

可是"爸妈老师"的资源时而紧缺，时而告急，给课程的正常实施带来很大的麻烦，也给管理工作带来了很大的困惑。两则故事引发了我深深的思考。

故事一："能不能请厨师爸爸到我们班级来上课呢？"

琳琳的爸爸是沪上某知名大酒店的厨师，也是我园家委会成员。班主任方老师为了培养幼儿样样蔬菜都爱吃的好习惯，也为了让更多的家长能学习菜肴翻花样的技能，特邀请厨师爸爸现场演示，用萝卜"变化"出各种美味菜肴，获得了意想不到的效果。三年前方老师的创意设计给全体教师带来了新的教学模式，大家纷纷效仿，利用自己班级的家长资源开展了丰富多彩的教育活动。

一年前，厨师爸爸的侄子康康也入托我园，当康康班级的张老师与其联系，希望琳琳爸爸（康康的叔叔）再次走进课堂时，厨师爸爸欣然同意，还请来了专门给蔬菜雕花的同事一同为孩子们表演和演示，各式各样的萝卜经过巧手雕刻，变成了形态

① 上海市南京东路幼儿园钱红执笔。

各异的动物和花型，栩栩如生，老师们、孩子们、家长们都叹为观止，一致反映家长资源利用得好。很有意思！这次活动引来了其他班级老师羡慕的眼神，并对自己班级缺乏这样的家长资源感到遗憾和失望。

“能不能请厨师爸爸到我们班级来上课呢?”老师带着期盼，向我提出了请求。

故事二:“能不能每年都请她走进我们的大班课堂呢?”

又到大班幼小衔接时，按照惯例，老师会寻找一名在小学任教的妈妈老师走进课堂，一方面与幼儿互动，现身说法，解除幼儿入小学的担心与恐惧感，另一方与家长探讨，回答家长的种种疑问。不巧的是，找遍了所有家长，就是没有小学老师，大家不约而同地想到了王老师，她是小学低年级的班主任，也是刚毕业的盈盈小朋友的妈妈，去年，盈盈妈妈走进课堂的活动还得到教研员的肯定和褒奖呢！

“盈盈妈妈的课上得那么生动，我们还能不能每年都请她走进我们的大班课堂呢?”老师带着设想，向我提出了建议。

面对老师们充满期待和设想的提议，纵观家长资源流动性大的明显特点，我陷入沉思:每一届、每一班家长情况各异，原本一些有价值的资源随着孩子的变化而变化，我们好不容易挖掘的家长资源，随着幼儿毕业，联络就会减少，关系就会疏远，久而久之，很好的资源便流失了。如果每次都是零起点，都在新挖掘，那工作效率会大大降低;如果我们仅仅只是追求一种活动的形式，而忽略家长进课堂活动的价值和意义，那就很难保证其在课程中占一席之地。如何处理好家长资源的流动性和课程资源的固定性之间的关系，将流动的家长资源有效地转化为固定的课程资源，应该成为我们关注、思考和研究的重点。

家长资源的流动性，主要体现在两个维度上:空间上和时间上。因此，想要充分地利用同一资源，就需要让其在不同的班级、不同的年龄发挥最大的效度。简而言之，由故事引发了以下两个问题:

- 一个班级的家长老师，能否成为所有班级的家长老师?
- 曾经的家长老师，能否变成永远的家长老师?

当这两个问题同时呈现在我面前时，我意识到，类似的问题和现象还会继续出现。我们认为:既然“爸妈老师进课堂”活动已经被纳入我们的课程体系，就不应该再像以前那样充满随机性和随意性——有什么资源上什么课，没有资源就不上。现如今，作为课程资源，其内容就必须相对的稳定和固定，就应该由园方出面，将班级老师的行为转化成园方行为，由园课程组共同思考和规划活动内容、活动方案，开发资源，形成机制，促进转化，提高课程的领导力。于是，我们决心从管理机制入手，加强各项资源利用保障机制的建设。而这些制度的形成,并非一蹴而就,而是伴随着一个个困惑和问题的出现,经历一个长期的思考和完善的过程。

首先,我们以这两个故事中出现的问题为切入点,对家长资源利用过程中的问题进行一一梳理。通过我平时的观察以及与老师和家长的交流发现,像琳琳爸爸和盈盈妈妈这样的家长,都是老师在与家长交流过程中发掘的,具有一定的偶然性,约定也多为口头,依靠的是班级老师的沟通交流。而在家长进课堂过程中,也会碰到一系列问题,比如盈盈妈妈自己是小学老师,平时自己要在学校工作,很难抽出时间到幼儿园来给小朋友们上课;而琳琳爸爸作为厨师,虽然厨艺了得,但上课经验显然不足,课堂效果难以把握。此外,家长资源未进行充分挖掘,往往是反复利用一些已有家长资源,家长资源的持续性和全面性都得不到保障。

针对存在的这些问题,我们一一进行了有针对性的讨论,以期找到相应的解决办法,使家长资源不论在时间上还是空间上都体现出稳定性和系统性。在讨论过程中,我们发现,只要老师能联系和沟通,很多家长还是很乐意参与到幼儿园工作中来,但一旦小朋友毕业,联系家长的纽带往往就不复存在了,直接导致家长资源的流失。针对这一问题,我们认为应从"纽带"入手,除以小朋友作为纽带,还要从幼儿园的角度挖掘新的纽带力量。另外,就单位工作时间与幼儿园活动冲突的问题以及上课经验不足的问题,我认为也应从问题本身着手,由幼儿园主导进行解决——关于单位的问题,幼儿园应与相应单位进行协商合作;关于上课经验不足的问题,园方应给予家长帮助和指导;而要保证家长资源的持续性和全面性,则需要对家长资源进行进一步的开发。

最后,我们从管理机制的角度出发,将解决方法落到实处,为资源利用提供切实有效的保障机制,使"爸妈老师进课堂"活动展现出持续的活力。

➢ 从口头化到文本化——家长教师聘约制

新生入园,我们都让家长填写"家长资源信息调查表",对家长的资源信息进行全面采集,并由教师对各种家长资源进行重点筛选,一旦进课堂活动获得成功,该家长就成为了我园被聘约的家长老师,如:故事中的厨师爸爸、小学老师妈妈。在园大型活动中,举行聘约仪式,向家长老师颁发聘书,让他们成为我们的客座教师,不限于本班级、本年级,毕业幼儿的家长依然能走进我们的课堂,人走茶不凉,成为我们永久的课程资源,以此确保课程中爸妈老师进课堂的内容得以落实。

➢ 从个体性到单位性——单位共建协作制

家长进课堂活动一般都安排在工作日,但家长们工作都比较繁忙,有时时间上会安排不过来,即便是实行了聘约制,也无法解决这一矛盾。此外,随着幼儿的成长和毕业,原有优秀家长资源也有流失的危险:没有在读子女这一纽带,如何维护与家长老师的后续关系,使"曾经的家长老师变成永远的家长老师"。我和老师们就这一问题进行了热烈讨论。

"盈盈妈妈是小学老师,平时要带班,那是否可以与其学校领导进行沟通协调一下呢?"一个老师的话让我眼前一亮:对啊,我们为何不尝试将家长签约这一个体性行为拓展成单位性关系呢?于是,为了使家长能在百忙中安排好工作来园活动,我们尝试与家长所在的单位建立共建关系,与单位领导协调,互助共赢,争取得到领导对幼儿园工作的支持。我们拜访了盈盈妈妈所在的学校领导,说明意图后,校长对于此项工作给予了极大的支持。

单位共建协作制运行后,也给我们带来了另一个惊喜:我们发现,有时即便家长因故不能来,单位领导还应允会派遣其他员工走进我们的课堂,以此拓宽了可以利用的资源,促成了长期合作的愿景。活动后,园方为表示感谢,还会向共建单位赠送锦旗,向家长老师赠送小礼物。

➢ 2012 年欧锦赛的启发——挖掘新人接替制

家长教师聘约制和单位共建协作制的落实,对家长资源的固定化发展注了一剂强心针。但随着实践工作的开展,我们又遇到了新的挑战。为了充分利用家长资源、辐射活动效果,我们非常希望受聘的家长能够分别进入多个班级上课,让"一个班级的家长老师,成为所有班级的家长老师"。但有时候,家长们工作非常繁忙,单位对于其时间协调上也实在爱莫能助,怎么办?大家很困惑。

2012 年 6 月的欧锦赛轰轰烈烈地拉开序幕,吸引了全世界球迷的关注。参加一场球赛,一个球队需要其 11 名队员紧密合作,其中任何一个人缺席都会极大影响到整体的发挥。但意外总不可避免,临场生病、场上受伤等各种状况都有可能发生。面对这种情况,需要一个重要的角色——替补队员。一场球队上场球员需要 11 名,但坐在场边的替补队员则多达 13 名。替补队员是一个团队的后备力量,也是该团队的未来与希望。

由此产生联想,我们也需要不断地挖掘"新人",使聘约的队伍不断扩大,资源库中的家长资源日益丰富。如:除了琳琳爸爸是厨师,我们还找到了另外一个厨师爸爸。旺旺小朋友的爸爸是我园隔壁饭店的厨师,我们尝试着将琳琳爸爸的上课资料给旺旺爸爸参考学习,那萝卜雕刻、萝卜菜肴基本拷贝不走样,旺旺爸爸俨然能胜任并接替琳琳爸爸的角色,有了他人的经验,有了与老师的联络、沟通和共同备课,旺旺爸爸在活动中与幼儿互动游刃有余,青出于蓝。这样,同一个"厨师爸爸进课堂——萝卜真好吃"的活动内容就可以由不同的家长完成,变一枝独秀为百花齐放,新人接替制也使我园的家长资源有了新鲜血液,始终充满生机和活力。

➢ 加强情感联络——交流恳谈慰问制

每年,我们都将召集全体家长老师举行一个恳谈会,一方面,园方汇报利用家长资源开展的各类活动对幼儿全面发展的促进作用和具体的执行实施情况;另一方面,听取家长老师对我们工作的意见、建议和指导;再一方面,通过恳谈,了解思想,联络感情,毕业的幼儿家长也可以给大家传递一些经验,同类型的家长在一起还可以相互交流和研讨,取长补短,同时,恳谈会也是答谢会,园方会送上我们诚挚的慰问和感谢。

➢ 给予过程支持——家园互动备课制

虽然家长进课堂具有不可替代性,但是,也需要教师的专业指导,家园共同备课制,强调的是互动和互补,家长积极展示自己的优势资源和独特技能,教师重点把握活动目标,双方共同设计并完善活动的环节和过程。在活动的组织和实施中,教师、家长和幼儿要实现三方互动。无论进课堂担任家长老师的人选是否是自己班级的家长,老师都应该以真诚的态度与之沟通,以满腔的热情与之互动,以敬业的精神与之研讨,来确保活动中合作的默契,赢得家长对我们工作的支持。

这样做了以后,我们欣喜地发现:

制度保障,确保了课程实施的有效性。由园方介入,在解决问题的同时,形成了一系列确保课程中"爸妈老师进课堂"活动有效实施的保障机制,既使家长老师资源库不断地充实和壮大,也解决了老师的后顾之忧,教师再也无须在每一次活动前花很多的时间用于寻找家长资源,也不会为自己班级没有合适的资源而烦恼。教师把更多的精力用于完善活动方案,用于与家长共同协商备课,用于研读分析幼儿的情况,提高了活动的有效性。

创新机制,确保了家长资源的固定性。当我们开始关注家长与幼儿园课程关系的时候,我们客观地分析了家长的现状,还通过各种途径:家长会、座谈会、听证会、个别访谈、问卷调查、信息反馈等,积极地向家长开展宣传活动,激起了更多家长愿意走进课堂担任教师的热情。我们创新了教育机制,打破了班级、年级制,拓宽了用人的渠道,改善了合作的方式,用我们真诚的执教态度感动着家长,用我们执着的钻研精神影响着家长,不仅实现了幼儿园资源共享,更让流动的家长资源积极地转化成为固定的课程资源。

问题讨论

1. 请仔细思考你这一学年的课程实施状况,你觉得你最需要学校提供的课程资源是什么?请举例说明。

2. 在你的学校,是否也面临着类似"家长资源流动性大"的问题?你们是怎么思考和解决这个问题的呢?

用心发掘教育基地的宝藏[①]

老师和家长心中的顾虑解决了，然而另一个问题又摆在我们的面前：上海有各类教育基地200多个，如何从众多的教育基地中挑选出适合学生学习的教育基地呢？

2012年6月27日的下午，随着一阵悠扬的上课铃声响起，尚文中学每学期一次的校外教育基地实践学习展示活动正式拉开了序幕。

教学楼二楼能容纳200人的报告厅座无虚席，大屏幕上"在社会实践中成长"几个大字格外醒目，今天在此登场的是六年级的小同学。

梅奕来同学：光阴似箭，日月如梭，转眼间，我们在尚文中学学习生活了一年。在这一年中，同学们多次参加了校外教育基地的实践活动，我们在社会实践中获取经验，在社会实践中锻炼能力，在社会实践中成长。

徐梦昱同学：2012年1月9日，我们六年级全体师生参观了民防科普教育馆。馆内为我们展示了地震给人们带来的危害以及遇到地震时怎样逃脱和自我防卫，这让我们受益匪浅。

吉自伟同学：地铁如今已经成为人们出行的重要交通方式，面对高客流的压力，同样也存在着安全隐患，当地铁发生故障时，我们应该科学应对。

李雅凝同学：当我们听到广播里说"某一节车厢有不明物体爆炸，请乘客赶快撤离"时，我的心里也不免有些紧张。只见讲解员与司机通话后转动了紧急开门的按钮，门开了，同学们很有秩序地快步跑向安全出口，有的同学出了地铁还不忘看看有没有落下的同伴。

梅奕来同学：通过教育基地实践活动，我们学会了逃生及自救的技能，了解了各种灾害及其应对措施，更懂得了生命的可贵，以及同学之间的友谊……

---

① 上海市尚文中学梅守真执笔。

在教学楼的大厅正展示着的是七年级上海博物馆实践活动后创作的绘画作品：藏族面具、民族服饰、青铜器纹饰等，以金属浮雕、刮蜡画、剪纸、版画等不同形式设计的青铜器纹样尤为养眼，杯垫设计、靠垫设计、门环设计等作品的展区，被学生围得严严实实。

在操场的一角，八年级的同学也不甘示弱，航模池中正在航行的是"江南造船1号"；"紧急救护中心"正在给"患者"包扎受伤的头部；"交通安全亭"张贴着各种各样的交通标志，并紧张地进行着交通常识小竞赛，你问我答，好不热闹……此时整个校园都沸腾起来了，同学们兴奋不已，积极地投入，喜悦之情溢于言表。

三年来，我校以上海市教委提出的"提升中小学课程领导力三年行动计划"为契机，开展了《社会教育基地资源有效利用的研究》项目的行动研究，通过发掘社会教育基地的资源，丰富学生学习经历，努力践行"二期课改"提出的"拓展学习时空，完善学习方式"的课程理念。

我和我的同事们有幸参与其中，在理想与现实之间行走，在学校课堂和教育基地之间探索，一路艰难而充实地走来，受益匪浅，回味无穷。

一份特殊的假期作业

如果有人问我：在项目研究的初期，你们面临的最大困难是什么？我会毫不犹豫地回答：是学校教师和学生家长的不理解。那时大多数教师的积极性不高，不少老师和家长颇有微词：已经很忙了，还哪有时间去教育基地学习呢？能将课内知识学好就不错了，这不是占用了孩子的学习时间吗？

作为学校教科研工作的负责人，我从一开始也担心这项工作的推进。凭心而论，老师们本身都有繁重的教学工作，整天忙于上课、批改作业、辅导，不少老师更没有开发课程资源的经验，更不要说是开发教育基地的资源了。从传统的课堂授课到在教育基地学习，从利用教材上的现成资源到利用教育基地的课程资源，教师不是单纯把学生带到教育基地就算完成任务，而是要将活动内容融入到课程或学科教学中，这对教师来说确实是一个巨大的挑战。

临近暑期，朱校长给老师和学生布置了一项作业：每位老师在假期参观1—2个与自己学科相关的教育基地，尝试利用教育基地的课程资源设计一份教案，并于开学后第一周交到校长室；每位学生在家长的陪同下，参观1—2个教育基地，写一份参观感想，并于开学后第一周交给班主任。

开学后朱校长并没有马上公布作业完成的情况，而是请来了几位知名专家给教师和学生做了关于校外教育资源开发和利用及培养学生实践能力的专题讲座，并在不久后对老师、家长和学生分别做了问卷调查，结果让人大吃一惊：87.5%的老师对社会教育基地资源的开发是感兴趣的，希望带着学生一起去学习，部分教师还针对自己的学科特点进行了教育基地课程资源开发的设计及构想；91%的家长支持学校组织学生进行社会教育基地的学习，并希望学校能有长期的打算；96.5%的学生愿意参加教育基地的实践学习活动，并希望学校能组织他们去更多的教育基地学习。

良苦用心得到了回报，朱校长以一份特殊的暑假作业化解了我之前的担忧。

一张教育基地菜单的诞生

老师和家长心中的顾虑解决了，然而另一个问题又摆在我们的面前：上海有各类教育基地200多个，一开始我们根据自己的想法，选择了一些我们认为合适的教育基地去学习，实践中我们发现：由于学生的年龄特点和知识基础不同，学生对教育基地的喜爱程度差异很大。如何从众多的教育基地中挑选出适合学生学习的教育基地呢？

我们首先以教研组为单位，遵循“就近选择，注重体验”的原则，根据本学段和本学科的相关教学内容和要求，寻找到与学科相关的校外教育基地，通过网络搜寻初步了解该教育基地的资源结构和内容特色。然后以项目研究小组为核心，借助于实地考察、访谈等手段，对教育基地的资源进行研究，看哪些教育基地资源能与我们的学科结合？这项工作看起来很简单，可真正做起来，费时又费力：要记录大量的教育基地陈列的资料并加以整理；有的教育基地不允许拍照，需要手抄后再整理；对于自己不熟悉的内容还要查找资料加以学习和研究；这样往往一个教育基地就要耗费一两天的时间。回到学校后再对该教育基地内的各种可以与课程和学科教学整合的教育资源进行归纳和梳理，寻找教育基地资源与学科教学的对接点。同时学校德育处对全校学生进行问卷调研，进一步了解学生心目中喜欢的教育基地。

经过一段时间的酝酿、研讨和实践，一张教育基地的选择菜单终于出炉了。

	教育基地	涉及的学科
必选	上海公安博物馆、梦清园、上海城市规划馆、上海科技馆、江南造船博物馆、上海博物馆、昆虫博物馆、上海民防教育科普馆、鲁迅纪念馆、中共一大会址	科学、地理、语文、化学、生命科学、思想品德、历史、美术、体育、物理、探究、拓展、社会
自选	上海档案馆、淞沪抗战纪念馆、孙中山故居、三山会馆、上海龙华烈士陵园、上海书城、绍兴鲁迅纪念馆、复旦大学校史馆、豫园、上海铁路博物馆、上海隧道科技馆、上海禁毒馆、上海科技探索馆、东方绿洲、上海植物园、上海美术馆	

我们最终确立了10个教育基地作为学生实践活动的"必选项目"，并鼓励班级、学生家庭等积极开展"自选项目"，16个自选教育基地资源的选择，拓展了时间和空间，拓展了对象，辐射到学生家长和校外基地教师，形成了校内辅导——实践体验——活动反馈——校内外评价的良性循环模式。

这一份看似不起眼的选择菜单，却是我和我的同事们集体智慧的结晶。

一组组活动项目的设计

真正组织学生到教育基地进行实践活动时，新的问题又接踵而来。我们发现：教育基地资源建设存在较大差异，不少教育基地的资源呈现方式单调，互动性不够。一些教育基地讲解员很少，一个讲解员要一次给四五十名学生讲解，活动场地有限，学生队伍很长，听讲效果很差，甚至有些调皮的学生还乘机取乐。

如何在有限的时间内最大限度地利用这些资源？如何避免学生实践活动流于形式、没有实效？如果能将教育基地资源设计成可供学生选择的一个一个的活动项目，既能完成既定的学习实践目标，又能让学生在探究、体验中去自主学习，那不就是两全其美的好事吗？

项目研究小组的老师又忙碌开了，上网查资料、实地考察，多次研讨交流，集思广益，最后一致认为：将学习单作为学生活动项目的载体，以明确学生在教育基地的学习任务和学习目标。

设计学习单的过程也是一个艰难的过程。

"这个难在要挖空心思。内容多了，学生会忙于寻找答案而影响实践活动的效果，有时还会引起学生的反感；内容少了，学生又会在很短的时间内完成而无所事事。"历史学科林老师这样说。

"学习单的设计要有层次性、梯度性，并根据学生对问题的认识循序渐进；其次，编制的学习单要符合学生的实际，适合学生的学习单才是好的学习单。"地理学科刘老师这样说。

"通过完成学习单使学生意识到，要解决学习单上的问题不实地考察不行，考察不仔细、不思考不行，思考不深、不透彻同样不行。"科学学科邵老师这样说。

"学习单的设计既要考虑激发学生的兴趣，又要考虑与学科教学的结合；既要切合基地资源本身的实际，又要符合课程目标要求，使学生的实践活动课程化，更好地为学科教学及课程建设服务。"我也发表了自己的观点。

我们经过不断讨论，反复修改和完善，充分考虑相关教育基地的资源结构特点、与学科教学的结合以及不同年龄学生的学习兴趣、学习能力的差异，设计了有针对性和适用性的学习单近30份，共完成了"必选"教育基地的20多个"活动项目"，以满足不同层次学生的学习实践需求。

一组组鲜活的活动项目为学生实践活动的有效性提供了保障，也让我和我的同事品尝到了辛苦耕耘后的累累硕果。

艰难的过程带来的是快乐的收获。三年来学校以"社会教育基地资源有效利用的研究"项目研究为载体，带动一大批教师投入到教育基地资源的开发中，这些教师对相关教育基地内的各种可以与学科教学整合的教育资源进行归纳性梳理，深入了解和分析该教育基地的课程资源，依据各学科《课程标准》的要求和各教育基地的资源特色，研究学科教学与教育基地资源的对接点，设计了一组组学生乐于参加的活动项目；利用教育基地资源对课程内容进行补充、拓展和完善，并将教育基地资源运用到课堂教学中，丰富了课堂教学内容和教学方式；将教育基地资源应用到校本课程的建设中，设计和开发了与教育基地资源有关的拓展型课程和探究型课程；教师开发校外课程资源的意识大为提升，教师的课程资源开发能力和课程实施能力明显增强。

三年来我们用心去发掘教育基地的宝藏，不仅带来了教师思想观念的改变和课程意识的提升，而且拓宽了学生的学习渠道，给学生带来了丰富的经验和体验。教育基地实践活动成为学生喜欢的学校生活之一，满足了学生多样化发展的需要，为陶冶学生情操、提高实践能力、形成个性特长，搭建了探索的平台。我们欣喜地发现：学生的兴趣广泛了，他们爱观察、爱动手、爱思考，无时无处不显现着学生们自主求知的热情，学生的综合素养得到进一步提高。与此同时，教育基地中所蕴含的课程资源也极大的丰富了学校课程，学生将在实践活动中收获的知识和经验带入课堂，学生有话可说了，我们的课堂资源丰富了，课堂充满了灵动和智慧。

这样的经历，无论是我和我的同事，抑或是我的学生，都会终生难忘。

问题讨论

1. 你认为将教育基地资源服务于你的课程，可能会遇到哪些问题？
2. 请从以上问题中任选一例，尝试设计一份解决方案。

信息化平台为谁而建①

学校该为谁搭建信息化平台，为谁打造数字化校园？为什么我们经过六年五轮信息技术与课程整合攻坚战之后，在我们踏踏实实地开展信息技术环境下的课程教学资源共建共享的研究之际，还会有人质疑：你们的学生体验到的、经历过的课程到底如何？

2010年6月，晋元高级中学申报的上海市提升中小学课程领导力自选项目《基于信息技术平台的高中课程教学资源共建共享研究》获准立项，这可谓学校教育改革的一大喜事。然而，欣喜之余，大家却感觉轻松不起来。要知道，作为上海市首批实验性、示范性高中，多年来，学校教育教学改革一直以勇于探索、敢于创新的面貌与姿态示人。学校以"学会选择，主动学习，卓越发展"为办学理念，探索了"套餐式课程"、"走班制"和"学分制"一整套较为完善的办学模式。尤其是在2005年以来，学校领导班子敏锐地感觉到信息化浪潮对学校教育的冲击，结合新的办学需要，又进一步明确提出"以信息技术与课程整合为抓手，全方位推进学校教育教学改革"的办学思路，学校由此连续六年开展了五轮信息技术与课程整合攻坚战，学校基本形成了信息技术支持下的课堂教学特色。在此基础上，新的行动研究项目必将把学校带入新的创新时代。

2011年9月，在晋元高级中学提升课程领导力行动研究项目中期汇报会上，专家在充分地肯定学校的实践研究成果的同时，也提出一个问题——"学校信息技术平台建设中，教师实施的课程做得很好，但学生领悟到的、学习到的课程做得不够"，这使得我们思考，在平台的共建共享中学生的收益似乎不大。中期报告会后，围绕着"建设与完善信息技术平台以满足学生需求"的主题讨论，课题组内产生了严重的意见分歧。一部分课题组成员主张继续用满足学生学习需求的课程资源丰富完善原有的已使用多年的学校信息化教学平台，可谓"改造派"，一部分课题组成员主张打破原有的学校信息化教学平台的"五环节"模式，重构信息化教学平台，将它打造

① 上海市晋元高级中学徐嵘执笔。

成魔灯平台、维基平台等多个平台的综合体，可谓“重构派”，但无论改造或重构，大家似乎都没能很好地回答专家的提问。

面对专家的疑问，面对课题后续研究思路的纷争，晋元高级中学王丽萍校长陷入了沉思中。学校该为谁搭建信息化平台，为谁打造数字化校园？为什么我们经过六年五轮信息技术与课程整合攻坚战之后，在我们踏踏实实地开展信息技术环境下的课程教学资源共建共享的研究之际，还会有人质疑：你们的学生体验到的、经历过的课程到底如何？

高中课改关键词之一：思考、学习与研讨

面对困惑，我们的研究可能需要稍稍放慢脚步，深入思考，加强认识，聚焦目标，统一共识。我们面临的困惑，本质上是一个课程为谁而设、教学为什么而教的问题，在解决困惑的过程中，学校课程思想力得到了提高。

2011年美国“新媒体联盟”发表的《地平线报告》让王丽萍校长眼前一亮。她意识到学习与探讨将会是解决我们对课程建设的困惑的一个很好的手段。随即，学校领导班子带领教师开展了关于课程改革的学习。我们先后学习了《地平线报告》、《2010地平线报告基础教育版》以及《为了中华民族的复兴——〈基础教育课程改革纲要〉》、国家和上海市《中长期教育改革和发展规划纲要》等课程改革纲领性文件与前沿动态，也学习了《课程与教学的基本原理》、《课程的逻辑》等基础知识。同时，我们首先在全体课题组成员内部，其次在全校教师范围内召开了学习心得交流会。通过学习、交流和讨论，老师们逐渐认识到：越来越多的教和学发生在教室之外，技术在改变我们的教学环境、扩大学生的学习课堂的同时，无处不在的分享与参与正在转变着我们的课堂教学方式，以学生发展为本，仅仅为学生提供最好的设备设施是不够的，仅仅转变教师的教学手段与方式还是不够的，以学生发展为本，关键在于将满足学生的个性化学习需求落到实处，在于我们要积极思考如何创造一个个性化的学习环境，促进学生自主学习，满足学生随时随地的学习需求。

高中课改关键词之二：反思、颠覆与决策

教育的改革与推进，就在不断的学习、思考、讨论、碰撞、顿悟、行动、反思中，循环往复，不断前进，蜕变的过程是缓慢的，甚至在我们不知不觉中，变化发生了，新的课程决策产生了。

2011年10月21日项目组召开了课题中期汇报会后的第2次会议，会议中，我们在反思：我们过去课程改革的步伐是不是还不够彻底和大胆，以学生发展为本到底具体体现在什么方面？会上还有一个好消息传来：区教育局拟加大对全区部分试点学校信息化环境的资金投入以进行硬件改造，我校位列试点校之一。热烈的讨论之后，王丽萍校长提出了“颠覆”一词：“根据课题‘共建共享’理念，决定将学校已有的教学网络平台进行改造，在原有基础上进行50%的调整、优化、整合甚至可以是颠覆，要借用外力。”在这次会议中，“颠覆”一词第一次被提了出来。这个词意味着什么？在当时，很多项目组成员并没有料想到。但实际上，王校长已经在头脑中产生了一个新的工作思路，那就是：为学生专门搭建一个学习平台，完全按照学生的学习需求来建设。

2011年11月底，学校项目组联合学校信息中心考察了目前市场上已有的教育平台开发状况，在专家的推荐和引见下考察了上海市一些信息化教育程度较高的学校，并和一些软件开发公司开展了接洽，定下来的方案是：寻找软件公司为学校度身订做平台，内容由学校决定。在此之前，我们一直纠结于究竟是“改造”学校原有的课程资源平台，还是“重构”整合学校的各个平台，无论是“改造”，还是“重组”，似乎都不能回答“课程资源建设如何实现以学生为本”这个问题，课题研究仿佛进入了一个高原期，徘徊不前。学校领导的这个决策，对整个课题研究而言，无疑是一个有着重要意义的突破。

高中课改关键词之三：整合、执行与推进

美好的课程改革愿景摆在眼前，课程决策新鲜出炉，行动势在必行。有句话说：竞争的优势，并不在于你知道如何做好事情，而是你是否具备做好这些事情的执行力。在决策的驱动下，晋元全体教师迅速应对变化，解决不断出现的课程改革新问题，学校课程执行力得到极大的提高。

随着平台建设决策的出炉，新的争论又出现了。课题组在讨论采用哪一种平台建设方案时，意见有了分歧。方案一，购买有学习内容的平台，好处是我们只要付钱，就可以为学生买回很好的学习设备和软件，学习内容是现成的，这样做可以大大免去了教师开发资源的诸多麻烦，也将大大加快课题研究进程。然而，这个平台的弊端也是显而易见的。除去大笔的购买费用不说，这个平台在满足晋元高级中学学生个性化学习需求方面，面临着很大的质疑。方案二，向软件公司定制一个平台框架，由我们自主开发网上教学资源与网上课程内容。这个方案，对学校和全体教师

来说，是一个巨大的挑战：教师要投入大量的时间和精力开发新的课程教学资源，同时还要保证平台资源的质量、丰富性和多样性。但是如果我们接受挑战，采用第二个方案，我们肯定会在满足学生的个性化学习需求方面有所作为，学生将会是最大的受益者。前思后想，课题组觉得困难重重，没法做出决定。这时，学校领导班子提出了一个观点：整合。整合一：借助软件公司的技术，整合我们的课程改革思路，利用外力打造有晋元特点的学生自主学习平台；整合二：借助学校已开发成熟的信息化教学平台中已有的课程教学资源，对资源进行二度开发，形成我校教师自主开发的符合学生学习需求的课程教学资源，同时购买部分软件公司的教学资源，将这两部分资源整合进入学生自主学习平台。

方案既定，每个部门各司其职，投入了紧锣密鼓的方案执行与实施中。发展研究室负责平台栏目的设计，在语文、英语、地理、物理等试点基础型课程学科要求的基础上，整体统筹各个栏目名称、位置、功能定位、技术支持等；信息中心组负责寻找、接洽软件公司，将学校的平台建设要求从技术角度与专业公司沟通，为课题研究提供专业技术支持；各试点学科则密切联系软件设计人员，提供学科教学材料，从学科角度检验平台功能是否达到学习需求。很快，平台建设方案获得区教育主管部门的批准与资助，经过多次会谈、项目招投标、平台设计并交付检验、学校提交反馈意见、公司修改平台、再试用、再修改等反复实践，学校具有个性化特征的学生自主学习平台初见雏形。

2012 年 6 月，经过四个试点学科的先期开发与使用，学校领导决定将平台资源的开发与使用推向更多的学科。课题组会议决定，以一次课题成果展示活动为契机，将课题研究深入推进。王校长明确指出：课题组在向全体教师汇报课题研究成果时，要“在介绍课程共建共享的过程中注重指导，指导今后教师可以怎么做。比如，平台每个栏目为何开设，如何使用，英语学科听说课程网上走班怎么运作的，物理学科的栏目是怎么建的，怎么用的，用了有什么感想，要让老师在对我们的工作有了解的基础上，今后要共同参与”。可以想见，今后，学校基于信息技术平台的课程教学资源共建共享行动研究还将继续……

为迎接信息化时代的到来，晋元高级中学在《实验性示范性高中办学方案》中明确提出“学校将确立以现代信息技术为基本特征的课堂教学环境，为学生掌握和获得现代信息技术提供一切方便”。十多年来，在这个方向的指引下，晋元高级中学的课堂、教学、课程、环境、教师、学生等均发生了巨大的变化：从教师教学手段的信息化，到课堂环境的信息化；从教师教学方式的转变，到学生学习方式的转变；从教研空间的转换，到课堂空间的转换；从连续六年五轮信息技术与课程整合攻坚战，到探索优质课程资源的共建共享。每一次的变革，学校都仿佛历经了凤凰涅磐、浴火重生般的痛苦，在一次又一次面对困惑、解决难题、新的问题再次衍生、再次反思、重新行动的过程中，学生的个性化学习需求越来越在学校的办学过程中得到体现和落实，学生在满足个性化学习需求的数字化环境与氛围中获得了多元发展、个性发展和卓越发展，而这，正是我们办学目标之所在。

问题讨论

1. 在你的学校，信息化平台是如何被利用的呢？

2. 你认为在你的教育教学实践中，信息化平台发挥了怎样的作用？试举例说明。

过渡期：办学新起点[①]

在外校过渡没有校舍建设带来的安全之忧，但随之而来的是管理上的困难，更何况一所学校的凝聚力分散易、聚合难。一番艰难的思想斗争后，我毅然决定：想方设法在本校过渡。

2009年夏，我初到杨浦高级中学，网络论坛就有流传，说我校主教学楼(第一教学楼)因周边地铁施工造成墙体开裂而成危房。此事引起杨浦区政府领导的高度重视，经视察和勘测后，区政府作出了“主教学楼晚拆不如早拆”的论断。在陪同领导视察学校，以及接待来宾访问过程中，我们早已形成一条游览校园的经典路线，沿线翠柏挺立、绿草成荫、小鸟叽叽喳喳，环境不可谓不美。正如大学的根本在“学”不在“大”，作为一名校长，我深感一所学校最美的“风景”应该在课堂中，在师生的书卷里，我们不能只呈现给来宾绿化和校舍，学校的内涵必须有所发展，其中的关键是课程资源的开发与教学质量的提升。

校舍可以过渡，学生决不能“过渡”

在杨浦区委区政府作出拆除主教学楼的决定后，在哪里进行过渡随即被提上议程，在区教育局的协调下，初步计划三个年级分别在三个地方过渡。在外校过渡没有校舍建设带来的安全之忧，但随之而来的是管理上的困难，更何况一所学校的凝聚力分散易、聚合难。一番艰难的思想斗争后，我毅然决定：想方设法在本校过渡。

身为校长，我把办人民满意的教育作为履职目标，学生要满意，教师要满意，家长也要满意。学生的高中生活只有一次，校舍可以过渡，学生决不能“过渡”。过渡期的教学质量和管理水平不仅不能过渡，而且要更上一个台阶，其中的艰辛让我寝食难安，在临时教室的规划中，终于捕捉到一个发展的契机。

① 上海市杨浦高级中学向玉青执笔。

布局是临时的，规划必须是长久的

既然在校内过渡，首先必须解决教室的问题，这也意味着学校的布局必须调整，而且要考虑学校长久的发展。经测量和计算，原图书馆、阅览室和物理创新实验室的建筑面积总和，与高一、高二的二十四间教室的总面积相当，并且与理化生实验室、计算机机房同处科技楼，便于教学工作的开展，是临时教室最合适的布局点。接下来的工作便是为图书馆寻找替代空间，利用率不高的原国际部食堂进入我的视野，经过三个月艰难的谈判，与承租方提前两年解除协议。再经过友好协商，与林李公司提前十年终止租赁协议，收回艺术楼。

我们首先将国际部食堂改建成一座集藏书、阅览、教师备课、学生自修于一体的多功能图书馆。图书馆整体搬迁新址后，一个暑期就完成了二十五间临时教室的改造，至此完成高一和高二年级安排在科技楼临时教室过渡，高三仍在第二教学楼的教室布局。在改造临时教室时，将同处科技楼的一间废弃的语音室改造成"英文原版情景视听室"，将电教室改造成"中外名著导读室"，在新图书馆二楼设立"图书馆影视天地"，初步完成人文社会类活动室的布局。

接下来对艺术楼进行了简单的装修，将原物理创新实验室闲置不用的仪器在艺术楼三楼重新布置，建成"动手、动脑物理开放实验室"，并对拥有二百八十余件珍贵动物标本的陈列室进行了规划，建成"生物观察学习研究室"，同时将机器人室迁入艺术楼。民乐演奏室一并迁入艺术楼，对二十间钢琴房进行了整修，完成二十台钢琴的修理和调试，开设合唱团的专用教室，至此基本完成理科拓展实验室和艺术活动室的调整。

设施是有限的，人的发展是无限的

"百年大计，教育为本；教育大计，教师为本"，学校发展的核心动力是教师，在一系列硬件设施完成调整和布局后，相关课程的开发和运作刻不容缓。经研讨后，我决定：以三年为一个周期，坚持以项目驱动为抓手，以名师引领为契机，力促骨干教师团队的建设和专业化发展，打造一系列精品课程，为学生选择性学习提供平台，为自主学习和探究的日常化提供重要保障。

正所谓"名著影响人的一生"，"中外名著导读室"利用网络、影视等多种手段，将人文经典作品以不同的方式呈现给学生，重在培养学生的整体的人文意识和人文素养。不单纯着眼于学生的阅读，而且应该将阅读、赏析、思辨与人文素养的培养完美结合，以不同的方式与创造经典的大师进行精神对话。成立至今，已开展了人文经典讲座、读书交流会、作品推介、经典戏剧影视作品赏析、文学社研讨等系列活动，形成校本教材、讲义、学生优秀作文、诗歌、书画和校文学刊物作品等成果。

"中外名著导读室"最初开展活动可谓困难重重，书不过百余册，环境至多称得上整洁。老师积极性不高，准备一次讲座的时间可以用来备几周的课，还可能被同事嘲弄为"不务正业"。"语文学习的外延等于生活"这句话看来学生是有所感悟的，导读室开设的初次讲座就引爆全场，参与的老师不得不惊叹："四十分钟外，可以有别样的风景。"

起初建设"动手、动脑物理开放实验室"时，并不被老师看好，设备不先进，不过是一堆闲置了两三年的"废铜烂铁"，比不得动辄上百万元建设费的创新实验室，怎么能吸引学生？第一次活动十余人，还是老师组织的，这样不温不火过了一个多月，老师开始喊累了，参与的学生多了，而且是口口相传慕名而来。三十二项趣味实验，五位指导老师尝试培训了二十五名学生讲解员，利用中午、放学后、活动课等时间进行科普物理知识的讲解，并组织学生参与一些趣味活动和设计。以此活动为基础，指导老师和学生共同编制校本教材《有趣的科学实验》。

此外，民乐队、合唱团开展了四十余项专题音乐活动，三百余人次参与"英文原版情景视听室"组织经典电影赏析、英语配音、英语演讲、课本剧表演等活动。2011年，累计四十二名老师直接参与选择性学习平台的建设，指导学生参加征文、英语演讲、青少年科技创新等活动，获市区一、二等奖五十多项。

适合学生发展的课程资源，就是好的，学校的硬件建设固然重要，但也是为了驱动学生和教师的发展。选择性学习平台的建设经历，让我实实在在体会到了"学校发展的主体是学生，学校发展的核心动力是教师"这句话的分量。

艰难过渡期，成为学校发展期

古人云：前人栽树，后人乘凉。从前任校长接手学校时，办学质量已经达到一定的高度，我提出了"在继承中求发展，在发展中求创新"的办学指导思想，这一思想同样适用我们目前正在开展的课程资源整合与课程建设工作。各实验室和活动室已经运转了一个半学期，课程的建设和管理需要升级，与信息管理平台的整合正在实施之中，课程的评价体系需要在摸索中构建起来，后续课程开发需要在深度和形式上有所突破。同时已完成建设的"生物观察学习研究室"即将投入使用，与高校合作创建的"物理自主设计创新实验室"、"化学创新实验室"也都在规划之中。

我想：作为校长，眼中看得到问题、心中想得到事情、手中有办法，过渡期也能成为发展期。

问题讨论

1. 你所在的学校曾面临过什么样的发展关键期？请简要描述。

2. 回忆一下，在你的课程领导经历中，曾面临过哪些困难与问题？你当时是如何解决这些问题的？

本章感悟

本章感悟

第6章

课程评价:促进学习

为什么我们推崇的教师却获得学生这样的评价?

雷同的答案能反映幼儿怎样的自我评价发展水平?

我也不知道上什么课,去听了就知道啦……

把分数册上那些枯燥的数字与学生姓名一一对应起来以后,

我顿时陷入了迷惘:为什么会这样!

打开学生思维的“黑箱”①

究竟学生的思维方法是怎样的呢？有没有一种技术可以用来还原学生的思维过程，以便于教师能够更直观地了解学生的思维态势呢？

经过科学研究和积极探索，从2009年伊始，我校积极以“学习素养”为核心的学校课程构建，将教育教学改革的着力点与课程实施突破点聚焦在“学习素养”这一核心上。经过学情分析，我们认为提升本校学生“学习素养”主要是集中在学习意识、学习技能、学习方法、学习品质四方面。而在如何指导学生掌握一定的学习方法过程中，我们遇到了瓶颈，究竟学生的思维方法是怎样的呢？如何开展对学生学习过程的评价，尤其是如何对学生解决问题的思维过程进行评价成为提升学生学习素养的亟待解决的难题。有没有一种技术可以用来还原学生的思维过程，以便于教师能够更直观地了解学生的思维态势呢？这样做可以转换评价视角、改进评价方法、丰富评价功能，改变原先评价只重学习成绩、只看学习结果的弊端。

决策者的姿态，更是研究者的态度

2009年年末，我赴美参加上海市教委“影子校长”培训，我被Ron. Steven教授研发的IMMEX先进技术和理念所吸引，这项技术正是我苦苦寻觅的良方。IMMEX即“Interactive Multi Media EXcercises”的缩写，简称“多媒体互动测训”平台。Interactive强调“互动、交互”，指的是记录学生解决问题的思维过程，教师则通过数据解读学生的思维，师生体现交互的作用。Multi Media则是多媒体的意思，就是它通过创立一个激励学习的软件环境，借助于先进的教育技术手段将学生隐含在脑海中的解决问题的思维过程，通过直观的手段展现出来，EXcercises主要是通过数学

① 上海外国语大学附属大境中学姚晓红执笔。

模型进行有效的量化来进行评估，强调的是问题集的演练及操作。我牢牢记住了这三个关键词：交互性、多媒体、问题集。

我下定决心要引进IMMEX项目，我自己逼迫自己首先要成为一个专家。我在研究中，查阅了大量IMMEX文献资料、思维的理论书籍、学习人工智能神经网络聚类等科学统计方法，并对数万条实验数据进行具体分析和分类比较，从中寻找数据、图表背后所蕴涵的意义，通过数据挖掘、数据解读、数据建模科学建构思维过程和思维策略的评价内涵和框架。我认为，评价的设计是研究的重点和难点。在我熟悉了IMMEX工具的使用和功能后，我发现美国母题不完全符合我们学生的学习实际，必须进一步积极研发IMMEX国内问题集即IMMEX—China(以下简称IMMEX-C)，更甚者要体现本校学生的思维特点，体现我们的交互性。根据我的设想先从自己所任教的化学学科先试点，然后以点带面推进IMMEX在大境的校本化、学科化的研究方向努力。

任何一项技术直接拿来、简单应用并不难，现在我国的教育信息技术已经可以接纳先进工具和技术，但是立足学校课程和教学实际，与学校的教学与评价整合，进行再加工、再设计、再创造，为学校课程建设服务，为学生全面发展服务，无缝对接才是技术的最关键的部分，要为我所有，而不是为了技术而技术。IMMEX的研究要紧密结合教学实际，需要在校长带领下倡导教师研究团队的共同研发、智慧实践和创新探索。虽然，身在美国，但是我内心雀跃不已，为了能够更深入了解学生的思维，我一定要将IMMEX进行到底。

教师不仅是应用者，更应该是开发者

我认为，校长在课程研究中不仅是负有行政领导管理的职责，更应发挥学科专业引领的作用，找准研究的切入口，找准问题的突破口，使研究更有针对性、有效性。同时校长身体力行、勇于探索，将有力地推进学校课程研究的深入。基于IMMEX-C评价研究，需要构建能反映学生问题解决过程和测试学生问题解决思维能力的IMMEX问题。IMMEX问题集编制是评价的基础，也是影响IMMEX评价科学性的重要因素，适合国内学生的IMMEX问题很少，高中问题集更少，我迫切地感到：要做好研究，必须要进行IMMEX国内问题集的研究开发。

为此，我积极组织教师开展学习培训，对IMMEX美国问题进行学习研究，提炼IMMEX问题的关键要素。在经过教师自身介入完成美国原题后，我们发现，IMMEX问题属于一个结构不良好的问题。在问题描述中，IMMEX问题并不是把所有的初始条件给学生，在“问题描述”中把需要解决问题的目的要求给学生，信息和数据等都不直接给定，尤其是精心设置了大量干扰信息、无关信息、拓展信息等，需要学生从众多信息中选择对问题解决有用的信息，提炼关键信息，培养学生对信息的分析、选择和推理能力。

结合自身化学学科的优势，化学组开始尝试进行 IMMEX 问题的编制，开发出了第一个大境 IMMEX 问题，并以化学学科为引领推进物理、数学等学科的共同研究。

评价学生不仅看结果，更看重思维的过程

较之引进，本校题集的研发，在分析学生的数据时，面对各种不同学生的思维回路图、思维策略图如何进行科学评价解读可能是重中之重的环节。通过对学生思维的解读，借助针对本校学生的问题集，我们做到了知其然知其所以然。不再是原先停留于学生思维黑洞外徘徊了。

每一个问题集学生们做好后都有成千上万的图表、数据。IMMEX—C 系统对学生信息项的选择情况真实记录了学生问题点击的与否、先后顺序、次数多少等，评价数据说明什么、能否建模、分类？洞察学生解决问题思维足迹，利用可视化的图形形式描绘出学生在题目信息项之间“游走”的过程，真实、客观评价不同学生解决问题的思维过程。学生的思维过程可以通过“思维回路图”、“思维路径图”等可视化评价，我校针对思维回路图中两个关键变量“步长”、“回路”的多少变化情况，就学生解决问题的思维过程“四种状态”进行了评价设计，即“思维混沌状态、思维谨慎状态、思维跳跃状态、思维敏捷状态”，如图 1 所示。

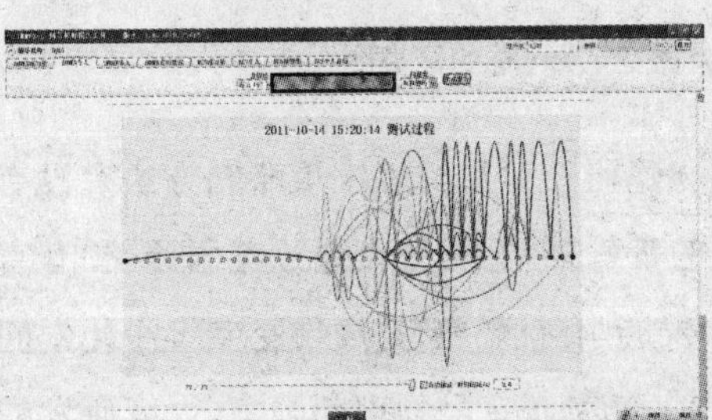

步长：68　回路：13.5　思维混沌状态

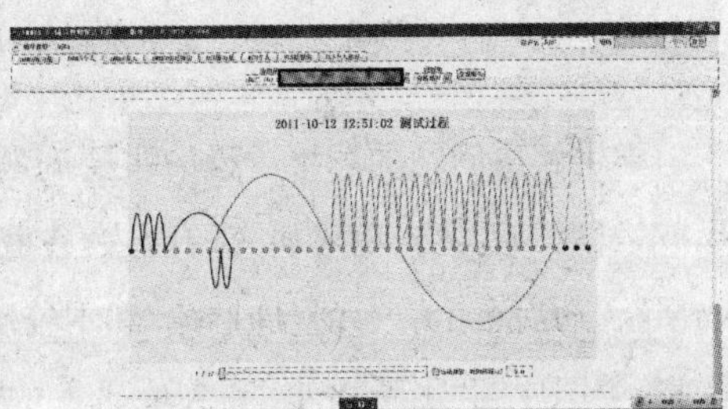

步长：31　回路　2.5　思维混沌状态

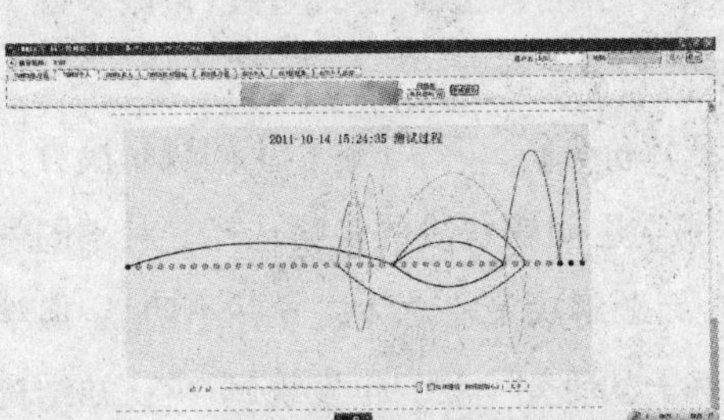

步长：14　回路：4.5　思维跳跃状态

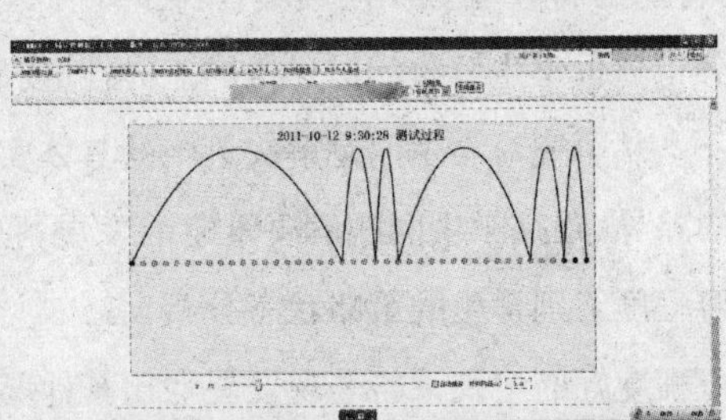

步长：6　回路 0.5　思维敏捷状态

图 1　四位学生在“有机燃料”问题中的思维回路图

IMMEX识别学生问题解决的信息，通过策略表现图（Strategic Performance Map）以及基于人工智能神经网络等技术，对学生解决问题的思维过程进行具体分析或聚类分析，分析评价学生解决问题的思维策略。针对学生的聚类分析，对学生问题解决思维策略"四种状态"进行了评价设计，即"策略缺失状态、策略复杂状态、策略依赖状态、策略可行状态"。而在情境、开放、互动的问题集中，学生运用所学知识，对信息进行筛选，发现解决问题的规则和关系，选择科学、可行、有效的思维方法。

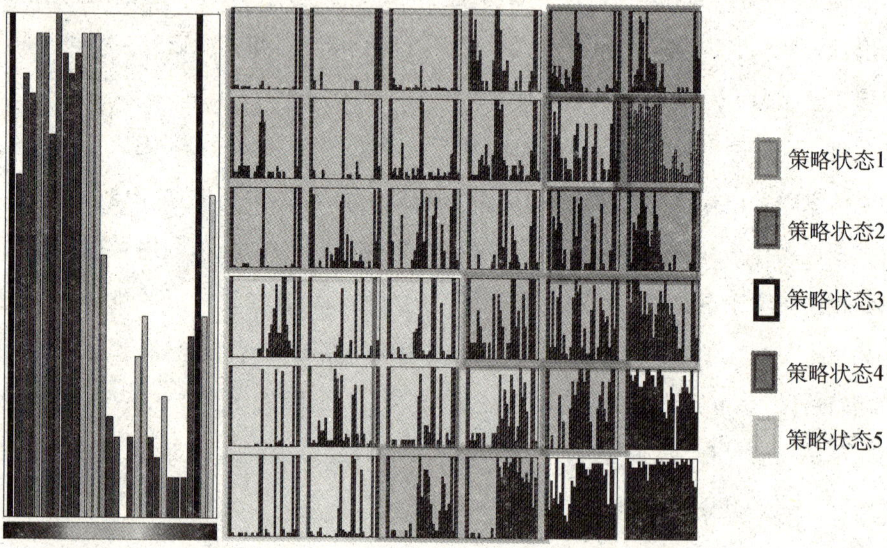

图2　高二4个班解决"废物变宝"问题的聚类图

学生解决问题的思维过程的主要问题和障碍在哪里？思维策略和方法有没有形成、发展和稳定？随着研究的深入，在我的带领推动下，我校通过美国原题"有害物质"、"劫后余生"、"元素周期律"和本校研发的"有机燃料"、"废物变宝"5个化学问题集，美国原题"飞跃火车"和大境研发的"跳水运动"2个物理问题集，大境研发的"行船经商"1个数学问题集，就在不同问题集中学生、班级间思维过程、策略表现来分析评价学生解决问题思维的差异性、发展性和稳定性。

从研究对学生问题解决策略的具体实证评价分析，可以了解学生问题解决方法的差异，跟踪学生问题解决策略的发展，预测学生问题解决的策略选择。对不同学习程度组别学生的策略状态分析，各组学生问题解决策略总体差异并不明显，但学习程度好的组别策略表现发展性比其他要好。从研究中我们也发现，学生认知结构的局限、问题理解的欠缺、信息筛选的不足、方法策略的缺失、自我控制能力不足等因素，都对学生问题解决产生影响。

2012年5月17日上海市提升中小学(幼儿园)课程领导力行动研究项目大境中学《基于IMMEX优化学生思维的教学与评价研究》展示研讨活动在我校举行。本次活动汇聚了来自美国的专家以及IMMEX中方项目组成员，还有来自市、区的专家和兄弟学校同行。我就学校开展的IMMEX－C情况作了题为《基于IMMEX－C优化学生思维的教学与评价研究》的主题发言，全面介绍了学校基于IMMEX－C评价设计，构建基于IMMEX－C学生问题解决思维过程和思维策略的评价框架和标准，结合美国IMMEX原题和学校研发问题集开展教学，基于IMMEX评价的教学研究等方面的经验交流。

回首来时路，我感触颇深。技术要为人所用，作为教育者更关心的是怎样为学生服务。技术不能仅局限于技术本身，更重要的是教育者要以开发者的姿态介入到技术的再开发过程中，关键还是为学生所用，用技术了解学生，用技术服务教育，而我，更要以一种研究者的姿态参与到全程中，带领一个团队研究、实验、开发，为了每个学生的更好地发展。

问题讨论

1. 你了解自己的课程领导目标吗？如果答案是肯定的话，为实现该目标你曾作出何种努力？

2. 当你的个人目标与学校发展目标出现冲突时，你会如何解决这一冲突？

学习评价岂能一考了之![1]

当期末考试的成绩摆在我面前时,我心目中最优秀的小胡同学考卷上的分数却让我大跌眼镜,甚至有些让我失望!把分数册上那些枯燥的数字与学生的姓名一一对应起来以后,我顿时陷入了迷惘:为什么会这样!

又是一个学年的结束。同学们纷纷打开自己的资料袋,认真翻阅着两年来在科学学科学习中留下的每一个印记,回忆着学习过程中给自己留下深刻印象的一个个环节,他们或舒心微笑,或长吁短叹,不时还与同伴议论几句,特别是小胡同学自信地欣赏着自己的一份份资料,自豪之感溢于言表。看着同学们灵动而欢快的表情,我更加坚定了自己的信念:学习评价决不能一考了之!

(一) 迷惘

我任教初中六、七年级的科学学科。回忆起自己任教的经历真可谓是百感交集呀!由于学科本身的特点,课堂教学中生命科学、物质科学、地球宇宙与空间科学的多学科的很多基础性的知识都是我们要探讨的内容。由于课堂教学中涉及的知识面特别广,所以对学生的学习要求比较高。任教的一班中有一位小胡同学,课堂上她积极参与,几乎每次提问都能看到她高高举起的右手,别人回答不了的问题她也能略知一二;实验课上她表现也很突出,动手能力很强,实验操作总比其他同学熟练很多;探究活动中她思路敏捷,讨论中总能占据主导地位。表现如此突出的一位同学,作为任课老师,我自然是格外地喜欢她。在我的心目中,小胡无疑是一班中最优秀的学生!好好培养一下说不定将来会成为优秀的科学家呢!

我按部就班地上着我的科学课。每天认真备课,精心制作 PPT,尽力准备学生实验,作为一名“副课”老师,我觉得自己无疑是称职的,甚至还觉得是优秀的。但是学期结束了,当期末考试的成绩摆在我面前时,我心目中最优秀的小胡同学考卷上

---

① 上海市尚文中学宋丽华执笔。

的分数却让我大跌眼镜,甚至有些让我失望!把分数册上那些枯燥的数字与学生的姓名一一对应起来以后,我顿时陷入了迷惘:平时那些闷声不响、课堂上表现不太积极的几位女生却考出了优秀的成绩!为什么会这样!

(二) 彷徨

一直以来科学学科是通过期末考试给予学生学习评价的,周围的同事也都一直是这样做的,尽管我不知道同事任教的班级中有没有像小胡这样的学生,但也没见到有谁对这样的评价方式提出异议。

静下心来思考,毫无疑问,“一张考卷定终生”的传统学科评价方式太过单一,显然是不合理的。仅仅根据一次考试成绩就决定学生是否优秀对很多学生而言是很不公平的。根据多元智能理论,学生在智能方面的表现不是均衡分配的,小胡同学就是一个很好的例子。课堂上学习态度很是积极,知识面也很广,动手操作的能力也很突出。但从期末考试的试卷分析可以看出,小胡的概念掌握不够扎实,一些专用名称书写有误,说明她可能短时记忆能力较强,但长久的有效记忆有所欠缺。文字表达欠佳,综述题回答得不到位。数学计算能力也差一些,考卷中的计算题目正确率不高。正因为这些,导致她在考试中分数并不理想。很显然,根据这张考卷上的得分就评价小胡科学学科的学习成绩中等的话绝不合理!可几年来对“副课”的学习评价不都是只要求一次考试吗?周围的同事都是这样做的,我又能怎么办呢?更何况要改变现状可是要付出一番心血的呀!算了,多一事不如少一事,不想它啦!

(三) 尝试

就像小胡同学与我有着某种机缘一般,期末结束时我多次在走廊里遇到她。每一次遇见小胡的时候,我的脑海中都会不由地问自己:她真的不是优秀的学生吗?对于摆在面前的问题,我该漠然视之吗?一连串的问题不断地拷问着我。经过一番思想斗争之后,我决定在我任教的班级中对科学学科的评价尝试着进行一些改革。

在图书馆查阅了大量资料之后,我利用寒假的时间初步制定了一套科学学科评价的方案。采用期末考试与平时考查相结合的方法,我决定增加对学生学习过程的考评。把作业的完成情况、实验操作的技能、参与课堂活动的表现、具体问题的解决能力、与人合作的能力等方面进行评定,然后参照事先制定的量规,根据学生的表现,给出各考查项目相应的得分,最后汇总期末考试与平时考查的分数,得出一个总的学期综合得分作为学生一学期学习情况的评价。我具体的计划是这样的:

1. 评价项目及分数分配

期末测试与平时考查各占50%的分数。期末测试根据学校统一要求参加考试，平时考查则先由老师制定考查的评分标准，再请不同学习能力层次的学生代表共同商讨，综合参考来自不同层面的学生的意见与建议之后，我制定出了考查项目评分要求。

2. 评价项目说明

期末考试：根据学校统一要求考试，考卷分开卷与闭卷两部分，满分100分，折合成综合得分的50%。

书面作业：学科配套练习册上的作业按5分制批改，汇总每次作业的得分取平均数折合成综合得分的20%。

实验操作：根据上海市初中科学学科课程标准的要求，对实验操作技能中的①酒精灯的使用②使用量筒量取一定体积的液体③使用温度计测量液体的温度④普通光学显微镜的使用⑤组装仪器进行过滤共五项技能进行考试，每项满分2分，共10分。学生自行选择考试时间，可以利用平时实验课的时间，也可以利用课间或其他的休息时间与任课老师或实验员取得联系进行考试。

参与课堂活动：学期结束时采用自评与互评相结合的方式评价学生参与课堂学习的表现，给予5分制的评价得分。

拓展知识学习：学生自主选择与教材内容相关的知识进行拓展学习，以资料摘抄与自我体会相结合的形式呈现学习报告。根据报告的质量给予5分制的评分。

主题探究：教材中都安排有探究性学习的内容，如：小金鱼适合生活在怎样的水中，高速行驶的电梯中人的失重与超重状态，酒精和香烟浸出液对水蚤心跳的影响，学校食堂午餐的营养分析等。学生从规定的主题中选择其一，利用课余时间在家长的监督与帮助下完成探究性学习，提交探究报告。教师给出10分制的评价分数。

看着自己利用休息时间完成的评价方案，我开心极了，透过电脑屏幕上的文字，我似乎看到了小胡同学拿着自己的成绩单时满是喜悦的脸！新学期我踌躇满志地实施了自己新的学习评价方案。与预期的相同，我明显地感觉到学生的课堂表现产生了令人惊喜的变化：听课思想开小差的人少了，举手发言的人多了；实验课上袖手旁观的人少了，抢着做实验的人多了；小组合作学习时“浑水摸鱼”的人少了，积极讨论的人多了。课堂学习氛围比以前浓厚了很多！更多的“小胡”同学不断地涌现了出来！而小胡的表现就更是积极了！新的评价方法实施了一段时间以后，我任教的班级科学学科的教学与学生的学习状态日益欣欣向荣，所有的教学活动井然有序。期末结束时按照既定的评价原则，我给所有同学都打出了一个综合评定的分数，那些学习过程中积极参与的同学都得到了满意的分数。自然，小胡得了高分，成了班级中名副其实的优秀学生。看着“小胡”们脸上满意的微笑,我心里美滋滋的。

(四) 坚定

第二个学期的教学工作又开始了。但我明显感觉到学生参与课堂学习的情绪没有第一个学期高涨了,并且一些同学的特殊表现也引起了我的注意。为了能使自己的考查项目得到好的分数,有些同学开始动起了小脑筋。在自评、互评学习中的表现时,有些小组成员间“互利互惠”,大家都得满分;交给老师的拓展学习和探究学习的报告也出现了相互抄袭、答案雷同的现象。班上的几个同学不断地向我来“告状”。很显然,为了综合评定的分数,有人做出了不诚信的“小动作”。看来都是分数惹的祸！怎么办,我的评价方案还要继续执行吗？我的心中闪过了放弃的念头,可转念一想:我是老师呀,我究竟要给学生树立怎样的榜样？不行,既然改革已经开始,就不能半途而废,我必须坚定地把改革进行到底!

可怎样才能让学生不造假,引导学生诚信对待评价并积极主动投入到学习当中来呢？我又开始查阅起了资料。在仔细研读了几篇最新的教科研论文之后,我意识到尽管我采用了多元的评价方法,把学生学习过程中的表现纳入了考核的范围,但是仍以分数为最终的评定结果,这并未从根本上改变评价的评定功能,所以学生还是分数至上,分分计较。而理想的学习评价应该从单一评定功能向促进学生的科学素养的全面提高的功能逐步改变,使评价成为引导学生投入学习的动力与指引学生学习的方向。根据论文中介绍的表现性评价方法,我在教学过程中边学习边实践,在保留期末考试、练习作业和实验考试的分数评定的基础上,又对学生运用科学知识与技能解决实际生活问题的能力进行考查,并在学生成长手册中给予综合性的语言评价。我还给每个学生准备了一个资料袋,把学生课堂上完成的学习单、探究活动中的活动报告、科学实践中的活动照片、科技节中的参赛作品及奖状等放入其中,用“成绩单 + 教师评语 + 学生作品 + 学生总结”的“档案袋”作为一个学期的评定结果呈现。

又到了学期结束的时间了,学生们认真地回顾着自己一个学期的科学学科的学习情况,一一细数自己的点滴收获。同伴间相互中肯地予以评价,在增进学生间相互了解的同时,也为同学间相互学习提供了很好的机会。结合期末考试、平时作业和实验操作技能的显性分数与学生综合素质测评的描述性评语,再加上学生学习过程中完成的各种作品,经过一年的学习,呈现在我们面前的是一个鲜活的、立体的、真实的人！学年结束时看着自己“档案袋”里厚厚的一沓资料,小胡笑得更加自信了。

静下心来思考自己两年改革实践走过的路,我意识到:在目前整个考试体制没有根本改变的情况下，我所采用的综合评定方法还不能很好地激起学生主动学习科学这门“副课”的高涨的热情，但在老师的引导与推动下，在综合评定方法的指引下，毫无疑问，我们能将学生推到提高科学素养之路上，尽管大多数学生是被动的，但只要他们有所收获，这就是教育的成功！另外，我还清楚地认识到：实践证明我所制定并实施的学习评价方案还存在不够合理的地方，有些方案还需继续调整使之更加科学合理。提高每一位学生的科学素养是科学学科教育的根本目标，为了达到此目的，教师在教学过程中必须实施合理的学习评价方法。既然已踏上改革之路，我会坚定地走下去！

问题讨论

1. 你在多大程度上了解“多元智能”、“成功智力”等智力理论在教育领域中的应用？

2. 在学生学习评价上，你会选取哪些资料？这些资料各自占怎样的比重？理由是什么？

谁来做课程的“主”①

学生倒也畅所欲言，有的说：“詹老师每次都会给我们讲一两张邮票的历史故事，虽然他在台上滔滔不绝、旁征博引，但是他说故事的方式一点也不精彩，听他说着说着我就走神了……”有的说：“连上的两堂课都是满堂灌，形式太单调了，我们觉得枯燥乏味！”还有个别同学说：“詹老师挑选讲的邮票有点随意，课与课之间连贯性也不强。”看来学生们并非瞎评，他们说得句句在理。

自己说“好”，是不是真的“好”？

又是一个星期五下午，我们学校创新实践活动日的活动又开始了。走廊里川流不息的人流涌向各个教室。我校有60多门拓展型、探究型课程，也就是我们俗称的二类课程，可谓包罗万象。每次看到周五热闹的场景，我们心中可是有点小得意的。特别是我校的科技、艺术校本特色课程成效很是突出。我校的《陶瓷艺术》课程以点带面，在全校普及艺术教育的同时，还培养了一些陶艺特长生。我校的《机器人》课程更是成绩斐然，学生多次参加世界级机器人比赛，并屡获佳绩。还有《无线电运动》、《航模》课程，造就了一批在市、区级比赛中脱颖而出的学生。学校陆续被评为上海市航模特色学校、区科技特色学校、区艺术特色学校。看到这些成绩，我们觉得还是有理由高兴和得意一下的。然而，一次问卷调查让我们有些茫然。

一次在学校组织的学生及家长课程满意度调查中显示，“热热闹闹”的二类课程满意度不及“规规矩矩”的基础型课程。这个结果让我们有点意外，照理说拓展、探究课应该更受学生欢迎才对啊，我们给学生提供了这么多课程选择，怎么学生还不满意？

有句话叫作“自己说好不是真的好”，这个道理我们都是懂的，但是放到现在这个具体情境中，我们真的有点迷惑了。于是我们决定做一次全校学生、家长的二类课程的全面调查，给我们的课程评评分。

① 上海市黄浦区教育学院附属中山学校马园根、速婉莹执笔。

得了"低分"的高级教师

看到学生对自己上的拓展课的评价，詹老师笑得有点尴尬。詹老师是学校的高级教师，老师们给他起的绰号叫"夫子"，可见，他是个博学多才的教师。詹老师爱好广泛，尤其酷爱集邮，平时他讲起邮票的故事总是滔滔不绝，让我们这些听者从中了解了不少历史故事。出于个人爱好，他开设了一门拓展课叫《集邮长知识》，从方寸邮票来看历史。我们都觉得这个设想非常好，但没料到学生给他的课打分仅仅刚"及格"，有部分学生给他的评语是：枯燥、单调、随意……

我们所推崇的教师获得这样的评价，我们也有点疑惑。这些学生的评价是否有理呢？带着疑问我们召集了上詹老师课的学生们开了一个座谈会，了解一下学生评价的原由。学生倒也畅所欲言，有的说："詹老师每次都会给我们讲一两张邮票的历史故事，虽然他在台上滔滔不绝、旁征博引，但是他说故事的方式一点也不精彩，听他说着说着我就走神了……"有的说："连上的两堂课都是满堂灌，形式太单调了，我们觉得枯燥乏味！"还有个别同学说："詹老师挑选讲的邮票有点随意，课与课之间连贯性也不强。"看来学生们并非瞎评，他们说得句句在理。座谈会上，还有一位同学始终面露愠色，他就是班主任口中的"差评手"小周。

"差评手"小周

虽说我们的问卷调查是不记名的，但小周同学从不避讳自己给不少他上过的拓展课老师打了"差评"这件事。而且他对班主任直言，他给这些老师的条条项目都打了低分。座谈会上小周对我们说，他就是不喜欢上詹老师的课，所以都打了低分。我们不禁纳闷，问他："你不喜欢上詹老师的课，为什么还要报他的班呢？""哪里是我报的，是班主任调剂的！"一句话道破了小周的愤怒之源。我们的二类课程申报工作是由班主任主持进行的，先由学生自己填报，然后就由班主任在班内根据分配到各班的人数名额进行调剂。小周总是报体育类的课，而班主任总跟他说："你上次已经报过体育的了，这次把体育类课程的名额让给其他同学吧！"于是小周把愤怒都发泄到了课上，不仅上课时总是气呼呼地不配合老师，而且在评价上也都"一路差评"。

听完小周的发泄，我们再次翻阅了学生、家长的问卷。我们看到不少学生与家长在给学校的建议上都说到，希望学生能上到自己喜欢的课。看来这个问题不是困扰小周的个案问题。让班主任进行"调剂"原是为了能方便排课，但得到方便的是我们，对于学生来说，班主任的"调剂"大权犹如一把上方宝剑，把许多学生绝杀在了喜欢的课程门外。

学生上什么课到底该由谁说了算呢？让学生自己说了算行不行？由老师说了算又对不对呢？

“夫子”的重装上阵

自从看到学生对自己课的评价，詹老师情绪有点低落。但他还是非常理性地接受了学生提出了意见。怎么上才能赢得学生的欢迎呢？这个问题一直萦绕在他的脑际。我们也感到迷惘：老师的课上得好不好到底谁说了算？是学校？还是学生呢？如果听学生的，学生是否能很客观地从课的教学目的和效果出发来评价课程和老师呢？

在我们迷惘之际，我们有幸得到了夏雪梅博士的指导。专家的指导高屋建瓴深入浅出，拨开了我们心头的迷雾。詹老师也悟到了点“门道”：“一门好的课程是两方共同配合下产生的，一方面是教师的合理设计，另一方面需要得到学生的全心配合。只有充分调动起学生的学习积极性，让学生主动乐学，才能发挥出课程的教育实效。”但理论与实际之间还是有一定的距离，如何将专家讲的道理化到课堂实际中？这个问题很现实地摆在了詹老师和我们的眼前。

“三人行，必有我师。”詹老师提议道，“学校里也有不少老师上的二类课程获得了好评，何不让他们来说说是怎么做的呢?”这句话讲得很有理，让我们心中为之一动。于是我们采纳了他的建议，组织了一次优秀二类课程的评比活动。首先从学生评价中挑选出排名靠前的30%课程共20门，让老师们共同来听他们介绍课程，然后投票评选学校优秀课程。这次的课程介绍詹老师听得尤其认真，不停地做着记录，眼中闪耀着灵感之光。他感慨地说：“设计得再好的课程，如果没有选用适合学生学习实际的内容和方法，都不会是一门有实效的好课程哪！”

新学期第一节拓展课，詹老师上的还是《集邮长知识》。但跟以往不同的是，这次詹老师在第一节课上要将事先制定好的详细课程计划与学生进行沟通，听取学生的意见，于是课堂上只见同学们在“滔滔不绝”，詹老师“埋头记录”，并时不时地跟同学们商量着什么。一周后我们看到了詹老师主题明确、内容紧凑的课程计划修改稿。他把一学期的课程设计成“抗战”、“世博”、“奥林匹克运动”、“新中国伟人”等不同主题。詹老师的课堂也不再局限于教室里了，我们时常可以在电子阅览室、图书馆看到他带领着学生们收集整理资料的身影。

又到了学期末课程评价的时候了，看得出来詹老师有些紧张又有些期盼。这次我们也完善了课程的评价方案，兼顾学校与学生的评价，70%是由学校课程领导小组从课程的设计、教案、课程成果等方面根据评价指标打分而成，还有30%是由学生打分形成。当看到自己的课程获得“优秀”时，“夫子”终于释怀一笑。

“小周”们不再做“差评手”

新学期，听闻学校取消了班主任的调剂大权，小周同学可是难抑心中的喜悦啊！班主任反映说，小周好几次兴奋地到办公室询问选课的具体方法，简直是一刻也等不及了。不过班主任告诉他，在选课之前还需要填写一本学校新印刷的《学生选课指导手册》。在手册上，得先填写自己的选课意向，然后请爸爸妈妈填写家长对他选课意向的建议，然后还得让班主任填写建议才行。班主任翻开《选课指导手册》告诉他，选择二类课程一方面要考虑自己的兴趣爱好，另一方面也要考虑拓展自己的知识领域，丰富自己的各方面能力。小周开始有些急躁了，不过他也只得按照要求来做。当然，他的课程意向还是体育类的，小周的爸爸在他的《选课指导手册》上写道："你喜欢运动，而且确有特长，支持你的选择。"小周得到了爸爸的支持十分高兴。然后他看到了班主任的话："在运动方面你有广泛的兴趣爱好，老师觉得通过拓展课的学习来发展自己的特长是不错的选择。不过老师也觉得如果能获得一些其他方面的知识和技能对你的成长也是很有帮助的，所以老师建议你在选课时不要每次都报体育类的课程，而错过了其他你也感兴趣的课程，你说呢?"看到班主任中肯的建议，小周这次显得很平静，没有像以前那样面露不悦。

终于到了选课的一天，班主任带领着学生们到电脑房运用学校新开发的选课系统软件进行选课。每位学生可以按照自己的喜好程度依序填报三项课程意愿。班主任善意地提醒小周，体育类课程名额有限，而且很热门，所以最好填报二个体育类的课程，再填报一个其他类别的自己也感兴趣的课程比较合理。小周听从了班主任的建议。第二天，看到自己这次申报到了《篮球》课程，小周欣喜若狂……

在这次选课后我们进行了一次统计，学生自主选课率从以前的50%左右上升到了90%以上。除了一些老师指定性的特殊课程外，其余均为学生自主选择。自我们实行了这种家长、教师指导下学生自主网络选课的方式，再也没有了朝着班主任面露愠色的“小周”们。在学期末的学生课程评价上，全校课程的总体满意度达到了4.8分(总分5分)，“差评手”们不复存在。

这次的二类课程改革经历让我们沉下心来思考了一个问题：到底谁来做课程的“主”？若换做以前，我们会断然地说，是学校。但是如今我们要说，学校对课程的领导，是一个科学的过程，不能凭经验，更不能自我欣赏。要讲科学，重调研，要倾听学生、家长、教师的意见和建议，才能让课程更好地满足学生、家长和社会各方对学生未来发展的需求。

我们常说“以学生发展为本”，在课程建设上也理应如此。学校在对课程的领导过程中，必须重视发挥学生的主体作用。只有让学生发挥主观能动性，才能开发出真正从学生的实际出发，有利于学生可持续发展的好课程。

问题讨论

1. 你认为在对教师的评价中，面对学生、课程管理者、家长等不同主体的多元评价结果，你是如何全面、综合地对教师做出正确判断的？

2. 当你收到一份来自学生对你所授课程的较差评价报告时，你会怎样处理？

孩子，你了解自己吗？[①]

我不禁产生了怀疑：幼儿到底有没有自我评价的能力呢？他们的回答为什么会如此雷同，是担心回答错还是根本不会回答？雷同的答案能反映幼儿怎样的自我评价发展水平？到底怎样看待幼儿的自我评价特点呢？为什么会出现这种现象呢？

年轻的“困惑”：徘徊在评价指标的“字里行间”

大班幼儿终结性评价正如火如荼地开展着。当我根据评价指标体系中的标准和指标，准备实施幼儿“社会性与情感”领域“自我意识”子领域评价时，我产生了一系列的疑惑：标准和指标都有了，该怎样才能着手开展幼儿自我意识的评价呢？怎样才能判断幼儿是否了解自己？又该了解到什么程度？怎样才能收集到幼儿了解自己的相关信息呢？

幼儿园已提供给教师完整的幼儿发展评价指标体系，但停留在字里行间的指标体系，最终要落实在操作层面上，这其中的转化需要教师来实现。而我作为一名工作仅五年的教师，对此感到十分棘手。

带着对幼儿自我意识评价的诸多疑问，我首先从“了解自己”评价标准的第二条指标“能独立对自己作大致的评价”出发，学习了该指标的典型表现举例——“会用简单的语言描述和评价自己”，尝试去观察收集该指标的信息并着手评价。

稚嫩的“尝试”：遭遇指标“技术转化”的困境

我在班上组织了一次集体谈话活动。谈话围绕“你觉得自己有本领吗？你最大的本领是什么？”而展开，但是结果却出乎意料：全班 36 名幼儿，23 名孩子回答“画

① 上海市东风幼儿园陶莉倩执笔。

画";5 名学乐器孩子"弹(拉)乐器";2 名孩子"讲故事";1 名孩子"做算术";1 名孩子"跳绳";4 名孩子"不知道"。我不禁产生了怀疑:幼儿到底有没有自我评价的能力呢?他们的回答为什么会如此雷同,是担心回答错还是根本不会回答?为什么会出现这种现象呢?雷同的答案能反映幼儿怎样的自我评价发展水平?到底怎样看待幼儿的自我评价特点呢?面对这些设问,我感到束手无策。

作为一个仅有五年教龄的青年教师,我深感自己对幼儿自我评价方面的专业知识还不够扎实,对幼儿自我意识评价内容和指标内涵的理解还不够深刻。此外,结合幼儿自我评价发展的一般规律和特点,又该采取怎样的方法来采集更真实有效的信息对幼儿进行评价,这也是我犯难的地方。

大胆的"实践":寻觅评价实施的锦囊妙计

◆ 自学求真知

幼儿发展评价是件繁难的工作,实施评价,理论先行,为此,我进行了自学提升。

通过查阅相关资料,我明白自我评价是幼儿自我意识发展的一个方面,是个体对自己的能力、道德品质、行为等各方面的认识和判断。受自身心理发展及认知发展水平的限制,幼儿的自我评价能力较低,往往由模仿开始,人云亦云。

至此,我对孩子们的行为有了理解与认同。

◆ 探讨求共识

但是,难道会模仿的孩子在自我评价这一指标上都合格,不会模仿的孩子就不合格吗?我的以上尴尬局面其他班老师会有吗?带着疑问,我和其他老师进行了沟通,也随机抽取了几名幼儿进行同样的谈话测试,发现绝大部分幼儿自我评价时的表达是模糊的,带有模仿性。这回是老师们的共同困惑了。

教研组长当即决定开展一次大班组教研活动。聚在一起,我们的问题更多了:例如指标 2"能独立地对自己作大致的评价",那么对"独立"、"大致"这些词又如何拿捏呢?在集体活动中幼儿的个人作答受到别人的影响或模仿别人,那算不算独立呢?只说了一项本领算是会对自己作大致评价吗?

教研组长把问题反馈到了园部,业务园长非常重视,邀请专家进行幼儿发展评价指标解读的培训,使教师全面了解了幼儿发展评价理念、评价方法、评价标准和评价指标等,并对实际操作中遇到的问题和困惑与专家进行了面对面的交流。通过培训,我们达成了共识:评价操作前要理解指标的深刻内涵;也通过培训,我们对接下来的评价实践有了更大的信心。

◆ **实践显成效**

集体谈话活动的组织形式容易使幼儿产生从众和模仿的行为，很难获得真实信息，影响了评价的客观性。为此，我又深入开展了幼儿自我意识的评价实践研究。

小妙计 1：五星评奖——从生活中获得评价方法的启发

受电视“五星评奖”节目启发，我设计了一张五星评价表，和孩子们一起商定五颗星的评价标准，如安静游戏、爱护游戏材料、不怕困难不放弃等，让幼儿根据自己的表现用颜色涂满相应数量的五星来评价自己的游戏行为。

一连试了几天，发现大部分幼儿在评价时对五星的具体内容早已模糊，幼儿能回忆的评价标准最多的就是“能够安静游戏”。但即使是这项标准，幼儿自我评价的结论往往与实际的表现还不一致。

看来，五星评价法与幼儿的年龄特点不尽适宜，要求幼儿评价时完全识记这五条标准，即五星所代表的内容并用语言表述出来，对大部分幼儿来说是有难度的。妙计 1 碰了壁，但我没有“知难而退”。

小妙计 2：绘画法——画出幼儿真实的心声

两次实践发现，让幼儿通过语言表达的单一方式来进行自我评价确实有一定的难度，特别是对语言表达不尽完美的幼儿。幼儿有多种表达的方式，我班孩子最喜欢画画，通过绘画形式来进行自我评价是否可行呢？评价的效果又会怎样？

我还是这样问：“你认为自己最大的本领是什么？”并让幼儿把自己最大的本领画下来。最后我请幼儿介绍作品、展示本领。

蔡蔡指着一个看起来像小汽车的图形说：“我会收拾玩具。”

小杰指着画纸上的图案说：“我会帮妈妈扫地。”

平时话语不多的茜茜指着图案告诉我们：“我会跳绳。”

我欣喜地发现，大部分幼儿能根据自己绘画的内容评价自己的本领，此评价方法采集到的信息丰富了，也显得更真实了。小妙计 2 尝到了甜头，我趁热打铁，继续实践。

小妙计 3：摄影法——通过自主摄影反射幼儿看待问题的视角

分析指标 1“对自己的特点和能力有基本的认识”和典型表现举例“知道哪些事是自己现在能做的，哪些事是现在还做不到的”，我准备让幼儿利用家里的照相机，和家长一起把自己认为能做和不能做的事情拍摄下来，最后将照片整理好和大家一起分享。

我打开昕昕从家里带来的相片文件夹。昕昕指着照片里的电饭锅说：“我还不会用电饭锅烧饭”；指着照片里的植物说：“我每天给我的植物浇水。”其他幼儿也都要抢着介绍，大家你一言我一语。

我突然发现，孩子们对着自己拍摄的照片特别有话可说，而且描述的内容五花八门、各不相同。同时家长的参与，也使我们的评价信息收集更多样、更客观。指标1和2的测评效果让我信心倍增，那么指标3"对自己的亲属及与自己的关系有基本的认识"，应该用什么评价方法呢？

小妙计4：访谈法——通过直接交谈获得评价信息

为深入了解和探测幼儿是否"对自己的亲属及与自己的关系有基本的认识"，我尝试使用个别谈话法进行评价。

教师："你知道爸爸的妈妈是谁吗？"涛涛笑眯眯地回答："是奶奶对不对？""那妈妈的爸爸你叫她什么？"燕燕眨了眨眼睛说道："是外公。"

教师："晨晨，上次和你一起来的小宝宝是你弟弟吗？"晨晨："是的。"教师："那弟弟的妈妈是谁？"晨晨想了想说："嗯，是我舅妈。""那，舅舅是你妈妈的哥哥还是弟弟？"晨晨立马回答："哥哥！"教师："看来，我们晨晨是难不倒的哟！"

显然，使用个别谈话法来进行指标3的评价是非常有效的。

4个小妙计的使用，终于顺利完成了对幼儿"自我意识"发展的评价工作。

幸福的"收获"：感悟评价实施中的"课程领导力"

上面的故事描述的是一位青年教师开展幼儿自我意识评价时所遇到的疑惑，及解决问题的心路和实践历程。这一历程让我们可以体会到诸多的意义。

1. 围绕幼儿发展评价工作的不同层面的课程领导力

首先，青年教师自身在幼儿发展评价中的课程领导力。

从一条看不懂的评价指标和一次不成功的评价实践开始，教师在实施幼儿发展评价工作之前，通过对评价理念深入学习，对评价指标认真解读，对典型表现举例理解掌握，结合幼儿出人意料的各种表现，让教师在不断调整和尝试的过程中，学会分析和运用幼儿发展评价的方法，努力体现幼儿发展评价信息采集的多样性和结论的客观性，从而提高教师评价幼儿的能力。由此，教师评价实施前的自我学习和提升，实施中的评价方法探索和实践，保证了幼儿发展评价的客观性，充分体现了教师自身的课程领导力。

其次，教研组层面和园长层面在幼儿发展评价中的课程领导力。

当教师为评价指标疑惑重重、在评价活动遭遇尴尬时，教研组平台创设了学习共同体，组员间相互交流、合力探讨，找到了问题的症结。同时，园领导及时提供支持，借助专家外力资源，及时释疑解惑，给予教师评价实践的专业技术保障。由此，幼儿发展评价工作的科学顺利开展，需要各级课程领导的保证。

2. 幼儿发展评价工作的专业性和艰巨性

幼儿发展评价是一项专业工作，需要科学的评价技术和方法，需要幼儿发展专业理论的支撑。同时，幼儿发展评价又是一项繁难艰巨的工作，需要教师实践中的全身心的投入和不断的探索积累。教师的初步实践表明，幼儿发展评价需要根据幼儿年龄的特点，采用多样化的方法，通过多元主体的参与来收集丰富的评价信息，以此得出客观、有效的评价结论，更好地促进幼儿的发展。

问题讨论

1. 请思考一下这个问题，你了解班上学生的自我意识吗？答案如果是肯定的话，你是如何看待学生的自我意识的？

2. 如果请你设计一门课程或一个活动，帮助学生发展自我意识，你会怎样设计？请简要谈谈。

由听到的两种声音说起①

之所以会产生第二种声音，是因为听课前教师"听"什么、"研"什么，心中无底，听课时凭着感觉走，完全是为听课而听课，教师之间的合作呈现出貌合神离的"马赛克现象"……

"课堂观察"，一个对我新鲜又陌生的词语于2010年12月进入我的视野。那年我校邀请上海市教科所夏雪梅博士莅临我校指导教学工作，就在那一次，我知道"课堂观察"是一种比较客观的听课记录方式，自己很荣幸亲身体会了一下什么是"课堂观察"。

在夏博士的带领和指导下，"课堂观察"——用数据透视我们课堂的新型听课方式开始搬进课堂，用观察到的现象、记录的文字阐述听课后的感受与建议的新型点评方式悄然出现在评课阶段。

一、开启课堂观察之音——"起念"

2010年底，在第一次听同课异构《智烧敌舰》课后，那一次评课开始了，我惊喜地听到了这样一种声音：

开课前："听了A老师的介绍，我准备观察……"

观察时："我差点要虚脱了……"

评课时："我(们)观察的是……基于这些证据，我(们)认为……"

评课后："这样的活动太累了，不过，值!"

这些声音带给我强烈的震撼，我环顾四周，老师们在干吗？在听，在记，在思考；我查阅观察记录，他们在梳理，在归纳，能不忙吗？听着他们掷地有声的发言，看着他们言之有据的文字，顿时觉得他们忙得有目的，忙得有方向，忙得有价值，他们是在吸收与反思，我乐啦，夏博士的到来如一缕春风给陈旧化的听评课注入新鲜空气，

---

① 上海市洛川学校傅建芳执笔。

让我们可以在教育的新思路上从自身和别人的课堂上有更多的体验和收获。但由此让我也深深陷入了沉思，想起了另一种声音：

开课前："组长通知大家听 A 老师的课。她(他)上什么呀?"

"我也不知道，去听了就知道啦。"

课堂上：上课老师忙碌着，学生忙碌着；听课人只看不写当贵宾。

评课时："很不错……这堂课可以打 90 分。"

"××老师教学基本功扎实，课堂组织得很好……"

学期结束前："我还差两节呢，明天……就算完成任务了。"

同样是学校组织的听评课活动，为什么两种声音截然不同？听评课质量天差地别？我深深反思，终于明白原因在于：

之所以会产生第二种声音，是因为听课前教师"听"什么、"研"什么，心中无底，听课时凭着感觉走，完全是为听课而听课，教师之间的合作呈现出貌合神离的"马赛克现象"，听课者对教学行为观察不清、观察不深，对教学行为背后的教学策略、教学理念理解不到位，说不出教学现象背后的道理。

我深深自责，之所以出现两种不同声音，原因更在于，要让一个学校的教学工作风生水起，颇有成效，需要管理者精心打造一种精神，精心营造一种风气，精心创造一种氛围。身为学校教导处管理者，不仅需要沉入基层，融入老师之间，关注教师的言行，更要善于思考，站在前卫，对学校课堂教学的现状和教学研究的形态作深入的思考，做一个"自然的"点拨者和引领者。

二、开拓课堂观察方式——"创新"

事也凑巧，正当我感到辛苦、迷茫时，校长把我叫到办公室，她指着比我还年轻的一位女士，向我介绍："这位是上海市教科所年轻有为的夏博士，这半年她将与学校合作开展'课堂观察'的研究与实践，你组建一批教师，跟随夏博士共同完成此项任务。"这真是"踏破天涯无觅处，得来全不费工夫"，明知此项工作的艰巨，还是一口答应了下来。2010 年底我开始尝试以"基于合作的课堂观察"为课堂教学研修活动载体。当时校长还向我明确提出："在听评课环节要有由'听'转向'观'的变化，研修活动必须要体现针对性和有效性，实施与行动上要有新的思考、新的方式。"

接受任务后，我认真研读了崔允漷教授的《课堂观察框架部分》，明白了观察可从四个维度、20 个视角、68 个观察点入手。可观察不能盲目，漫无边际，也不能面面俱到，胡子眉毛一把抓，我根据崔允漷教授提出的基于对课堂教学的理解，构建出适合我校的课堂观察框架，目的就是用确定的观察点，构建听评课的新范式。那么是否制定好了《课堂观察框架》就可以实施实践研究了呢？我细想了一下，觉得不可操之过急，就算听课者知晓了观察维度和观察点，授课者的教学内容、教学思路依旧只能在现场现时了解，课堂观察还是发生滞后现象，这如同换汤不换药，听课效率因此也会受到影响，于是与专家商量、探讨，确定出了课堂观察实施的三个步骤，即课前会议、课堂观察、课后会议，避免随意性，提升专业含量。

步骤之一：召开课前会议

会议上，授课老师要陈述本课的内容主题、在课程中的关系与地位；介绍本班学生的学习情况，包括学优生与学困生座位方向；解释亮点设计，提出进行教学设计时遇到的困惑。

步骤之二：现时课堂观察

进入课堂观察时，每一位观察的教师根据自己确定的观察点进行观察记录。观察记录要求有简单的定性描述性记录，也要有定量的记录，同时，要有观察者的现场感受与理解。

步骤之三：召开课后会议

课堂观察后，及时召开课后会议。在课后会议上，授课教师要就这节课的实施情况进行充分说明与反思，参与观察的教师就这节课进行点评对话。

观察点有了，观察步骤明了，接下来就等着确定观察对象了。选哪些人？什么学科？我反复从学校现状、教师能力、优势学科等方面进行考虑后，走进校长室："校长，我是语文教师出身，就以三、四、七年级语文备课组为实践基地起步，人数不宜多，先小范围内尝试，梳理课程标准、单元目标、课时之间的相互关联，绘画目标体系树状图，然后确定同组两名教师执教同一篇课文，其余教师完成两堂听课任务，课后进行点评，你看行不?"校长听了我的话，连连点头："就按照你说的办吧!"校长的支持，像是给我吃了一颗定心凡，我运用如下五个维度。

维度一：目标达成（知识点目标达成度观察点）；

维度二：关注度、投入度（关注度目标、投入度目标观察点）；

维度三：教学环节（是否围绕目标）；

维度四：问题环（教师单问、追问、问题设计是否为了完成目标）；

维度五：学生回答、理答（突出目标制定有效程度）。

组成五个听课观察小组，设置好观察点，踌躇满志地准备开始第一次研究实践。"傅老师，你来一下"，两天后，校长联系我，"我把你研究的进展与夏博士通了个气，她肯定了我们的工作，不过她说，'课堂观察是用一种数据驱动的研究，数据的收集需要精确的技术，如何收集？已经有了观察的维度，组建了合作观察小组，使得课堂观察有了描述性的定性结论，定量分析如何操作？评课可信性、科学性如何体现?'"专家就是专家，一句话就击中我的遗漏点，看来开发学科化、现场化、系列化的量表以及技术支持不可缺少。我放慢节奏，等到夏博士来校那一天，集中参加实践的教师，找出相关资料，大家一边研读一边构思一边准备，设计出了《课堂观察量表(1)——目标与知识》、《课堂观察量表(2)——教师非教学因素投入》、《课堂观察量表(3)——环节与目标》、《课堂观察量表(4)——提问及回答》、《课堂观察量表(5)——前后检测》，这些量化定性表具有科学性、检测性、可行性，可以帮助教师用观察而获得的反馈信息作理智的反思，作有效的改善。与此同时，摄像机、录音机、照相机、白板存贮功能也向授课教师和听课教师提供了反馈性和反思性素材，为改进新的教学方式提供了方便。

三、开动课堂观察实践——“登场”

课堂观察“观”什么？如何“观”？至此初具样板，我组织四年级两名教师同课异构上《智烧敌舰》，听课者完整经历了“课堂观察”三步骤。这一次观评课活动，让听课者眼前一亮，真切地体现了“第二种声音”，也开始打破以往的常规听评课方式。“课堂观察”这个新名词由此迅速在校内传开，我们相继开展了“课堂观察”现场示范课，召开了以片为单位的现场介绍会，这次活动得到了校长的肯定，她说：“课堂是教师专业成长的土壤，对课堂观察研究也是老师们成长和发展的起点。本次推进的‘基于合作的课堂观察’研究是具有价值的，此研究改变了教学行为，使课堂教学的听评课常态有了明显改观。我希望教导处在制定新学期工作计划的时候，把‘课堂观察’作为发现和解决课堂教学问题的一种重要的研究方式，确定研修路径，推广实践范围。”

校长的一席话，给了我百倍的信心与冲劲，促进课堂教学的改进是我一直在探索并实践的工作，但效率原地踏步，没想到“课堂观察”的引进，打破了以前把听课当作要完成的任务，评课过于客套，优点一二三，你好，我好，大家好的现象。既然要推广，不能只上几堂课做研究，必须继续深化，提升价值，“聚焦主题——研究设计——课堂观察——反思总结”的研修路径应运而生了，我以二、五年级语文学科为研究实例，延伸到了整个语文教研组中，同时带入其他学科教研组长，组建新的研究团队，辐射“合作的课堂观察”活动方式，从2011学年第一学期到2012年第二学期，围绕“夯实教学基本环节，提升教学生活品质”的主题，分别设置了：减负增效——教学环节精细化；减负增效——作业设计精细性；减负增效——课堂提问有效性；减负增效——前后检测反思性等学期小主题。每个主题由一系列有目的的研修活动构成，精心设计，细化流程，认真组织，抓好落实，环环相扣，不断强化。出乎意料的是经过一年多的研究与实践，教师听评课的能力与水准也“三日不见，当刮目相看”了。

例：2011年12月的一天上午，我组织的“课堂观察”研究课，按照计划进行。执教的是位三十出头的吴教师，教的课文是冰心写的《雨后》小诗。课在环环相扣的读读、议议、想想、练练中结束了。按照惯例，我要求教研组召集听课的老师评课。老师们观察了“教师问题环设计”，认为教师应该设计有效提问，并采用下列表格进行观察记录。

关于提问时间的记录与反思

提问时间	问题次数	提问频率	推论	建议与反思
25	114	4.56	从数据上看，吴老师上课的节奏较快，师生互动频率密度较大。	根据二期课改精神，要变单向传授、被动参与的接受性教育模式为多维互动、主动参与的互动式教学模式。

关于不同类型问题的记录与反思

<table>
<tr><th>问题类型</th><th>提问数量</th><th>百分比</th><th>推论</th><th>建议与反思</th></tr>
<tr><td>呈现型问题</td><td>15</td><td>78.9%</td><td>从问题类型的比例来看，呈现型问题的比重较大。</td><td rowspan="2">这节课例的数据表明，教师在课堂中设计从情境和互动中形成知识，并运用知识，但接受的呈现型问题占了三分之二，可见记忆性、识别性问题首当其冲，理解性紧跟其上，但综合性、灵活性相对较少。希望有意识地多设计真实问题，减少呈现型问题，把学习活动置于一个现实模拟情境中。</td></tr>
<tr><td>运用型问题</td><td>4</td><td>12.6%</td><td>真实问题（即运用型问题）占 12.6%，说明学生在吴老师带领下，能唤起已学的语言知识，并在不同情景中的运用。</td></tr>
</table>

王老师运用了 David Hopkins 的《教师课堂观察指导》中的《提问技巧量规》对吴老师的这节课的教学环节问题环设计进行了观察，并阐述了自己的见解，有理论有数据，开展了自我反思和专业对话，在改进课堂教学同时促使自己得到应有的发展。

会后，许多老师由衷地感慨：“这样的听评课，让我们的视野一下子开阔了不少，真是受益匪浅啊！”大家纷纷表示要把这一听评课的新形式推广到本校的教研活动中。我听在耳中，看在眼里，喜在心底，这不是我一直期待的结果吗？

四、开掘课堂观察深度——“评价”

围绕“课堂观察”开展一系列的教学研究活动，让人看到了听评课实效，看到了听评课转变，仅此而已吗？可不可以再做的深一点、实一点？《上海绿色指标为中小学生学业质量“体检”》一书，让我明白“绿色指标”要关注师生关系，学生的学业负担、幸福指数等，那么我们的“课堂观察”还可以“观”谁？“观”——学生。教学教的是什么？教的是人，教材只是一种载体，学会教人才是教育的本质。本学期我以三年级为研究单位，融合语文、英语、数学三大主学科，把主题式的校本研修与学校科研结合在一起，确立了“互动反馈教学中学生自主学习能力的观察与评价”的课题研究，建立起“检测→分析→改进→再教学”的循环，“课堂观察”的视角因此转向学生，教师教学设计转向从学生实际出发，课堂教学环节转向关注学生情感、行为变化，目标达成时转向重视学生现时习得检测反馈，如：

上课教师关注学生记录单

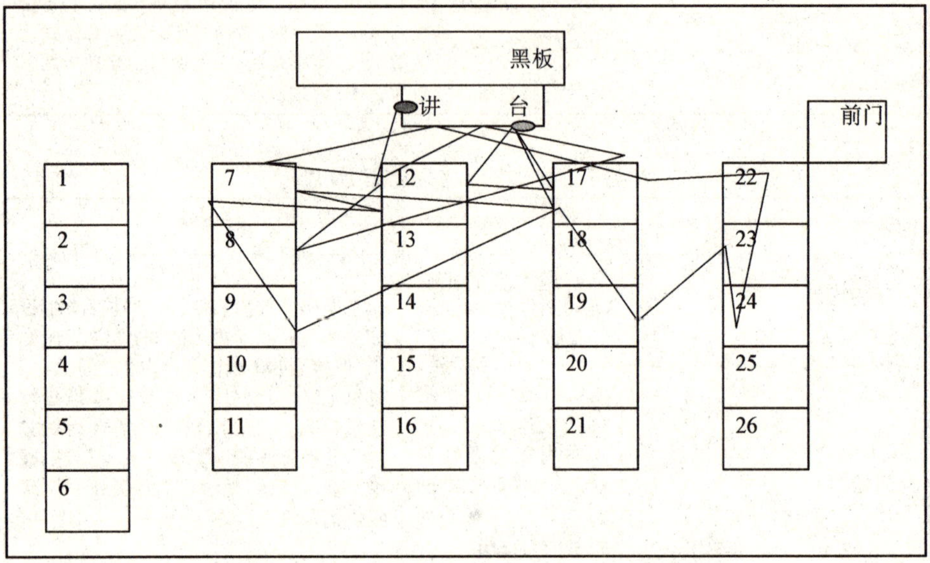

上课班级学生被提问次数记录单

黑板				
讲台		前门		
⑧	0	0	③	②
②	0	①	⑧	④
⑤	0	②	0	①
⑤	①	①	③	①
②	①	0	0	0
①				后门

这样的观察评价打破了平时司空见惯、大家习以为常的观察主体——教师，而是让学生以主人翁的姿态进入观察者视野，关注的焦点集中到学生身上，观察理念、观察评判、观察反思有了根本性的变化，教师身边有人，目中有人，心中有人，这正是我们期待的课堂有效观察与有效评价。

我要借助学校给与的良好平台，像牛顿一样站在巨人肩膀上去看得更高、更远……

问题讨论

1. 回顾一下你的教育经历，你是否曾思考和分析过你的观课记录习惯？如果有的话，请简要描述这段经历。

2. 请列出几条你的观课记录习惯，并尝试着重新检视这些习惯，哪些是有效的，哪些是无效的？

借他山之石，解评价之困[①]

“因为我们让老师进行自评，而且每个水平之间的递进不是非此即彼的，所以我们需要给教师一个缓冲地带。事实上，许多自评项目都会采用这些方式，让教师能够思考自己比前一个水平高在什么地方，比下一个水平又差在什么地方……”

在很长一段时间的研究中，我们最为纠结的一个问题是自己创造的“指标”看上去不太像“指标”。尽管教师努力地把自己的经验策略记录下来，可是怎样看都只是一些主观描述的堆积，始终缺乏科学性的梳理，更谈不上形成一套可以使用的自评工具。我们要做的“自评指标”到底应该是怎样的？这个疑惑始终困扰着教师。

“对于指标，我们没有理性认识，那怎么做得出来呢？”教师发出了无奈的声音，研究似乎陷入了瓶颈。

- 教师的自我评价中，到底应该包含哪些内容？
- 自我评价的形式应该是怎样的，怎样划分不同的水平？
- 低结构的活动本身就带有教师许多主观思考，我们如何能制定出客观的指标呢？

1. GDP的启示——评价指标不能解决所有问题

在最初制定评价指标的时候，我们制定了“课程内容选择与组合”、“环境创设与材料提供”、“师幼互动”这样三个维度，但在一次次汇报的过程中，也经常遇到专家的质疑：“这样分类的理由是什么？这样分类全面吗？”

然而，我们越是希望把所有与低结构活动相关的指标都纳入进来，就越发现与其相关的内容错综复杂，真是剪不断、理还乱！于是，我们邀请了市里蹲点专家与专门研究评价的专家与我们一同探讨，帮助我们找到线头。他们听了我们的疑惑后，给我们讲了一个“GDP”的故事：

① 上海市芷江中路幼儿园。

“就像我们国家强调 GDP，大家都在追逐 8%增长的指标。而我们也不得不承认，经济的飞速发展掩盖了很多衍生出来的负面问题。比如现在大家越来越关心 CPI 指标或者基尼系数，这就是把关注的重点从宏观经济环境转移到了民生幸福上。GDP 不是一个万能指标，这一点大家都知道，但它却是引领我们在过去二十年中飞速发展的重要导航。”

听了这样一个既新鲜又熟悉的观点，大家都若有所思。“所以说，指标并不能解决所有问题，无法面面俱到。”有的老师这样讲道。

“对，所有指标解决的都是阶段性的问题，或是某一个领域突出的矛盾与问题。把哪一个指标凸显出来，与政策导向有关。”专家继续对我们进行启发。

“所以重要的不是指标的全面性，而是我们需要想清楚，我们现在引导教师去思考的重点是什么？”有的老师试着去深入理解与总结。

“是啊，在指标的问题上，千万不要想着一劳永逸。国家有如此多的智囊，他们尚且无法建立一个包罗万象的指标体系，我们就更没有必要去追求指标体系的绝对完整。原因也就在于指标总是随着社会的发展与我们认识水平的提升而变动的。”

这一观念，给了我们比较大的冲击，原本还在烦恼怎样可以穷尽低结构活动中所有指标的我们，顿时豁然开朗：是啊，指标最重要的就是引导的作用，而并不在于评价的结果，所以并不需苛求面面俱到，只要帮助我们找到活动中的关键问题即可。

在想通了这样一个问题后，教师们对自己设计的结构自信了许多——我们之所以选择这些内容，是因为它们确实都是我们平时最着重思考的问题啊！

2. 冠亚季军的启示——指标也可以有“模糊地带”

确定了评价的维度后，指标具体以怎样的形式呈现呢？是以一条指标来判定达到与否，还是以“合格”、“优秀”来区分不同程度的教师？我们又就这个问题请教了专家。专家在了解了我们的问题后，跟我们一起研制了一个关于“区域到达”的指标范例：

水平一	水平三	水平五
教师在活动期间能达到每一个区域与幼儿进行互动。	某区域的幼儿有需求时，教师能够及时到达。	教师根据每个区域的实际情况安排区域达到的顺序、逗留的时间。

试了这个范例，老师们的讨论如同炸开了锅，各类问题层出不穷。

“为什么是水平一、三、五，二和四到哪里去了？”这是老师们最感兴趣的一个问题。

“因为我们让老师进行自评，而且每个水平之间的递进不是非此即彼的，所以我们需要给教师一个缓冲地带。事实上，许多自评项目都会采用这些方式，让教师能够思考自己比前一个水平高在什么地方，比下一个水平又差在什么地方。”

教师们在讨论中，感到这个观点很有道理，但又确实感到这种方式给自己的评估留有了余地，比起单纯只有“优秀”与“合格”要更能激发进步提高的动力。

“因为这种自评针对的是主观感受，而心理评估本身就是模糊的，所以层级模糊的设计更符合人的心理需求与学习需求。”专家也进一步点名背后的道理。

“如果我们按这种形式来写，会不会不同指标一、三、五水平之间似乎差距比较大啊，比如水平五与水平三的差距，远远大于水平三与水平一的差距，这样不是很奇怪么?”

专家笑着说，“大家不妨想一想，在奥运会上我们是如何做评估的？我们会评出冠军、亚军、季军。但是，他们三个之间的差距一样吗？有时候，冠军一马当先，远远领先于亚军，也有时候，仅仅是 0.01 秒之差就要屈居亚军。所以，这种水平式的评估，没有办法在数量上等距，它强调的就是水平之间的质变。”

有了大家熟悉的运动竞赛的评估模式做参照，大家对于评估指标水平之间的模糊性以及质性的差异更容易理解一些。的确，有时看似细小的差距，其实背后的学习与训练恐怕是难以想象的！

“那么，不同指标之间也会存在差异，比如在某个指标上处于水平一的老师，在另一个指标上有可能处在水平三，或者五？这样正常吗?”有的老师问道。“当然正常啊！就像你在跑步中拿了金牌，总不能在举重上也拿金牌吧?”善于迁移知识经验的老师马上对运动竞赛的情况进行了迁移。

“确实是这样，从评估学的角度上看，我们追求的是不同维度代表的含义彼此独立，所以出现差异是十分正常的。当然，在实际情况中，我们能够想象，水平高的教师很有可能是整体思考水平都比较高，在各个维度上的表现可能都会很不错。”专家的解释也使我们更能理解这样设计的目的。

利用水平一、三、五的形式呈现评价指标的确是我们之前没有考虑过的，而专家的解释也给了我们很多的启发，教师的能力仅仅以“合格”和“优秀”来评判似乎并不够，一位新教师刚开始可能是“合格”的水平，一路奔着“优秀”去，也可能十年内都还只是“合格”的水平，对教师来说，这份自评指标也就失去了引领与激励的作用。

3. 从必然王国到自由王国——教师“悟”的境界

指标的呈现形式确定之后，疑问又来了。既然针对的是低结构的活动，我们就很难把指标中的每个水平规定到行为层面——教师的水平往往停留在思维层面，很难客观、量化。但是，从专家的角度，一个好的指标体系必然是具有百分之百的可操作性、可验证性的。在理论与实践的冲突下，我们展开了又一次的交流：

“我们在写指标的时候经常会发现这样的问题：很多时候水平的高低往往取决于我们脑子中的思考，但是如果要写成外显的、客观可观察的指标，就会很难表述。这种情况下，我们是不是还要追求指标可操作性呢？”这个发问也是老师们集中的疑惑。

“一般而言，我们总是需要比较客观的指标，否则仅依靠一些主观的描述，大家往往会有自己的评判标准，那么指标也就失去了普遍意义。”专家比较坚持。

“可是我们在大学里也学过马克思主义哲学，里面说过，人的发展是从必然王国走向自由王国。那么，是不是可以这样理解，我们在专业水平比较低的发展阶段，应该是处在必然王国，需要机械的规定来便于操作。但是当我们逐渐认识到了孩子们的需要，知道怎样随机应变，就可以走向自由王国，很多时候分寸可以由自己拿捏？”受专家前几次引用其他领域理论的启发，我们的老师也尝试引经据典地来论证自己的观点。

专家显然也受到了震动，字斟句酌地说：“很有道理，从人的发展来看，确实是思维水平上的差异。不过，不同人的评判标准不一样，这又该怎么办呢？”

“那我们是不是可以把这些思维水平上的提高都作为教师自评的指标，而把可以客观评价的部分作为他评的指标？因为自评本来就是让教师自己来感悟的，带有主观性，不需要像他评那样一板一眼。”另一位教师进一步提出了自己的建议。

“是的，就像王国维所说的人生最高境界，就是‘蓦然回首，那人却在灯火阑珊处’，这不正是感悟之后的豁然贯通吗？连王国维也承认这是高水平的象征呢！”一位喜爱文学的教师说道，连专家也笑了起来。

与专家的互动，也并非全是一边倒的引领。因为术业有专攻，教师们的“专业”就是第一线的实际经验。所以在这种学术与实践的交流、碰撞中，只有教师将自己的想法与做法充分地谈出来，也才能促使“专家”拥有更多新鲜、真实的素材，从而进行更加深入的思考，这不正是对双方都更有价值的“他山之石”？

通过整个教师团队与专家之间的切磋、碰撞，我们找到了教师自评的新出路，这个以故事串联的培训形式，也让我们对于“低结构活动”以及“教师专业”发展有了更深入的认识。

我们常常困于自己的领地，埋头苦干，而忘了看看别人在做什么。学前教育的研究不应该一直摸黑前进，我们需要适时地看看别处的风景——不论是教育本身，还是社会、经济、体育竞技等都可以迁移到教育里面，给我们以启发与思考。“他山之石，可以攻玉”，教育不应该是闭门造车，借助其他领域的成果，换一个视角，掌握更多的资源，才能开启更广阔的天地。事实上，各行各业都在努力打破科学之间的界限，彼此合作，打开思路；通过了解其他领域的发展水平，也能提示自己，我们可预期的成果大致能达到怎样的水平，而不是一味追求完美。就像在本案例中，我们对教师自评存在的诸多疑惑，本身就是评估学的特性使然，我们一味钻牛角尖，结果必然是事倍功半的。而多听听外界的声音，也许能帮助我们少走弯路。

问题讨论

1. 花几分钟时间思考一下，激励你去学习新经验的原因是什么？如有这样的经历，请简要描绘给大家分享？

2. 不妨寻找一位合作伙伴，向他描述你的课堂教学风格与教育理念，并请他对你的描述进行点评。

本章感悟

本章感悟

第7章

团队成长:源头活水

为什么老师不愿意上公开课呢?

秦老师知道,下一次关于学案的研讨又将开始……

俗话说“三个臭皮匠顶个诸葛亮”,我们团队的组合就是对这句话最好的诠释……

组内老师们不约而同地给了我一个赞许的微笑,那是我的力量之源……

直到现在我才发现,自己以前的追求其实一直都在!

一个“发光”的学习体[①]

下课了，秦老师的心情无法恢复平静，她觉得课堂针对性的学习方法释放了学生的能量，看着学生用一个又一个的方法使小电珠发光，她突然觉得学生俨然成了一颗颗小电珠，在充满想象的课堂里，他们的思维在发光闪亮，晶莹而独特。此时教室后排教研组观课老师的掌声也格外清脆，秦老师知道，下一次关于学案的研讨又将开始……

2011年4月，上海市实验小学百年校庆之际，一本名为《穿越时空》的书诞生了，那是对学校一个世纪来办学理念的梳理和传承，是对学校精良课堂的重温和解读。“严实细活深”的教学风格在延续和发展，面对“市课程领导力有效教学”的命题，教师们又一次集结出发……

美丽的结构图

2012年1月，自然学科区级重点课题《小学自然教学中进行结构教学的策略研究》中期汇报如期举行，课题负责人张宇老师开了一堂研究课，课题名称为《其他种类的生物》，课堂上最大的亮点，是学生按小组绘制的一张张知识结构图。学生绘制的结构图表可谓五花八门，但歪歪扭扭的曲线和略显笨拙的字迹显示着他们的探究成果，让听课的老师感受到自然是一门科学，而孩子们的构图体现了科学的精神在于探究。

美丽的结构图不能掩饰课中存在的问题，就像课后教研组讨论得出的结论：知识结构图给学生的知识构建提供了很好的借鉴，但纵观整堂课，教师对学生前概念的了解是不够的，结构图也是学生在教师的统一指导下开展的，原创性略显不够。第二，学生的活动时间明显减少了，给学生创意的思维和发展的空间显得有些不足。

研讨陷入了片刻的宁静。“学案研究，应该试试学案研究，说不定这能解决一些问题。”作为教研组长也是课程领导力项目成员的秦瑞波老师马上想到了学案研究。

“张老师的教案，充分考虑了课程标准和教材内容，而且她也应该对班级的学生

---

① 上海市实验小学季峻岭执笔。

了如指掌，从课的效果来看，也充分体现了三维目标的达成，没有学案，我觉得一份好教案照样可以上好一堂课。”老教师万老师对新的课题研究提出了不同意见。

“你的目标在制定过程中缺少了对不同学生的预设，对不同学生的价值取向也了解比较少，或许上课之前通过学案可以加深教师对学生的了解。”组长秦老师说。

学校老师总是对新鲜的事物充满好奇，这是学校教师的一种文化。“有道理，反正是研究，再说其他组都已经行动了，我们尝试一下也不妨！”张宇老师鼓动大家参与学案的研究。一番争执之后，教研组达成了一致意见：由组长率先开展一节学案研究课，课题是二年级第二学期的《小电珠发光》。

锁定前概念

学校的课程领导力的研究如火如荼，文献研究发布会、专家诊断会、学案研究推进会等等。周一下午，学校课题组关于学案的研究进行到了晚上 6 点多，组长秦老师代表自然组对自然学科《小电珠发光》的学案样式进行了全校交流，全组人员聆听了专家和课题组长的建议，马上进入了课堂的前期准备。

“教师手捧教案，学生握有学案。”秦老师想象着学案课堂的样子，但她很快被学生们课前交上来的学案里“我的问题”一栏里讲的内容震了一下。

原本秦老师想，学生的问题肯定都是关于“小电珠怎么连接才能发光”的。但阅读了学生的学案后，她发现除了这个比较集中的问题之外，学生还提了各种没有想到的问题：什么是导线？为什么小电珠会发光？为什么电池会有电？什么是正极和负极？为什么将正极和负极连接起来会损坏电池？……这些问题让秦老师感到既真实又零乱。

对于“怎样让小电珠发光”，每一位孩子都给出了不同的“法子”：用一根线的两端连一个极，小电珠也能发光；更有学生给出的答案是没有线，电珠也能发光的“超级创意”。不怕做不到，只怕想不到，秦老师感慨于学生的前概念（即学生在接触本课学习知识前，对现实生活现象所形成的经验型概念），也惊叹于学生的想象力，看着一份份学案上学生亲手绘制的线路图，她有些忍俊不禁，但很快又开始了行动……

对学生前概念的梳理和对教学内容的重新修订是必须的，秦老师让教研组每一个教师都参与到课前学生问题的整理工作。他们将电池、小电珠、导线、连接这几个方面的所有问题进行了整理。由于大多数学生的问题是关于如何连接的，如果以连接的部位进行整理，学生能够找到的部位实在太多，而且连接的关键部位有 4 个，学生有的连 2 个，有的连 1 个，有的连 3 个……排列出许多组合，整理了也等于没整理。所以，教研组按照导线的数量对这些方法进行了梳理：不用导线、1 根导线、2 根导线。这样，不但可以在课堂上清楚地分析学生错误的原因，还能让学生在短时间内了解全班同学预想的各种情况。

研究源于问题

问题梳理好了，如何引导学生通过学案的设计在课堂上解决问题，教研组教师经过研讨达成了一致的观点：将“连接”这一类学生提的最多的、最感兴趣的、也是最难用语言解释清楚的问题作为课堂研究的重点；一节课中不可能把所有的问题都解决，也不能让学生提了问题却又置之不理，于是又决定其他问题以“小资料”的方式进行解释。

研究课终于开始了，秦老师自信满满地走上讲台，这次她似乎比过去更懂学生了。学生的课堂反应如她所预想的那样，当问及“你们最想解决哪一类问题”时，他们异口同声地回答“连接”。

通过学案研究，让秦老师和她的同伴认识到，一节课的研究重点来自于学生的问题，当然也不可以忽视每个学生的疑惑。学案，直面了每一个学生的问题。

如何优化学习过程，给学生更多学习探究的空间，这是教研组课前反复强调的主题，学案似乎很好地扮演了这份“角色”。课堂上，学生在忙碌着，他们预想、操作、思考、观察和分析，俨然成为了研究的主人、课堂的中心；教师也在忙碌着，她穿梭在各个研究团队之间，或聆听，或解答，或一同被邀请参与。

学案设计中突出了图表结合、操作方便、启发引导、简洁明了等策略。在“操作过程”一栏，给了学生直观的图片，而图片正是整理了学生不同的连接方式后的产物；“操作发现”引导学生聚焦小电珠发光的关键连接部位；而“学习小结”鼓励学生更多地尝试，探寻更多让小电珠发光的各种方法。学科育人也体现在学案的设计和实施中，“学习评价”让学生在活动中能引导主动合作讨论，分享观点，同伴求助等，在实践的过程中体验成长，享受快乐。

梦想的释放

快乐在教室里传递，探究的精神写在每个孩子的脸上，铃声在不期中响起。“怎么就下课了呢?”看着学生在课堂给力的回答、自信的交流、快乐的笑脸和活跃的思维，秦老师开始聆听学生对学案上“创意园”设计的一个个梦想。

“秦老师，下课后，我要把课堂上七种连接方法再去尝试一下。”

“我觉得网上可能会有我们今天没有想到的连接方法，我想去搜寻一下。”

“手电筒，我要研究一下家里手电筒的构造和发光原理。”

……

最后秦老师把目光停留在小王身上，看得出，今天他收获还是很大的，虽然课前他的“小电珠发光图”可以用乱七八糟来形容，但在整个的教学过程中，由于同伴的帮助和秦老师的多一份心，他也掌握了至少3种连接方法。此时的小王似乎看懂了秦老师的心思，起身大声地说：“这个要保密，秦老师，下一节课前看我的创意吧！”

“好！下课。”

兴趣有时需要一个方法，一种氛围，一股热情，点燃了就没法打住，而一切都是因为多了一份对学生的了解开始的。下课了，秦老师的心情无法恢复平静，她觉得课堂针对性的学习方法释放了学生的能量，看着学生用一个又一个的方法使小电珠发光，她突然觉得学生俨然成了一颗颗小电珠，在充满想象的课堂里，他们的思维在发光闪亮，晶莹而独特，而秦老师似一根彩带般的导线连接每一颗发光的“小电珠”。此时坐在教室后排观课老师的掌声也格外清脆，秦老师知道，下一次关于学案的研讨又将开始……

尾声

上海市实验小学从建校初期的“扎实课堂”到上世纪60年代的“严实细活深”，再到如今的“开放课堂”，百年来始终把课堂改革和有效教学作为核心。两年多来，课题组对开放教育背景下教学有效性的研究几易研究内容，最后目标直指学案研究，全校所有的学科教师都参与了这项课堂实践研究活动，研究成了所有教师的一种工作常态。学案教学在学生“想学”、“愿学”、“乐学”的心理基础上展开，以学生的“学”为出发点，把学习目标、内容、要求和学习习惯、方法、情感等要素有机地融入到学习过程之中而编写的。在教学双边互动中，学案的研究触及了有效教学的内涵，又实现了教学个别化的积极尝试，更多地体现出现代教育中人文关怀的深度，学案的研究带给了师生课堂理念和行为的变化，于是我们可喜地看到建构主义理论在课堂的执行，学生主动参与互助学习在课堂慢慢形成，学科兴趣在课堂被无限地放大。

问题讨论

1. 作为一个教师，你认为你的校长在支持你的专业发展中应该扮演一个什么样的角色？提供怎样的支持？

2. 你觉得目前学校教研组在哪些方面为你教学改善提供了帮助？你认为自己在校本教研中起了怎样的作用？

从“被成长”到“要成长”[①]

成长之路要有“磨”在公开课上的韧性！

成长之路要有“沉”在家常课中的心境！

成长之路要有“长”在教科研的责任！

朱自清在《匆匆》中说道：“洗手的时候，日子从水盆里过去；吃饭的时候，日子从饭碗里过去；默默时，便从凝然的双眼前过去。我觉察他去的匆匆了，伸出手遮挽时，他又从遮挽着的手边过去。”冬去春又来，一年又一年悄然而逝。回顾往昔，前几年，我还始终处在一种很茫然、矛盾得找不到方向的情况下，但值得庆幸的是，这一路走来，在娄山中学语文教研团队每位老师的人文关怀中，累并幸福着，自己的专业水平在不断地提高，专业意识愈发自觉，在语文教学的成长之路上走出一片精彩。

成长之路要有“磨”在公开课上的韧性

记得2011年的3月，在娄山中学已经任教七年的我要代表长宁区参加第四届上海市“信宏杯”语文大讲堂的比赛。在这之前，我并非没有开公开课的经验，但还是有些紧张，糟糕的是，对于上课的篇目《外婆的手纹》的教学重点一直定不下来，上课的思路也还有些凌乱。现在，想想那几个日日夜夜，用度日如年也许有些夸张，但绝对是度日如月！

让人没有想到的是，我的焦虑早就被语文教研组内的老师发觉了。教研组长汤老师主动地问我：“怎么样，准备如何？”我摊了摊手，苦笑着说：“别人是万事俱备只欠东风，可我现在是一切都未起步，被外婆那深深的手纹笼罩着！”汤老师拍了拍我的肩，语重心长地说：“小伙子，别急！你后面还有我们这么多后援团呢！”

于是乎教研组特地为此组织了两次教研活动，一次专门讨论我所设想的两个专

① 上海市娄山中学应超执笔。

题，就这两个专题让大家设想，自己会怎么上？在会上，你一言我一语，每位与会老师真心地把自己当成参赛选手，尽心竭力地、讨论，为我提供了很多思索的方向。这一次的活动让我最终确定：抓住“体会外婆在苦难中追求真、善、美的品质及她朴实而高尚的情操”这一教学目标作为教学重点。教学目标的确立也使我的思路变得清晰，马上就将教学目标和教学过程整理好了。

看着我日渐舒展的眉梢，的确很令人振奋。语文教研组专门讨论我的教案的教研活动，也紧接着开展了。会上大家给出了很多中肯的意见，就教学结构、问题的创设进行了讨论，这一次活动让我把整节课的结构完整地定了下来。接下来就是最为“煎熬”的试讲，但在教研组老师的帮助与关怀下，我并未体会到煎熬，而是感受到了力量与信心。当这节竞赛课在大家共同的努力下，被打磨得越来越完美，我上课的信心也越来越充足，并在这种鼓励下，我最终获得了第四届上海市信宏杯语文大讲堂“语文教学之星”的称号，看见组内老师们不约而同地给了我一个赞许的微笑，那一张张的笑脸像阳光一样灿烂，是我的力量之源。

个人的能力再大，都是有限的，而一个团结的集体，它的能量是远远大于各个成员能力的简单相加。在大家的讨论中，每个人的智慧都受到了启迪，激发出的力量是以几何级数上升的。后来，我又开过好几次公开课，可以说每一次公开课对我而言，不是展示，更多的是学习和提高，吸收组内每位教师的经验、个人教学感悟的精华，使自己在对教学、对教材的把握上有新的认识和提高。同样的，组内其他老师上公开课，也成为了我学习的好机会，因为在参与讨论中，等于自己设计了一节课，在意识中也上了一节“公开”课。

成长之路要有“沉”在家常课中的心境

在慢慢适应了语文的教学，上课越来越成熟以后，刚刚任教时的那种紧迫感淡了，加上班主任工作和其他社会工作也很忙，有时，我也会放松放松。结果，在一次被学校的区级学科带头人——陈红波老师听课的过程中，我有了更深的认识。

那是一节试卷讲评课，事先我已经知道陈老师要来听课，我想：一节家常课嘛，就这么上吧！上好以后，陈老师毫不客气地说：“这样上不行！”当时，我有点摸不着头脑，怎么不行了？这节试卷分析课，我已经对同学的回答做了初步的统计，对一些错误比较多的题作了重点的讲评，而且仔细分析了每一种学生出现的错误，我不明白我的问题在哪里。

陈老师是一位经验丰富且又十分认真的老师，专门挪出时间和我谈这一节家常课。上课的对象是学生，备课中怎样备学生？统计试卷中学生的错误的做法很好，可以将时间用在刀口上，使课堂更加有效，但比这个更重要的是，通过分析，要了解学生为什么会错，根据学生已经有的知识结构，帮助修正，这个过程，只看试卷是分析不出来的，要有和学生的交流，做许多的准备，真正知道学生需要什么才是关键之关键。"比如说这道题'阅读第一至四段，从吃、穿、住等方面写出老人生活节俭艰苦的具体表现'，你觉得会有多少学生搞明白，或者原来不明白，现在清楚一点？你知道为什么学生害怕这种概括的题型吗？是不是有些同学对于概括的基本思路都不清楚？还是对于文章的内容都没有弄明白？这些最基础的没有弄清楚，你再怎么讲都是：明白的不要听，不明白的还是听不明白。"

我原本心中一些疑惑，甚至是有些不服，在这句句铮言中渐渐消逝。陈老师似乎看出了我内心的变化，语气稍缓道："应超，这张试卷做好改好以后，你有没有和学生做过交流？如果没有这么做，你的分析都是纸上谈兵，是你的想法，不是来自于学生。""但是这样会花费很多时间！"我辩解道。"不要叫时间不够用，你没有发挥好课代表的作用，课代表不是收发作业的工具，他们来自学生，真正了解广大学生的想法，要让他们成为你的真正帮手，要让他们把学生中的想法了解了并且说出来。"

一直以来，得到陈老师很多的帮助，而这一次的批评，我真正见识了我们语文教研组教师们的风骨，也对于"人文"内涵产生了进一步的思索。教研组"集体备课"的活动对于一个教师成长的作用是巨大的，但是对于学生而言，教育的意义与效果又如何呢？

都知道教育的主体是学生，要以"学生为主"，教师的成长不正是为了学生的成长吗？我们教师，承担着教育的责任，不能有丝毫的放松和马虎，同时对教育的追求也是没有止境的。回想本组的老教师王静秋老师经常去逛书店，看看最新的教辅材料是怎样组织的，教参是怎样要求的；教研组长汤雅华老师在做题目时发现了一些疑问，专门到图书室去认认真真的求证；许多的教师都有厚厚的剪报本，都是与语文相关联的一些考点等等的摘录；还有那些记录在备课笔记上的密密麻麻的内容，这一切不都是为了提高教学效果，为了学生的成长吗？他们用他们的实际行动在专业知识上、在师德的追求上给我们青年老师以帮助和引领，让我领会到教师一个人的成长是被动的成长，只有与学生共同的成长，才是真正的成长，才是一种真正的"人文"。

成长之路要有"长"在教科研的责任

教研组这个大家庭在一步步助我成长，我也在尽己所能为这个家做点什么。

出于学校对于我的信任，我担当了初二备课组的组长，而在这期间我将自己在成长过程中的所得所感与备课组老师共享着。走进我们备课组办公室内，最大特色就是大家一起研究、抒发共同心声。我们集体里的成员虽然只有三位，但是各有喜好，各有“招数”。一种共同进步的氛围始终围绕在这十平米左右的空间内，除坚持每周一次的集体备课外，做到随时有效交流、共进。我们组内的王静秋老师是学校教学经验丰富的老教师。我充分利用好这一资源，形成老教师帮教、新教师推门学习的风气，让学习和交流无时无处不在。王老师带头上好把关课，使老师们有很大的收获。组内年轻教师上进心强，领悟力强，业务水平提高很快。组内不管发生什么事都说出来大家商量着办，把老教师的沉稳与青年教师的激情中和起来。我们组内学习、工作气氛其乐融融，发现“金点子”大家共享，遇到疑惑和困难一起斟酌商量，成为了一个紧密团结的集体。只要我们这个集体在，这种氛围、这种和谐、这种幸福会一直持续……这不正是我能一路走来最大的动力吗？

通过这几年在语文教研组帮助下的教学，我对本学科的教育有了更深的认识，深深体会到，中学的语文教学是整个人一生中思维形式培养的重要阶段，所有的知识点，都可以在书上找到，是可以被替代的，而文学思维却是不可替代的，因此，在每一位学生头脑中建立一套有逻辑性的文学的思维方式，用这种思想来思考问题、分析问题的方法是我们老师更应该着力去培养的，是每一位语文老师努力的方向。我们不仅要成长为能够上好每一节课的老师，而且在此基础上，要在专业知识上有深厚、扎实的积累，在个人知识结构上致力于 T 字型成长，纵向不断深入，横向不断扩展，使自己的知识面更宽。我深深地知道“路漫漫其修远兮，吾将上下而求索。”而在娄山中学语文教研组这浓浓的人文氛围中，我觉得自己的求索之路走得格外的坚定和踏实！

问题讨论

1. 请回忆一些对你的专业成长有较大帮助的优秀教师或领导者，并运用特征分类，列出这些人所共有的个人品质和技能。

2. 你有制定清晰的个人职业发展规划吗？如果有的话，最近一年，你有认真检视过自己的职业发展目标的达成度吗？

小工地上的“钉子户”①

我把在这次研讨中的所得与年级组的同事们进行分享，她们认为最欣赏的是研讨中的思考方式，不要急于解决问题，而是要先对问题进行仔细的分析，多问自己几个为什么，才能剥开迷雾，直达问题的核心。

大班角色游戏时间，小工地里总是那么热闹，以皮皮、陶醉为首的几个男孩总是在里面因为自己的成果欢呼雀跃，今天出现了楼梯翻翻车，明天新建了高架轨道，后天改建成了急速转弯轨道，他们俨然成为了小工地的“钉子户”，用自己的热情与成果“霸占”着这片自己动手搭建的乐园，而且，这学期以来几乎“足不出户”。

作为班级老师，看到这样的情景，我的心中是又喜又忧。喜的是这群男孩总是充满热情和创意，相互合作协商，在每次游戏中十分投入而又颇有成效，忧的是他们总是在小工地里，重复参与同样的游戏。

不同类型的游戏对幼儿的发展有不同的价值，那么角色游戏时间里，幼儿一直固定在建构小工地里会不会限制他们在其他方面的发展？作为教师该不该建议或是要求他们更换游戏区域呢？

第一次研讨——年级组

当我走进年轻的年级组把疑问抛给大家时，一下子引起了老师们的共鸣，大家纷纷发表自己的意见和建议。

有的教师感同身受，因为每个班级总有那么一小拨幼儿始终有着自己执着的偏好，喜欢在游戏时间较为固定地呆在一个地方，教师做过引导和建议，但是成效并不大。

有的教师认为，角色游戏的最大价值就是培养幼儿的交往能力与社会性发展，所以总是在一个地方玩有悖于角色游戏的初衷，应该鼓励幼儿多方尝试，引导幼儿

① 上海市冰厂田幼儿园沈祎冰执笔。

去不同的区域进行活动。

有的教师则持相反意见，游戏是幼儿自发的选择，应该尊重幼儿的选择。既然他们能够对一个游戏内容保持热情，教师就不应盲目介入打断。

有的教师认为，应该在适宜的时间进行引导，当教师发现这群幼儿对这一游戏内容的兴趣回落时，教师应抓住机会引导转移兴趣。

但也有教师提出，既然兴趣回落，幼儿自然会转移游戏内容，无需教师多做引导，再说从目前状态来说已经持续的一段时间，是否已经造成了发展缺失的情况呢？

大家各执己见，未有定论。这次研讨虽未能达成共识，但大家都决定去班里进行观察是否也有类似情况，通过进一步观察与实践寻找问题的解答。

第二次研讨——分层教研组

我将同样的疑问带到了我所属的分层教研组——名师后备项目组，面对一群成熟、资深、优秀的教师，是否会有不同的解答呢？

当我把问题抛给大家，并把年级组的讨论情况与大家分享时，大家不是先急于回答，而是进入沉思，我想是不是大家也在回忆平日自己带班过程中也存在同样的疑虑，如何进行价值判断呢？

这时，有教师发问了："我觉得你刚才说的这几位教师的观点，都有自己的道理，但是我想问的是这几名幼儿的发展水平如何？"

我如实回答："这几名幼儿属于我班年龄较大的幼儿，各方面发展在班内属于中上水平，在思维、运动方面尤为突出，个别幼儿在情绪控制及美术创作上有些弱。"

这位教师继续提出自己的想法："为何我要问这一问题，因为你的出发点是考虑幼儿能力发展的缺失，所以我们要先来看看这几名幼儿的能力发展水平，再来思考你这个疑问的必要性。"

另一位教师提出了自己的观点："顺着这个话题聊下去，幼儿的能力发展只体现在角色游戏中吗？"

这时我有些恍然大悟，回答道："不是，幼儿的能力发展体现在一日活动的每个环节之中，如果这群幼儿的能力发展因为在角色游戏中始终根据自己的喜好选择同一个内容而有所缺失，是不是在一日活动中的其他环节有所补缺？"

另一位教师立马接话："比如个别化学习、集体活动，甚至生活活动，只要教师对幼儿足够了解，并且有意识的话就可以。"

我们的组长立刻回应道："是的，这就是我们所说的教师要有'大课程观'，另外我们也可以来看看在这几名幼儿的游戏中是否体现游戏的价值？"

有的教师立即回答："体现了自主、自由、自发地选择游戏呀！"

有的教师翻开《游戏》一书重温游戏精神——“积极的情感体验、主动的认知表现、互惠的同伴交往和自发的动作练习”在这群幼儿的游戏中都能找到！

当我沉浸在仿佛寻找到答案喜悦的那一霎那，又有老师质疑了：“毋容置疑，这群幼儿的建构水平有目共睹，但是角色游戏中其他游戏发展的水平呢？他们不去玩，你就没有办法了解呀！”

这一提醒仿佛给我当头棒喝，虽然能从以往他们的游戏表现中略寻踪迹，但是对他们的后续，特别是近期发展的确有些空白，这也促使我要对这一现状作一番思考，然后思考对策。

接着我们又围绕“如何能够在自然状态下了解这群幼儿的游戏水平”进行讨论，最后大家决定应该在适当的时候关闭小工地，让这群幼儿自然分流到其他游戏中去，观察这一阶段集中性地参与建构游戏，对这群幼儿的其他游戏水平是否有影响。另外，大家都觉得这一研究点非常有价值，表示回去也会就本班的类似情况，做相应后续观察。

这次的分层教研组结束后，我把在这次研讨中的所得与年级组的同事们进行分享，共享做法、引发思考，她们认为最欣赏的是研讨中的思考方式，不要急于解决问题，而是要先对问题进行仔细地分析，多问自己几个为什么，才能拨开迷雾，直达问题的核心。

1. 自然合作、共享智慧

教师课程领导力的提高，离不开教师在日常实践中对问题的发现、分析、再实践这一系列的过程，而教研组则成了教师解决实践问题的强而有力的后盾，教研组搭建的对话平台使教师能够各抒己见、各尽所能、各取所需，迅速而有效地提升教师专业化水平。

教研组打破了原先的专业个人主义文化，在教研制度保障的前提下引发教师中的自然合作文化，这样的合作出于教师自己的意愿，解决来自于教师自身教育实践中的问题，并以互相之间的对话形成合作，在对话与合作中的经验共享、同伴学习，成为教师专业发展的有力工具，这样的合作影响教师思考、感受和行为的方式，并让教师始终保持一种开放的心态，主动寻求专业支持，从而帮助自身提高课程领导力。

2. 寻找差异、挖掘资源

除此之外，教师之间的差异资源，是提升整个教研活动水平的重要阶梯。卡尔·马克思曾说过：“我们知道个人是微弱的，但我们也知道整体就是力量。”有碰撞就有火花，有火花就有激情，就有推进的无穷动力。

诚如案例中所体现的，两个不同层面的教研组所呈现出的研讨思路是不同的，年轻的年级组员更多的是从自身的经验与理解出发，平行地提出自己的想法与建议，而成熟的名师后备组员能挖掘问题背后更深层次的问题，就一个话题形成互动式的对话，而将问题越辩越明。横看成岭侧成峰，识得庐山真面目，更多依靠的是互相的启迪，互相的促进。朝气加经验成为了教研活动最大的亮点。再让我们换一个角度，也正因为名师后备组员了解了年级组员的研讨内容，才能从不同的角度更深的层面去思考这一问题。

同一问题所呈现出的不同研讨过程，除了让我们看到教师群体间的差异，更让我们明白要利用这些差异使其作为教育资源，就要让不同群体间的教师有联动分享的机会。这样的联动分享，依靠的是全体教研人员的群策群力，需要的是教研组长在其中的牵线搭桥，更需要的是在问题不断地深入中，教研组长的导入、协调与总结。在教研过程中，教师的差异资源是普遍存在的，我们不能忽视这一问题，但是优秀的教研活动，可以将差异转化为教研的动力。

3. 引发对话、创造进步

在教研中，有研究者曾提出教研组长就如同各类教师的优秀领航员，不远不近，不徐不疾，不会让教师跟不上，也不会湮没在教师里。有研究者曾提出："教研组长有时在前示范领跑，有时在旁结伴而行，有时在后助推鼓舞。终点清晰，但不急功近利；聚集人心，但不高调张扬。"

教研组长应该起到的是"引发"的作用，引发的是具有差异资源的教师的对话与交流，这种对话与交流可以构成进步的基础。引发可以是多样化的，按照需要，教研组长可以安排年轻教师群体与成熟教师群体之间的对话，可以安排年轻教师个体与成熟教师个体之间的对话，可以是师傅带徒弟的传统指导与沟通方式，也可以使用"照镜子"的办法，即青年教师的演绎后，由成熟教师演绎，后由年轻教师再演绎而获得进步。这样全方位地引发差异资源的互补，是教研组长工作的重要部分。

这就是教研组整合的力量，而这种力量的迸发，才能真正创造教育智慧的进步，也是我们在课程领导中所追求的，创新在前，实践在前，反思在前。

问题讨论

1. 如果给你一个机会坐下来与你信任的同事讨论教学实践和教育问题，你将会谈论哪些话题？为什么？

2. 你愿意从你的安排中抽出时间来参与这样的对话吗？什么样的因素将会鼓励你或制止你？

一个“小兵”的华丽转身①

走出虞校长办公室，一股热浪袭来，我真的从一名普普通通的语文教师成为学校唯一的书法写字老师了，而且还成为了课题组的副组长。这真是一个富有挑战的转型！

惴惴不安

“你的班级下学期由王教导教。你的岗位被提到……”暑假里，我正在德国度假，好朋友——夏在网上气急败坏地告诉我。

怎么回事？我一头雾水。

我急急忙忙打开邮箱，有虞校长的邮件。我迫不及待地打开它。看完，我舒了一口气。

意料之外，又情理之中。做了十几年的语文老师和班主任，现在让我负责全校的写字教学，做专职写字老师，教四、五年级的写字课，这并不让我感到意外。如果有政策支撑，我这个上海市书法协会会员，上海师范大学书法专业的本科生应该是写字老师的合适人选。让我没想到的是，我一直是一个受别人领导的小兵，现在要我负责全校的写字教学工作，还要作为学校拓展课程的领衔教师，并问我有没有信心担任课题组副组长，这让我如何作答。

一下飞机，我就赶到学校，见到虞校长，我直奔主题：“虞校长，你要我怎么干？”

“什么我要你怎么干，是你想怎么干，你带书法团队已经五六年了，也做出些成绩，这方面你是内行。你以前不是对学校开展写字教学有很多想法吗？难道收到我的邮件后，你没有好好想过吗？不会吧，放手干吧！”没想到虞校长就这么放心让我干！

---

① 上海市朝春中心小学徐颖执笔。

"刚开学,事情很多,下周我们再研究招募课题组团员的事。你先想一想团标和团名,第三周就正式开始活动。"

走出虞校长办公室,一股热浪袭来,我真的从一名普普通通的语文教师成为学校唯一的书法写字老师了,而且还成为了课题组的副组长。这真是一个富有挑战的转型!

抱团取暖

第二周,学校公告栏中就贴出了招募拓展型课程课题研究组成员的通知。三天里,招募表上就有了七位教师的名字,有教语文、数学、英语、音乐、体育、美术……申报的拓展课程也五花八门——《古诗吟诵》、《阳光班操》、《十字绣》、《趣味彩绘》、《茶艺》……看来,在拓展课程开发、实施的研究中,大家都需要抱团取暖。

团在一起研究一项任务的团队……"有了!就叫'团团乐'吧!"

有了团名,团标的设计也一下子来劲了。

整整一下午,我都趴在办公桌上画呀,改呀。团标要把团队的内涵和精神都体现出来,还真不是件简单的事。我觉得画得有点意思了,就拿给办公室的老师们看看,听听他们的意见。

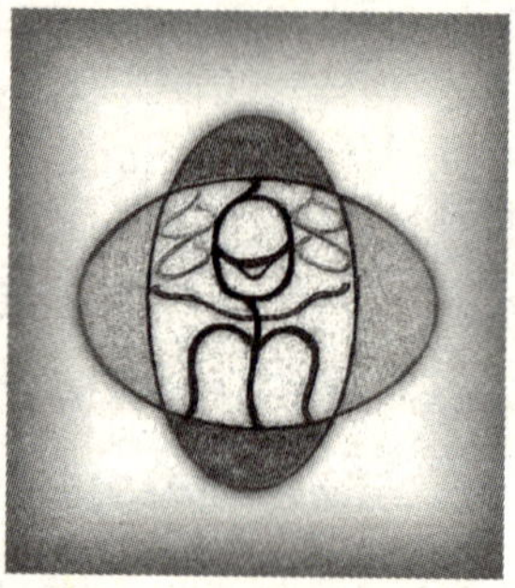

晚上,小儿子睡了,我又从包里拿出画稿和彩笔在灯下画了起来。这次的效果让我挺满意,扫描进电脑,用ACDsee5.0稍微修改了一下,再用光影软件做了个浅浮雕效果。

好了,打印!满意,就是它了!

第二天的团队启动会议,我向大家介绍了我们的团名和团标。

"……这个团标有两个不同方向的椭圆组成,我们来自不同的学科,开发的课程也不相同,在这里我们有思想的碰撞,有各学科教学教法的融合,在一个团队集体中,我们团结一心。中间是带有拟人图像的篆书'乐'字,这是我们团队的状态和精神——在快乐中共同成长。我选用了绿色,代表着我们的朝气,红色和黄色都是喜气成功的颜色,它预示着我们的课程研究将会是有成效的。你们细看……"

"你太有才了,做得这么漂亮!"

"你想得真周到,这绿色就像'茶艺'课中碧绿的茶叶。"

"我觉得这个'乐'字就像我们'班班操'课程设计的亮相动作。"

"这旁边的颜色像是绣上去的,我好像看到'穿针引线'课上学生的作业。"

……

大家都喜欢"团团乐"这个团名，对我设计的团标也赞不绝口。我更是乐开了花，轻飘飘的。工作还没正式开始，自己就先乐了一把。嘿嘿，快乐是不是很简单？

第一排的学习者

"区里有一个拓展型课程的比赛，你和小邬、小季一起去参加。"虞校长一个电话又把我叫到办公室。

拓展型课程还要比赛？我不行，这是一个新的课程，我心里一点底都没有，怎么能去比赛了。这不是逗着玩嘛。我可不做没把握的事。

"正是因为是新课程才需要研究，靠我们自己的力量总是比较薄弱的。我知道你是完美主义者，但我们这次主要是抱着学习的态度去的，你轻装上阵就好。"我是个愿意接受新事物的人，能有这样的学习机会真不错。

周一一大早，我就骑车赶到教育学院，听教育学院的翁老师作比赛前的培训。我找了第一排中间的位置坐了下来。

翁老师是个十分细致的人，思路很新很活，有的时候要跟上他的节奏还是要花一番力气。一上午的培训，让我一下子觉得难以消化，从某种程度上，它颠覆了我以往对拓展型课程的理解。

"下周一前，请各位老师把自己申报的课程，按今天的要求做好'科目设计'，然后上传到区教研平台上。"翁老师布置的作业真不轻松。走之前，我把翁老师讲课的文件都 copy 了下来，回去再研究一下。

"'笔墨飘香'拓展型课程科目设计"，我在电脑上打上标题，接下来的三天，工作的重心都移到这里来了。三天后，我把科目设计上传到区教研平台上。

又一个星期一，翁老师找我一同讨论科目设计的事。我上传的科目设计，需要回去后再进行修改。

第一轮的评分结果出来了，我进入到下一轮答辩阶段。答辩那天，评委老师提出了很多质疑，我也把想法一一呈现出来，同时还向评委提出了设计时的一些疑惑，整个答辩过程倒像是又一次学习和研讨。我想，这次即使没有获得任何奖项，参加这次活动也是非常值得的，能实实在在学到很多东西。

第二轮，我又过关了。

第三轮课堂教学比赛环节可是实打实的。修改学本，设计环节，录像试教，讨论反思，一星期就在紧张、忙碌、纠结、痛苦、兴奋中飞快地过去了。星期一一大早，学生就陆续来到教室，评委组老师 8 点 20 分也进入了教室。

开始还有些紧张，可进入状态后，我就像日常上课一样，和学生们融在了一起，课堂随机生成的一些状况也处理得十分顺畅。没有负担，抱着学习研究的态度，人也就轻松了。

上完课，两位评委对我的科目设计以及课程设计十分感兴趣，特别提到我创编的《笔墨飘香》的学本，既有童趣，课堂操作性也很强。我很高兴有人欣赏我自己设计的学本，这确实是我这两年很用心在做的事之一。两位评委特别郑重地向我预约，等完成后他们想拿到他们学校去推广使用。

送走了评委，我带着微笑回到教室，回到这个让我成长的舞台。

我做指导者

参赛成功后，校领导接连给了我两个任务。一是在全校学习会上，做“课程育人”的发言。二是在课题组内，为课题组成员，做一个课程科目设计的培训。

从哪儿入手呢？还是得从课程入手！对了，拿来主义，翁老师给我们培训时，有几个课程的事例很生动，我何不拿来用一用呢？

全校学习会，领导一个也不差，都坐在第一排，后排的座位上也被老师们坐满了。我把讲稿放在一边，接过话筒，按下做好的PPT。两年前，进行的国际培训师课程训练让我在这一刻变得从容和自信。我从“我和妈妈”的拓展型课程中两个不同版本的课程设计说起，让老师们为自己的孩子在两种形式的课中选一个。角色变化了，老师们的心态也变化了，他们大多放弃了传统形式的阅读教学，而选择了以情感为主线的，运用读、猜、讲、画等多种形式进行的拓展性课程学习方式。看到老师的兴趣被调动起来了，我适时把自己设计的“笔墨飘香”课程中的几个环节呈现出来，和大家一起讨论一些在设计过程中考虑到的教育价值。我发现大家听得都很认真，虞校长还不时眯起眼睛专注地看着屏幕上的内容。第二天中午，有些老师在食堂碰到我，都问我在哪里能买到我举例的那本书，网上好像都缺货了。

看来，我又成功了一次。

一个月后，我在课题组内又进行了一次课程科目的设计指导。这次，我胸有成竹地以自己的课程科目设计为例，具体地讲解说明。在“教学价值”的说明上，我还联系《文汇报》的“文汇教育”版面中介绍的上海交大医学院副院长黄岗在医学院中开设的一个课程——《掩藏在世界名画中的医学真相》，向大家阐述，任何一门课程的设计都应该以育人为前提，以适应学生终身学习和可持续发展的要求为目标。

会后，虞校长用肯定的目光看着我，说：“小徐，你已经转型为课程的研究者和指导者了。”

真的吗？真的！回首一年走过的路，我实现了从一个小兵到课程研究者、指导者的华丽转身。

问题讨论

1. 最近一学年里，你是否承担过具有挑战性的任务？如果有的话，简要介绍你是如何完成这项任务的？

2. 你觉得课程领导者最重要的能力是什么？你会有意识地培养自己的领导力吗？

在教学高原地带"蜕茧成蝶"①

俗话说"三个臭皮匠顶个诸葛亮",我们团队的组合就是对这句话最好的诠释。每次活动我们都会经历这样一个研讨过程:制定研究主题——课前的磨课——分头学习相关资料——公开教学——交流研讨——撰写体会。

大部分教师在教学生涯中都会遇到"瓶颈期",几年前,从教十几年的我就遇到了这个尴尬的时期。虽然凭着经验,课堂教学还是比较得心应手。但当时刚进入教导处的我还是遇到不少问题:自身教学风格不突出、教学科研力不从心,教学上很难有更大的突破和提升……

作为在打一小学(打虎山路第一小学,以下简称"打一")成长起来的青年教师,我很清楚学校对青年教师培养的路径。学校采取了一系列有针对性的培养措施,比如师徒带教、青年专业发展小组、特级教师的听课指导、名师课堂……而针对我这样层面的老师还是不多,要是有一个长效管理机制,让我们也能"迈小步、不停步",遇到困难也有人指导和关心该多好啊!

几年前,学校成立了"中学高级教师教学研究合作团队"(简称"中高团队"),每个"中高团队"都有一位具有中学高级教师职称的教师领衔,并以这位老师的名字来命名这个团队。在业务上想寻求突破的我,也有幸成为中高团队的成员之一。我参加的是"吴倩团队",团队共有 3 人:吴倩、王成军和我,王成军和我分别是公办打一和民办打一的青年骨干教师。

虽然中高团队组建初期,我不知道它的组织形式、成员关系……也不知道在这个团队里能有多少收获?但作为团队的成员,我期待在这个团队中有更高层次的发展。

俗话说"三个臭皮匠顶个诸葛亮",我们团队的组合就是对这句话最好的诠释。每次活动我们都会经历这样一个研讨过程:制定研究主题——课前的磨课——分头

① 上海市民办打一外国语小学朱卫剑执笔。

学习相关资料——公开教学——交流研讨——撰写体会。活动中，我们3人互动互促，各领风骚。每次活动对我来说就是一种学习，一种成长。

挑战有内涵的课例，为"成蝶"打实根基

中高团队在研究课内容的选择上，从最初的根据执教教师的意愿进行选择，到后来鼓励个人选择有难度、有研究价值的课。

记得有一次，开学第四周我们团队就要进行展示，而在第一次活动中团队三人就产生了分歧，矛盾的主要原因还是研究课内容的选择。按照当时四年级的教学进度应该上第二单元"数与量"，但所牵涉到的内容，无论数还是量都是大而抽象，对于第一次执教四年级的我来说，有点不知所措。

吴倩老师安慰道："有难度，才有挑战，才更值得研究。大胆选择，我们团队是你坚强的后盾。"

"其实我也考虑过，想选《吨》。"有中高老师的支持，我底气似乎也增加了不少。

"啊，为什么要选这节课？我反对，因为我上过这个内容，太抽象了，学生很难体会。"王成军一如既往，坦诚地发表着意见。

"我们民办分校的陈新颜老师曾经上过本单元《从毫升到升》这节课，给我留下很深刻的印象。小单位累积到大单位，这种累积过程就是学生体验大单位的过程。所以我想我这节课也可以借鉴，用累积的方法让学生感受吨。"我阐明了自己的想法。

王成军继续说道："累积是很好的想法，我同意。《从毫升到升》这节课，其实与《吨》这节课有相同的地方，但也有区别。1毫升、1升学生都是能够亲眼看到，所以他们能够体会到。但是'1吨'，我们不可能让学生亲眼看到，怎么让他们体会、感受到1吨，这是很难的。如果只是图片看、媒体播放的话，就和我以前上课一样，那都是纸上谈兵。"

王成军的想法让我有点打退堂鼓了。是啊，要让学生体验了解"1吨实际重量"谈何容易。吴老师似乎看穿了我的心思，马上给我鼓劲："王成军说得很对，要帮助学生建立1吨的量感，不能只让他们看，要让学生体验。有难度，但这不正是学生习得的过程吗，与我们团队研究的课题再契合不过了。我支持朱卫剑，就试试吧，中高团队的课就是以研究为主，过程大于结果，你们说呢？"……

就这样，在大家的鼓励下我啃起了这根"硬骨头"，经过讨论还将课题由《吨》改成《从克到吨》。但是在研究时，我们曾很纠结，本节课的教学重点究竟是什么？只是简单地让学生认识重量单位？反复斟酌后，无论是从学生的角度，还是从对教材

的理解和把握，最终我们的定位是想让学生对重量单位有直观的感受和体验。

但是，在制定教学目标的时候，王成军又提出："为什么要制定'了解 1 吨的实际重量'这一教学目标？1 吨这个单位这么庞大，我们通过什么方法能解决'了解 1 吨的实际重量'这一教学难点？"……

中高团队就是用这样的方法研究这样的课，因为这样的课才更值得挖掘，因为在研究中每一个追问都会促使我们对教学进行更深入思考，让我们深入探究教材背后的东西，探究每节课的数学本质。

研究有价值的课题，为"成蝶"养精蓄锐

中高团队的活动在实践中不断发展和完善的，从最初围绕研究课进行说课、上课、评课等，到现在围绕课题研究，以公开课的形式将研究成果进行展示。如今，每个学期，甚至是几个学期，中高团队的活动都会围绕着一个主题进行研究，所以确定研究主题对每个团队来说都是大事。

我们团队每次在确定研究课题时，我都是收获最大那个。一方面，课题研究本就是我的弱项，每每都苦于寻找研究内容。很多时候课题的选择还是即兴的，课题研究零散，也不会考虑到长期性的问题，因此课题研究的价值也没有很好地得以体现；另一方面，团队另两位成员都是课题研究方面的"高手"。吴倩老师作为主管学校教学的校长，学校的很多课题都是她亲自操刀。另外，她本人的教学论文、案例也多次荣获市、区奖项。王成军老师系研究生毕业，曾担任学校的科研室主任，论文、案例更是获奖无数。

在这样两位"高手"的引领下，每次我们团队在确定研究课题的活动时总是格外的热闹。在上一轮确定课题的活动中就上演了这样的场景。吴老师首先说道："新一轮团队课题申报又开始了，你们有什么好的建议吗？"

"我们课题每学期换一次，说实话我刚有点感觉就又换了。从研究的角度来看价值也不大，还没有研究透了，就又换了。"我实话实说。

"是的，学校也发现这个问题了，所以从这个学期开始，课题的确定各中高团队根据自己的实际情况，研究主题可以是一个学期，也可以作为几个学期的主题。"吴老师补充道，"我先考虑了几个研究主题：《从"学习分析"中初步探究学生的学习（或者教师的教学）》、《从教学目标的制定中（教学设计中）关注数学本质问题的研究》、《分类教学研究》，你们看看怎样？"

王成军若有所思地盯着那几个课题说："主题要研究几个学期，而且是作为团队的研究主题我觉得不易过小、过具体，我们团队究竟要研究什么，想研究什么，我觉

得还不是很清楚。像刚才吴老师说的几个课题似乎都不太适合。"

一阵沉默后,吴老师说:"的确,我们现在确定的研究主题与老师个人的研究课题还是不同的。这个主题既要体现我们团队在日常教学中所关注的内容,同时又要在课堂教学中体现我们的研究成果,还要对课堂教学起到实实在在的指导作用。"……

就这样经过几次激励的讨论、争执,再分头寻找有关资料后,我们团队终于确立了研究主题——《小学数学知识应用习得过程和学习特征的研究》。对这个题目,起先我没有完全理解。吴老师是这样解释的:"选择研究主题,不是此一时彼一时,在考虑课题研究价值的同时,还要考虑其延续性。这个主题,它既可以放在这节课,也能放在其他课的持续研究中。这个主题是学生学业研究的载体,所以我们要选择它进行长期研究。"

王成军在一旁不急不慢地说:"我们选择这个课题虽然有些拗口,但还是很有研究价值的。'以学定教'作为一种教学理念,已经被大家普遍接受。但在一般的研究过程中,关注'如何学'的研究还是比较少,或者我们对学生学习过程的研究还是大多局限在外围。如果不清楚学生'如何学',那么'以学定教'就会变成一句空话……不同的学习内容具有一般意义的学习特征,不同的学习内容具有不同的习得过程。问题在于,这个一般意义的与学习内容相关的学习特征具体表现在哪些方面,对学生而言,习得过程是怎样的,都是很有研究价值的。"……

在这样的氛围中,我也慢慢学会了围绕主题开展研究。考虑到研究主题的延续性,在研究课的过程中,我选择了两个有延续性的相关内容。四年级第二学期《小数的凑整》和五年级第一学期《水、电、天然气的费用——小数应用》。在中高团队研究主题的引领下,我还确立了自己研究的子课题——"关于学生知识习得过程中迁移能力的培养和实践"。

追求智慧的职业境界,丰盈成长的双翼

在中高团队的这些日子里,我不仅在教学科研方面能力得到了提高,更是感受到团队的文化、团队的精神,学会了团队合作。每次活动、研讨和上课,面对再大的困难,我都不会害怕、放弃。因为吴老师曾经说过:"记住,你不是一个人在战斗,我也不是一个人在战斗,我们是团队共同作战,每个人的背后都有团队的支持。"

是啊,团队合作碰撞出智慧火花。在中高团队活动中,我们有讨论,有争议,但我们坚信:你的想法加我的想法就会产生一个更棒的点子,就会碰撞出智慧的火花。

更重要的是团队文化辐射教师群体。中高团队构建的是一种合作的教师文化，在浓郁的文化氛围中团队组合实现共同发展，实现了更高层次的发展。

问题讨论

1. 你是否有一支个人支持团队？如果答案是肯定的话，那么它在提高你自己和你的领导能力方面起到了怎样的作用？

2. 如果你是教师，你是否有团队合作研究的经历？如没有，上述故事给你什么启发？

从逃避到自觉[①]

公开课作为一个教师交流学习的平台，却俨然成了教师工作不能承受之重，让校长感到了困惑与为难，摆在她面前的首要问题便是搞清是什么原因造成了公开课成为育才教师避之不及之物呢？

上海市育才中学位于上海市郊区，目前拥有特级教师4人，高级教师49人，学科带头人16人（含校学科带头人），三个区名师工作室，拥有硕士学历、学位的教师占教师总数的21%。学校也给予了教师较高的待遇与福利水平。但是如此优质且无后顾之忧的教师队伍中，围绕着公开课的展开，却总是存在一系列怪现象，让校长颇感头疼。

公开课常见现象

现象一：第一节课大受欢迎。每当有老师要开公开课时，早上第一节课就成了他们的首选，即使没有第一节课的老师也费尽心思地将课调至上午第一节。由于育才地处郊区，这直接造成了一种尴尬的局面：第一节课于每天7:50开始，前来听课的专家以及外校教师从市区赶来的话，公开课已经过半或是结束，以至能够准时参与听课的外部专家以及教师寥寥无几。

现象二：我老了，将机会给年轻人吧！市级公开课展示开始，育才要求每个教研组推荐一至两名教师参与市级公开课展示，结果被推选出来的全是三十岁以下的青年教师。很多中年骨干教师纷纷表示："要将锻炼的机会多留给年轻人，我们年轻的时候也是这样过来的。再说我们现在也没有评职称的压力了，教学经验也比较丰富，没有参与这种活动的必要性了。"很多老年教师则说："我老了，都快退休了，公开课是年轻人的舞台。"

① 上海市育才中学李元执笔。

现象三:完成任务即可。育才一直将开设公开课作为教师考核的一个内容之一,规定每学期每个教师开设完成一堂公开课,并将其作为一个硬性指标纳入到了教师考核体制当中。但是这项指标只考察教师的公开课完成情况即上了公开课没有,只要上过公开课,教师这方面的考评即达标。如此,教师们开设公开课成为一个只需完成数量统计的任务,至于公开课的准备、开设质量以及效果反馈等都被教师忽略了。

公开课现象背后的原因

公开课作为一个教师交流学习的平台,应该受到大家的重视和珍惜,现在却俨然成了教师工作不能承受之重,让校长感到了困惑与为难,摆在她面前的首要问题便是搞清是什么原因造成了公开课成为育才教师避之不及之物呢?

经过深入教师、冷静地思考分析,陈青云校长从人力资源管理的角度得出了如下几个方面的原因:

(1) 对教师绩效重评估轻管理。对于学校来讲,公开课的质与量是考核教师工作绩效的一项内容和一个方面;对于教师个人来讲,公开课的开设与其年度考核及评职称有关。如此,在双方利益主体的一种"评估为核心"的观念下,使得公开课成为教师"绩"的体现而非"效"的反映,双方都纯粹地将公开课看作评估的工具,公开课的价值对于教师专业发展与成长的促进作用,对于教育实践的探索功能,对于教师课堂能力的提升作用都被一种功利性、符号化及标准化的考核功能屏蔽掉了。正是在这种过度的评估导向下,学校出台了"每学年教师必须开设一堂公开课,只要开设了就算考核达标"的刚性要求,而教师们也纷纷将公开课看作一个无法摆脱却不得不开展的任务,完成即可,完成目的功利化,完成过程敷衍化,完成效果形式化。

(2) 忽视了教师的情绪体验。无论是开课教师将公开课置于第一堂课的应付敷衍,还是中老年教师的推诿退缩都体现出了教师对于公开课的一种消极情绪。这种消极情绪背后,是教师对于公开课的主观反感以及巨大开课压力。公开课失去了应有之义,教师无法从公开课中体验到乐趣以及成就感。目前公开课中一种异化倾向在于过度追求完美,公开课成为完美课堂的代名词,这种异化倾向也直接影响到了育才中学的教育氛围。但公开课的这种完美更多是一种表象或者外化形式,只许成功不许失败让很多教师失去了对于公开课更多价值的挖掘,他们只能谨慎地进行重复操作与演练,因此公开课对于教师也就失去了应有的乐趣。教师成为公开课的执行者,甚至是一种附属品。这造成了教师劳动成果与教师情绪体验之间的一种脱节。这说明一堂"完美"的公开课已经无法满足教师的内在需求,即目前一堂公开课对于教师的意义仅仅是基本需求的满足(如考核过关、薪金获取),却无法承载教师更高层次的需求,如教师的被尊重的需求以及自我实现的需求(如创造力、独立感以及成就感)。

(3) 忽略了青年教师与中老年教师的差异性。学校将公开课纳入考核教师绩效的体系中时,只是笼统的一条标准,无论教师是何种职称、多少教龄。标准的绝对化使得学校在考核教师中陷入了这样一种尴尬:无法区别对待教师的差异性。青年教师被置于了公开课的主体舞台,而中老年教师的退让行为与云淡风轻的态度体现了其对公开课的一种抛弃。对于育才来讲,每学期开设一节公开课是每一个教师的必须为之,但是公开课对于不同教龄的老师所具有的不同意义却被忽视了。学校缺乏对教师的年龄结构、学历结构以及心理需求结构的详细分析,而不同结构下不同教师的工作动机与需求,教师的态度与价值观本应是教师管理中应被重视的因素。

公开课与教师梯队建设

在对原因的剖析过程中,以陈青云校长为核心的学校领导班子逐渐清晰了通过公开课引领育才教师梯队的建设方向并构建框架。

第一,公开课不应成为教师考核制度约束的考察工具,不是一种被动执行的教师行为,而应是教师文化自觉以及思想内化后的自觉选择。教师不是执行教学行为的工具人,不是围绕薪金斤斤计较的经济人,更不是逃避工作须以强制与监督手段胁迫的 X 人,教师具有应然的知识分子品格,具有内省与自觉反思的职业素养,具有实现自我,获取成就与尊重的发展期望,教师应是自立自觉、自学自创、自我发展的主体人。要帮助教师实现主体发展,就不能仅仅满足保证教师工作具有安全感,生活具有无忧感,还需要激励教师实现自我更高层次的发展需要。

第二,公开课不是一个教师的独角戏,而应是一个教师团队共同努力的结果呈现。应以公开课为平台,建立教师专业发展团队,形成教师的学习共同体。

第三,公开课不是让教师反感乏味的秀场;不是教师重复劳动与反复操作后呈现的"花瓶"式作品;不是教师考核、晋升以及评职称的瓶颈;不是青年教师的不得已而为之,也不是中老年教师的不得已而弃之。公开课应是教师探索、创造的一块试验地,应是教师教学能力得以提升,专业素养得以发展的练习场,应是教师之间相互学习,共建学习型组织的阵地。

第四,为了将教师的逃避行为转化为自觉行为,应帮助教师进行职业生涯规划,实现教师专业发展,激励教师进一步努力工作,实现教师个人价值与学校整体价值实现的双赢。

育才中学教师梯队建设方案中的公开课

学校出台了《育才中学教师梯队建设方案》，主要内容包括方案目的、梯队阐述、标准制定、评选程序、内涵丰富的公开课、考核管理、薪酬管理。

在梯队建设方案中，公开课虽然作为考察的内容之一，但其价值与内涵与学校以前一刀切的刚性要求完全不同。方案对处于不同梯级的教师提出了不同的公开课开设要求：校骨干教师——每学期至少上一次校级以上公开课，每学年教学开放日承担开课任务；校学科带头人——每学期至少上两次全校公开课，每学年教学开放日承担开课任务；区级学科带头人——每节课都应上成精品课，随时欢迎领导、老师推门听课，每学年教学开放日承担开课任务；市名师——与区级学科带头人开课要求相同，但进一步强调了其示范作用与带头作用，还强调了将教学实践、经验提升为教学理论的责任。这种不同层次的公开课要求无疑提升了公开课的开设价值，同时也肯定了教师的工作价值，公开课不再是负担，而是一种工作动力。

公开课改革背后的校长办学思想

校长关于上述教师梯队建设方案的构想并非无稽之谈，而是建立在一定理论依据的基础上的。首先是文化自觉引领教师自觉发展。其次，梯队建设为基础形成教师发展团队。再次，动态管理促进激励教师发展。又次，绩效从评估到管理。最后，薪酬形式多样强化教师发展。

问题讨论

1. 结合你个人的经验，说说你对公开课的看法，你觉得上公开课对你的日常教育教学实践产生什么影响?

2. 你对学校目前的激励制度满意吗？你有更好的建议吗?

保育员也能成为教研的“局内人”①

如何让保育员变“被动”为“主动”，从“研而无语”到“研而有语”再到“研而有行”，逐渐发展为“研而有思”，真正发挥“保教共研”提升保育员理念素养和实践能力的作用？

在积极开展《一日活动中保教结合操作手册编制与施行的研究》的过程中，我们基于幼儿发展需求，不断梳理总结研究成果，并编制《幼儿园一日活动中保教结合操作手册》(以下简称为《手册》)。在《手册》的运作过程中，借助课题组设计的“一日活动中保教结合操作手册实施情况记录表”，教师都能积极地融入其中，能够在实践中思考，在思考中发展。但是我们的另一实施主体——保育员，却将《手册》束之高阁，依然以自己的经验开展工作。为了能让《手册》真正指导于保教人员实践操作之中，发挥保教人员课程实施主体的作用，我园推出了保育员、教师共同参与的“保教共研制度”，希望能提升保教人员对保教结合的理性认识，更重要的是期望以此引发保育员对保教结合实践的深度反思，以真正提升幼儿园课程实施质量。

第一次保教共研例会——“保育员是局外人”

作为会议主持人，我向保育员和教师介绍今天会议的主要内容，到互动环节时，教师们纷纷对我抛出的问题结合班级情况发表自己的观点。而此时我发现保育员们却都似“局外人”，基本没人主动发表自己看法，即使是被点名问到了，也就是简单地回答“是”或“不是”。在她们看来，这个“保教共研会”中她们只是个被拉来的听众，会议的内容与己无关，她们都期盼着这场培训早早结束，可以去做自己的事情。

在一日活动中，保育员和教师一样，同是保教结合理念实施的主体，只有让保育员变“被动”为“主动”，真正参与到保教共研的研训活动中来，保教共研才能获得更

① 上海市城市花园幼儿园任坚、周英、吴超伦执笔。

有价值的信息，发挥其应有的作用。针对现状我们迫切要解决的问题是：如何让保育员变“被动”为“主动”，从“研而无语”到“研而有语”再到“研而有行”，逐渐发展为“研而有思”，真正发挥“保教共研”提升保育员理念素养和实践能力的作用。

我们的分析：

1. 保育员“无准备”地参与是导致其成为“局外人”状态的主要原因；

2. 保教共研会议以讨论交流为主，这让“说比做难”的保育员缺乏信心，不愿表达。

因此，我们要解决的问题就是怎样帮助保育员建立自信，并让保育员有话可说，让保育员以自己擅长的方式说话。

推出“四叶培训卡”，搭建对话式研究平台，提升保教人员执行力。“四叶培训卡”是依据保教共研对象的需求而设计的，由发挥不同作用的预告卡、提示卡、分享卡、问题卡组成，取其四页卡的谐音称其为“四叶培训卡”。其中，预告卡与提示卡是由会议主持人在保教共研会议前填写研讨的内容与形式并公示，让保育员做到“心中有数”，“打有准备的仗”，增强信心，让他们的“主动参与”成为可能；而问题卡与分享卡则由班级老师与保育员根据保教结合的实践情况共同填写，并由课题组分类梳理。“四叶培训卡”的推出初衷就是让保教共研真正地成为收集修正完善《保教结合操作手册》素材的有效渠道，真正地成为保教实践分享传播有效经验的集结地。

第二次保教共研例会——“保育员能是局内人”

今天的保教共研会议主题是“冬季幼儿外套摆放问题”，在经验分享环节，老师和保育员都积极发言，分享自己日常工作中的有效做法。我看到每个人的分享卡上都是有记录的。比如说小二班的保育员提到小班幼儿折叠衣服能力本身就比较弱，因此她用了在幼儿床头的墙壁腰线上粘粘钩的形式，幼儿方面取放。而中班的保育员则觉得中班应该培养幼儿保管个人物品、折叠衣服的能力，因此她在每个小床前都放了一个小号整理箱，让幼儿摆放自己的衣物。大班的保育员则觉得大班孩子都能认识自己的衣服，每人一个整理箱有些浪费资源，可以提供一个大号的整理箱，让幼儿整理好衣服依次放入等。而保育员们分享的策略，也得到了其他保教人员的共鸣，大家纷纷发表自己的看法，交流自己的经验，现场气氛活跃，不断闪现出新的智慧火花。会后，我也个别询问了保育员参与保教共研会议的感受，她们说“挺好的呀，我可以学到很多”、“提示卡让我知道怎样准备，分享卡让我有话可说”、“预告卡也很好，知道开会时做什么事情的，不像以前很盲目”、“现在我觉得我和老师们一样，也可以有很多话说的”……虽然她们的语言质朴，但是“四叶培训卡”的效果却已渐渐地显露出来。

可见，依托保教共研例会制度，我们推出的“四叶培训卡”，已经初步解决了《手册》落实的一个瓶颈问题，让保育员从台后走到台前，与老师一起成为《手册》的共同实施主体，有效促进双方在角色定位与能力上的发展，增强一日活动中彼此的沟通与协作能力。

再次进入保教共研例会现场——“大家都是局内人”

课题组在梳理保教人员填写的问题卡时，发现大班老师提出近来幼儿吃饭普遍偏慢，个别幼儿挑食严重，剩菜现象屡见不鲜，这是以前从未有过的。课题组带着这些问题组织老师到大班午餐的现场进行“听诊”，结果发现只要是处于换牙期的幼儿，对肉类、纤维过长的蔬菜的咀嚼非常困难。随后，还对幼儿进行了一次“访问”，孩子们都说：“我的牙掉了，实在咬不动。”

引发的思考：

大班下学期正是幼儿乳牙更换的高峰期，如果我们的饭菜烹饪方式依然照旧，显然不符合幼儿的生理需求，但是这个问题仅靠班级的老师、保育员是无法有效解决的。因此，课题组决定扩大保教共研例会的参与人员，让保健老师、营养员共同参与，针对大班换牙期幼儿的特殊情况，共同商讨符合幼儿生理需求的营养午餐。

我们的分析：

1. 幼儿园所有的保教人员，包括教师、保育员及所有后勤人员都是课程实施主体，只有多方协作，才能真正将《手册》落到实处，保证课程实施的质量。

2. 课题组作为课程实施的领衔，应善于从幼儿现状出发，运用科学的视角，分析问题的症结，并给予保教人员适时的指导和建议。

部门之间相互协作，共同为幼儿发展需求服务。本次保教共研会议上，各部门共同商讨制定了大班换牙期幼儿的营养午餐方案。首先，由各班统计处于换牙期的幼儿人数，报送给保健老师和营养员。其次，保健老师制定适合换牙期幼儿的特征，制定既符合其生理特征又能满足营养需要的菜谱，并交由营养员单独烹饪。第三，午餐时，保育员负责将营养午餐分发到人，教师负责观察幼儿进餐情况，并及时作出反馈。第四，教师利用多种渠道向家长宣传，让换牙期幼儿的“一日三餐”都是快乐的。

1. 以对话诱思考、促发展，保教共研有效运行

构建保教共研机制的目的在于为保教人员提供共同学习、共同交流的机会与平台，以提升保教人员的理论素养和实践能力，从而提升一日活动中贯彻保教结合理

念的实施效果。而"四叶培训卡"的推出,促使保教共研机制不再是流于形式的表面文章,而是触摸到保教实践中的真问题,诱发保教人员的全位思考,学会发现问题,愿意积极尝试新方法以优化行为,实现贯彻保教结合理念从"有形"到"无痕"的转变。

2. 以问题寻方式求实效,课程实施渐臻完善

《手册》是保障课程实施质量的重要媒介,它的完善是一个"发现问题—解决问题"的螺旋上升过程,需要借助保教共研机制搭建各类人员互通交流的平台,根据实践问题的性质,开展不同类型的保教共研会议,既可以由班级的教师和保育员共同解决,也可以借助外部力量解决;或与平行班研讨解决;或由园长室、保健室、教研组等机构共同协商解决,齐心协力共同为《手册》的完善积累素材。

问题讨论

1. 作为一名课程领导者,你认为应该如何调动每一位课程实施人员的主动性?

2. 结合贵校实际情况,请简要描述最受教师欢迎的研讨机制是什么?

好风凭借力，送你入青云[①]

袁老师若有所思地盯着眼前的茶杯："是啊，我总觉得以前的校长没有眼光，不重视我，我以为自己这辈子也就这样了，没什么值得去多在意的。可是直到现在我才发现，自己以前的追求其实一直都在！"

迷雾重重

"你是骨干，你不做谁做啊！"

2008年，一个平常的下午，我照例走进各年级教师办公室，与大家交流谈心。这是我担任校长一个学期来每周坚持的惯例之一。老师们由开始的尴尬、不适应到现在已经愿意和我轻松随意地谈笑风生了。谁知今天，脚步还未跨进八年级办公室门槛，就听见有人慢条斯理地这样说道。语文教师出身的我，也敏感地嗅到这句话的语气尖酸而又刻薄。

为避免尴尬，我特地在门口多站了一会儿，再面带微笑地走进办公室，看到被老师们称作"骨干"的童老师正闷声不响地坐在办公桌前，埋头批着作业；与她对面而坐的袁老师则双脚跷在办公桌上，眼睛紧盯着电脑屏幕出神，按照我的经验，肯定又是在关注他的股票走势了，而刚才的话也正是出自袁老师之口。

此时正值下午第二节课，应该是老师们最繁忙的时刻。看到我进来，袁老师的脚放了下来，身子稍微正了正，表情有些尴尬。我朝他微微点了点头，没有直接走向他们，而是先走向了隔壁的英语组，一边和他们聊着这两天的情况，一边偷偷关注着数学组，童老师还是闷声不响地批着作业，对我的到来也没反应，大概被刚才袁老师的话伤着了。

的确，童老师才34岁，可已经是数学组的顶梁柱了。而袁老师比童老师还要年

① 上海市闵行第四中学屠红伟执笔。

长几岁，曾经也是学校的骨干，年轻时还得到过闵行区教学评比一等奖的好成绩，可是自从2002年两校合并之后，状态一路下滑，最近两年，更是一落千丈，每天上班所做的事情就是上两节课，学生成绩与平行班级相差越来越大，甚至引起了家长的关注。

何去何从？

第二天，我悄悄找来童老师，询问了当时的情况。童老师不无委屈地告诉我，他们之间这样的对话已经不止一次了。只要是按分工布置给袁老师的任务，他总以类似的话语来讥讽，继而推脱。童老师是党员，自身也不善言语，每次只好忍气吞声。

我一边安慰着童老师，鼓励她再多学学管理这门艺术，一边却也陷入了深深的忧思之中。

2002年，原闵行四中与闵行八中合并，这一合并带来的是教师队伍的严重超编和年龄结构失衡。学校有将近二分之一的教师处于35—45岁之间，这部分教师的状态将直接影响学校今后十年的发展。可是，他们中的许多人在教学上却消极被动、敷衍应对，状态堪忧。

为此，上任后我就和其他管理团队成员专门就此类现象召开会议，分析问题，大家都认为关键还在于我们之前过分强调教师发展的自觉性，而忽略了教师其实和学生一样，积极性需要调动，发展意愿需要激发。

经过一个暑假的商讨研究，新学期开始我们就在备课组的组织结构上进行重组，想通过互相学习、互相竞争氛围的营造带动这部分教师的发展。袁老师就这样被安排与童老师在一个备课组，希望让童老师的踏实、勤奋来带动他、影响他、改变他。

可是从他们之间的摩擦来看，这样做似乎适得其反了！仔细分析袁老师那句话，讽刺之外又带着嫉妒，满含对抗情绪，这是我始料不及的。看来还是我们采取的策略过于简单粗暴，没有考虑到教师的心理也和学生一样需要研究，再对症下药。

为此，在行政例会的“周末有约”沙龙上，我特别邀请学校的心理老师周老师参与进来，抛出了“走进教师们的心理世界”这一话题，让大家一起讨论，有些老师的专业激情为何会丢失？这次沙龙大家讨论得异常激烈，从周五下午三点一直到华灯初上，还意犹未尽。最后达成的共识是，部分原四中教师由于八中校长和优秀师资的加入，使得他们相形见绌，无人赏识，差距感、失落感，再加上人到中年的无奈感使得某些老师感觉前途无望，索性选择了消极退让，袁老师就是其中的典型之一。

劲风助阵

这样的分析使得我们更加意识到之前行动的简单粗糙，我和管理团队的成员们开始明白今后管理的方向，那就是激励机制的全方位、多角度跟进。

针对这部分教师的不同特点，我们研究制定出跨时三年的AB两套激励方案，对待专业潜力大的A组，以教学大赛、课题申领、带教青年等方式助其腾飞，袁老师就是A组的头号人物；对待专业潜力较为薄弱的B组，采取校长助理、工会组长、大型活动亮相、重要项目策划组织等外围突破的方式激发其主人翁意识。总之，对于闵行四中来说，我们要在大家心中刮起阵阵强风——“我也是最重要的”！

经过周密策划，第一场风暴——原四中每年举办的“自育杯”中青年教师教学技能大比拼正式拉开帷幕。

在活动的宣传阶段，我特意参加了八年级组的年级会议，会议全程袁老师一如既往地低头看着手机，看似心不在焉。结束时，我笑着对大家说：“重启后的自育杯希望大家都踊跃参加，我们闵行四中一直是藏龙卧虎的地方。大家可能还不知道，袁老师一直很低调，他可是我们闵行区教学大赛的一等奖获得者呢！”在大家的一片惊呼声中，袁老师诧异地抬起头来，一边悄悄放下了手机。四目相对，我再次笑着对他点了点头：“袁老师，这次你一定要好好准备哦，让他们看看一等奖的实力！”“哪里！哪里！都是陈年往事了。”说这话时，他的嘴角也浮出了一丝笑意，我看得分明，那是一种骄傲的感觉。

抓住时机，趁热打铁！会后，我单独邀请他来办公室，盏茶相对，聊的都是过往愉快的共同经历。眼看时机成熟，我郑重地说：“袁老师，你的实力我们这些老四中人还是知道的。这次大赛我真心希望你能将激情展现出来，给大家看看我们老四中的水平，行吗？”一阵沉默后，“我尽力吧！”袁老师的脸上满是庄重。

晴云初现

第二天，我又找来童老师，商量袁老师参加教学大赛的事，作为党员和备课组长，她理解我们的用意，也愿意全力配合。我为有这样优秀的教师感到自豪之余，更对袁老师今后的发展产生了信心。

接下来的一段时间，我再去八年级办公室时，再也没有看到他翘脚的现象。好几次还看到他正在积极地向青年教师请教电脑作图的方法。看着他认真的表情，我似乎又看到了当初那个神采飞扬的袁老师。

果然，这次大赛袁老师的课让许多人对他刮目相看，尤其是童老师，课下拉着我连声说道："没想到袁老师认真起来是这样的！确实像曾经的一等奖！"

但是，毕竟教学上已经几年不钻研，能力上与优秀教师存在着一定差距，经过全组评议，袁老师获得了三等奖。

颁奖的那天，我特地将证书亲自送到他手中，紧紧握住他的手："袁老师，恭喜你！相信明年你一定会捧得一等奖！"他露出一个勉强的笑容，看得出来，他自己对这个结果并不满意。

阴云再布

这天，我正准备去寻数学教研组长，商量袁老师发展的下一步计划——课题领衔的事，没想到的情况发生了！

八年级组长匆匆忙忙找到我："不好，袁老师和小李吵起来了！"我心里一紧，小李是他们同备课组成员，才刚进校两年，性格活泼大方，平时从未见他俩发生过争执啊？

我赶忙前往办公室，一看，果然，两人争得面红耳赤，窗外已经开始聚集部分学生了。看到我走进来，两人停止了争吵，互不服气地坐下来。

在来的路上，年级组长已经跟我道明了缘由，原来，今天是他们集体备课时间，因为备课组长童老师要参加一个区级骨干研讨会，所以他们俩自主备课。谁知，在一个教学环节的设置上二人起了争执，不能达成一致，才一发不可收拾。

"数学组的研讨气氛好浓啊！"我走过去拍拍小李的肩，"年轻人有干劲，多向老教师请教，大家一起探讨问题，这种态度我很欣赏！"还未等小李开口，我又转向袁老师："袁老师，我正好有事找你商量，咱们去我办公室聊聊？""嗯！"袁老师闷哼了一声，随我走了出去。

好风阵阵

进入办公室还未坐下，就听袁老师长叹一口气："唉！现在是不行了，连年轻人都觉得我说的没道理，看不起我了！"我领会到他说这话的心情，是对自己在教学大赛上的表现失望了。

"长江后浪推前浪，前浪死在沙滩上嘛！"我打趣道："咱们可不能被他们拍死，让他们见识见识老教师的厉害才是真的。这样人家才会服气！"

"我有什么厉害叫人服气的？"袁老师苦笑道。

“哪里！袁老师，我们共事这么多年了，有些心里话一直想说，不知道合不合适？”

“您说吧，您在我心里一直还是比较公正的。”

“好！说句实话，这几年来您的状态确实不如以前有激情，其实我还是蛮替你着急的，不想看着一个优秀的老师就此埋没。所以积极推荐你参加这次的教学大赛，没想到您真得了三等奖，我由衷替你高兴。可我也看得出，您对自己的这个成绩并不满意，对吗？”

一阵沉默后，我接着问道：“那您想过吗？这是为什么？”

袁老师若有所思地盯着眼前的茶杯：“是啊，我总觉得以前的校长没有眼光，不重视我，我以为自己这辈子也就这样了。可是直到现在我才发现，自己以前的追求其实一直都在！”

“是啊！几年下来，就会发现自己越来越跟不上别人了，最终不仅耽误自己，最重要的还是耽误了学生。”

“可是，事到如今，又有什么办法呢？”

我知道此刻时机已成熟，“有办法的，关键看你想不想做，愿不愿意做？”

“什么办法？”

“我知道你们数学组正在开展课题研究，我和你们教研组长也商量过，想请你也申领一个课题，带领部分老师主持研究。”

“我？课题研究？能行吗？”

“行的！看到你在教学大赛上的表现，你们组长也极力推荐你。我现在就找他过来讨论一下。”

未等袁老师反应，我已拨通了数学教研组长的电话……

直入青云

事情进展出乎意料的顺利，申领了课题的袁老师开始专心研究，办公桌上甚至摆满了书籍。

一个学期过后，这一课题顺利结题，袁老师在结题活动中上的研讨课又激起了大家的一片赞誉。我也从中分明感受到，他的课不再只是基础素养好，而是渗透了研究的意识。

计划持续跟进，袁老师的脸上越来越春风得意，尤其在几次全教会上的重点发言，幽默风趣的语言、旁征博引的内容博得了大家热烈的掌声，在这些掌声里，我分明还看到了小李崇拜的目光！

三年过去了，受到大家肯定的袁老师如今已身兼校长助理、备课组长、课题项目负责人、年管会成员等数职，他走在校园中的步履越来越稳健，腰杆越来越挺拔。办公室里，再也见不到他跷着脚对着电脑的样子，或是被学生围着在耐心地讲解题目，或是埋首于作业批改，或是与备课组成员商讨教学……出现在我面前的袁老师又恢复了当初的精神抖擞！

漫步校园，不时仰望晴空，我常常想，教师要直入青云，何尝不需要好风助阵？作为校长，我和我的团队要做的，其实就是送上阵阵强风，助他们直入青云！

问题讨论

1. 在你的职业生涯中，哪些人对你提供过指导？他们是如何帮助你成长的？

2. 你愿意成为一名专业领导者吗？如果答案是肯定的，你觉得你最大的优势是什么？最需要改进的地方是什么？

行动研究的魅力①

我的话还没说完，老师们就窃窃私语了起来：

“天呐，平常都够累的了，还做什么课题？谁愿做谁做，别找我就行！”

“还两年时间，全校参与，马拉松啊！谁受得了？”

“教学低效行为？怪了，人家都研究有效教学，我们倒研究起低效来了。”

……

2010年5月21日

今天又是一场“批判会”。

这一周选择的听课对象有教龄不到一年的新教师，也有五到十五年的成熟教师。听下来之后，觉得老师们的教学在大方向上是可以的，可每个人都有着这样那样的问题。课固然总是不完美的，但是每一周总是会发现一些普遍性的问题在重复：课堂活动脱离教学目标、学科性质；多媒体课件或过于花哨，或仅仅是用来代替板书；习题安排不合理；课堂管理欠方法，等等。有时候，我忍不住觉得这每周听课的惯例是否有些多余，因为问题总是那些，只是发生在不同老师的身上，具体的表现形式有区别而已。

一堂课只有40分钟，怎么才能充分利用这40分钟？现在教育界都提倡“向40分钟要效率”，提倡“有效教学”，可是事实是我们的教学中仍然存在着这样那样的低效教学行为。这种情况下，何谈“有效”？

2010年6月10号

今天我参加了英语组的教研活动。英语组的老师们很有干劲，之前他们制作了牛津英语的课件，并向全区进行推广。现在教学情况变化了，之前的课件呈现出许多问题，所以他们正在进行另一个课题的研究：总结英语课堂教学中多媒体使用的低效行为，对其进行成因分析，进而探讨其纠正策略。在听取情况汇报时，我心中一动：既然其他学科的教学也存在着普遍的低效教学行为，那何不立一个全校性的课题，好好研究研究这些低效行为，找到低效的原因，那就容易找到改进的策略。消除

① 上海市青云中学金文清执笔。

了低效的行为，教学的有效性自然也就有望提升了……

2010年6月14日

今天的行政例会上，我跟学校的中层干部们谈了开展全校课题——对教师在课堂教学中低效教学行为进行研究的想法，他们反响挺热烈。虽然有个别人提出了一些疑虑，但总体来说是支持的，因为他们对随堂听课的效果都有同感。

那就做吧！

初次亮相

开学伊始，第一次教工大会。

“我们青云中学在教学上一直是区里比较领先的，但是近几年来也遇到了上升的瓶颈，教学过程中存在着许多低效因素。正好市教委今年启动了‘上海市提升中小学（幼儿园）课程领导力行动研究’项目，所以我们学校申报了《课堂教学中低效行为的成因分析及其纠正策略》这个课题，目前已获准被列为市级研究项目中《关于学科教学有效性研究》中的一个子项目。这个项目需要全校老师参与，预计需要两年的时间……”

我的话还没说完，底下就窃窃私语了起来，进而音量渐大，几乎有鼎沸的趋势：

“天呐，平常都够累的了，还做什么课题？谁愿做谁做，别找我就行！”

“还两年时间，全校参与，马拉松啊！谁受得了？”

“教学低效行为？怪了，人家都研究有效教学，我们倒研究起低效来了。”

……

大约5分钟后，会场才逐渐安静下来。所有人的目光，疑问的、反感的、期待的，都聚集到了我的身上。

这种情况是早就预料到的。我微微一笑，将课题研究的设想娓娓道出。

大会结束了。有的人抱怨着离开了，有的人却眼睛亮亮的，有的人则陷入了沉思……

困难重重

说干就干，很快，我们就成立了课题筹备小组，负责课题的前期准备工作。

想法总是美好的，但是实施起来总是会遇到各种困难。我们首先需要面对的问题是：什么是低效教学？课题由哪些人来参与实施，该如何分工？课题采用怎样的研究方法？如何制定研究方案？等等。虽然这些都是做课题的基本问题，但由于大家长期进行的都是教育教学一线或者学校管理方面的工作，科研能力较为有限，这些问题也着实让筹备组成员焦虑了一阵。

不仅这些问题，稍一思考，更多困难也立即呈现在眼前：课堂教学过程复杂、教师行为五彩纷呈，研究的内容会非常繁杂；学校教师的日常工作极其繁重、教育科研能力有限，如何再进行这样大范围的“持久战”……

针对筹备组和老师们的种种疑虑，我给大家吃了颗“定心丸”——整个研究过程中，市教研室会安排专家全程指导，给予技术上、理论上的支持。

有了这句话，老师们信心倍增。

专家指路

开题报告时，市教研室安排了有关专家到我们学校指导工作。一筹莫展的我们像一下子找到了救星。在简单地汇报了课题的有关想法、大致思路后，与会的专家各抒己见，在方法上给予了许多指导与启发。特别是一位专家的发言令我印象深刻：“建议你们采用行动研究的方法！”

行动研究？我还有点困惑。

会后，我查阅了有关行动研究的理论。

所谓行动研究是一种研究方法，以解决问题为主要导向。

◆ 从事行动研究的主要人员就是实际工作人员，也可能就是应用研究结果的人员。

◆ 行动研究的环境就是真实的工作环境。

◆ 行动研究的结果除了使现状获得改进之外，同时也使实际工作人员自身获得专业成长。

我如获至宝：这正是我们想要的！

我马上给筹备组成员们布置了任务。

在仔细研读了行动研究的相关理论之后，筹备组对课题实施的相关环节做了较为充分的思考与讨论，整个课题的研究思路逐渐明晰了起来。

我们决定整个项目下设四个子课题，即：关于教学内容选择的研究、教学中学生练习及作业的研究、关于课堂教学中信息技术的使用研究、课堂组织及管理的研究，分别由语文、数学、英语、物理教研组完成。

山重水复

2010 年 10 月，行动研究开始实施。

随着研究的持续进行，我发现：此时学校的任课教师共有七十多名，教龄基本上都在五年以上，而且年龄多数是40岁左右的。这个年龄段的老师，一般已有多年的教学经验，教学风格比较稳定，当然也存在着许多定势；另一方面，他们大多肩负着工作、家庭的重担，本身压力已经非常大。在这种情况下开展课题，困难可想而知。虽然平时教学任务已经十分繁重，可大多数的老师还是支持这项课题研究的，能将课题组分配的研究任务按时完成。

阅读有关理论、书籍，调查本学科低效行为的现状，分析低效成因，研讨针对性措施……一切都在有条不紊的进行。

一年多了，各个子课题组按规定提交了“低效案例”及配套的“解决措施”。辛苦了这么久，看似终于有了结果。

阶段总结会上，在各组汇报过后，我却困惑了。半晌，我向老师们提出了我的疑问：“行动研究的特征之一就是评论行动研究的价值，侧重实际情况的改善程度，而不在于知识量增加的多寡。大家都很努力，而且在做了这么久的工作之后都有东西可说，这很好。但是，实际情况改善了多少呢？”

与会的老师们也都愣住了。

是呀，如何将这些措施具体运用于课堂教学？如何来检验这些措施的效果？这才是最关键的。

总结会变成了讨论会，所喜是讨论出了一些具体的办法：制定针对性的课堂观察量表，细化观察点，分别用于记录课堂教学某一方面的表现；开展追踪课、同课异构研究，具体分析低效行为的成因与改进措施的实施效果。

渐入佳境

量表对老师们是个新概念。但出乎意料的是，不到两个星期，各子课题组就陆续上交了凝聚着集体智慧的针对性量表。看着这显然还有欠缺的量表，我既欣慰又感动，因为我知道这一份份并不完美的量表背后是多少位老师的挑灯夜读与凝神苦思。

量表讨论会上，面对大家对已形成量表的质疑与困惑，我说：“就用这些量表去观察课堂吧，我们边使用边修改。”

马上进行的是追踪课的研究。新教师由于教学经验不足，可能问题比较集中。但他们年轻好学，可塑性强，善于学习新的理念、方法，也比较容易调整自己的教学行为。所以各组一致决定由新教师首先来尝试。

在教研组老师们的指导下，新老师们选定教学篇目，课前说课，首次上课、录像，课后点评，改进设计，再次上课、录像，再次点评……如此反复。

上课时，听课的老师拿着集体制定的针对性量表，逐项对课堂教学行为进行考察、记录，同时也检验着量表的合理性。“我认为我们语文组的研究重点是教学内容，那么量表就应该突出教学内容的选择和安排，而不应该面面俱到。”“多媒体教学课件能使枯燥、抽象、复杂的教学内容变得生动形象、直观具体，但是声音、图片信息如果过量，就既影响学生学习知识的注意力，又削弱教学内容的重点，也减少了学生在课堂上说英语的时间。所以我觉得这一点应该考虑进量表。”

如此的讨论在每次听课后都能听到。其结果便是一改再改、逐渐完善的量表。

虽然平时也很忙，但我还是见缝插针地参加了几次追踪课后的教研活动，发现使用了量表之后自己的点评不再是千篇一律的套话，而是有重点、有实例、有思考，直奔主题。

“小金，教学内容多并不一定意味着课堂教学容量大。有时候，内容过多，会导致学生接受不了，无法思考，学生收获反而更少。你这次课是典型的低效。”

“小刘，教材不等于教学内容，要学会对教材进行取舍，要合理的利用教材。比如这一课，教材以图文并茂的形式呈现了一些生活场景，但有些生活场景却并不符合我们的生活实际，所以教学时就应当舍弃，应该从我们自己的生活中找例子，这样学生才会更容易理解这个概念。”

……

每一次上课，老师们都有许多进步，许多感悟。语文组的小金老师把《“诺曼底号”遇难记》上了四遍，反思的时候仍然觉得还可以再改进。“一开始我总是想让教学内容更充实一些，总担心40分钟内容量太小，总是哪个知识点都不敢漏掉，可是上了才知道在教学内容方面原来有这么多窍门，要把握合适的教学容量，要激发学生的思维，要关注课堂生成性教学内容，等等。这次追踪课真的给了我太多的收获。”

数学组的徐老师已经年过四十，她在参与了新老师的追踪课研究之后，表示：“我也来上追踪课吧，大家也帮我提高提高。”这一上，就是三遍。她最后一次课结束后，我非常激动，对她赞不绝口：“徐老师，你很有勇气，也很有上进心！你这节课在习题导入方面设计得非常好，学生练习部分也真正做到了举一反三，这节课堪称完美！”

追踪课的汇报会结束后，就要进行同课异构的研究了。老师们居然十分积极，有两个备课组甚至申请全员参加，大大出乎我的意料，让我倍感欣喜。

上完课后的教研组活动又热闹了。再次观看录像，对照几经修改的量表，点评、讨论。我又表达了自己的想法：“我觉得这种方式导入更合适一些。根据建构主义的观点，由学生的已有知识出发，更有利于学生调动已有的知识储备，构建新的知识结构。”“让学生操练语言点，应当避免无意义的练习。王老师，你这个环节处理得不好，学生虽然练习了多遍，但是并没有真正掌握。”……

真理越辩越明。经过一次次的讨论，老师们越来越清晰：在课堂教学中，哪种方法、哪些方法更有效；针对一些“低效”的教学行为，应当怎样去改进。

看来，我们的项目研究是渐入佳境了。

意外惊喜

时间过得真快，两年的期限就要到了。

两轮的追踪课、同课异构研究之后，那些改进措施不再仅仅是纸上的文字，而是深入到老师们的心中，化为有意识的教学行为。

这天，我参加了英语教研组的一次研讨，聆听了老师们的智慧碰撞。

“王老师，你这堂课气氛很活跃，学生都动起来了，说得也比较多。你是怎么做到的呢？”

“任务型语言教学提倡让学生在使用语言的过程中学习语言。这单元的主题是Food and Drink，所以今天这节课我把教室布置成快餐店，让学生用英语点餐……应该说效果还是不错的，学生参与热情很高，能够有效地锻炼口语能力。”

“不错。你能有意识地将先进的教学法运用于实践，为学生创设语言使用环境，这非常好。不过教学过程中还要有自己的思考，不能生搬硬套。还有你制作的课件中，有几张有些多余，另外还有几张的内容跟教学目标不太符合。”

“对的，我目前也还在学习任务型教学的有关做法。像今天的介绍任务环节，我还处理的不太好；课件制作上，这几张也确实是有些考虑不周到……”

听着老师们的对话，我非常感慨：青云中学的英语教学在区里乃至全市都是较为先进的，特别是数年前，英语组的老师们制作了牛津英语的配套课件，并在全区进行推广。这是多么大的工作量与殊荣。但是他们没有固步自封，而是不断反思、不断探索、不断创新，所以才有这样的进步。

……

校长室里，教科研主任正向我汇报上周教师们申报课题的情况：“今年申报课题的人数比去年多了近一倍！”

我不禁莞尔：“或许，这就是行动研究的魅力所在吧！”

问题讨论

1. 请用头脑风暴法列出5—10个你有兴趣可以作为行动研究起点的问题。请确认你所列出的问题包括有关你的学生、你的教学实践、你自己、课程和整个学校组织的各种问题。

2. 你曾经有过同其他教师或外面的专家一起合作来检验和解决你日常教学工作中所遇到的问题的经历吗？如果有，请描述一下这个经历；如果没有，那么想象一下这个合作过程有什么优点和不足?

行走在探寻“教师专业发展”的路上[①]

如果借用中班组笑脸和哭脸给所有教师预设目标的达成情况作标示，寥若晨星的笑脸几乎被哭脸隐没，这真是令人沮丧的结局——是多数人的失败！

令人沮丧的结局——多数人的失败？

2010年6月，按照工作计划，是老师们总结2007—2009学年个人发展规划实施情况的日子。为了使老师们有比较充足的时间好好总结，我们安排了两周的时间，但事实上，在一周的时间里，老师们都把自己的总结上传到了幼儿园教师专业发展管理的内网上。在教研组组织的交流活动中，中班组很形象地把班组教师目标达成情况用笑脸和哭脸来标识，很直观的显示出这个班组教师发展规划实施情况，频繁出现的哭脸与稀少笑脸标示着目标达成度的不高。为了了解教师整体情况，教师专业发展领导小组对57份教师个人总结书面资料进行了查阅，重点梳理统计老师们在总结中提到频率最多的“学历目标、职称目标、骨干培养目标”达成情况。

57份的资料统计情况如下：

学历进修“达成”27人，“未达成”为30人，未达成率为52.6%；

职称评定“达成”21人，“未达成”为36人，未达成率为63.2%；

骨干培养“达成”19人，“未达成”为38人，未达成率占66.7%。

其中三项目标都未达成的教师有15人，占到教师人数的26.3%；

两项目标没有达成的教师有22人，占教师人数的38.6%；

一项目标没有达成的教师有16人，占到教师人数的28.1%；

至少有一项目标没有达成的教师有53人，占到教师人数的93%；

---

① 上海市奉贤区解放路幼儿园尤丽娜、朱赛红执笔。

三项目标都达成的教师仅有 4 人，仅占教师人数的 7.0%。

如果借用中班组笑脸和哭脸给所有教师预设目标的达成情况作标示，寥若晨星的笑脸几乎被哭脸隐没，这真是令人沮丧的结局——是多数人的失败！

发展导向的偏差——对外在资质的追赶

果真是多数教师的失败？我们把目光从直观的统计标示转移到对原因寻找，引导教师对照预设的目标总结时，开展原因分析。在学历目标未达成的分析中，老师较为集中的原因是“进修年限没到”、“选择本科自考，每年的参考科目有限制，还差两门没有考完”。在职称评定未达成的原因分析中，老师们较为集中的原因是“名额有限”、“自己业务能力不够”。在骨干培养未达成的原因分析中，老师们提到最多的是“还有一定的距离”、“××骨干的名额有限”。当老师们再次进行交流，意识到“失败”多源自不自控的外因时，沮丧的情绪有了很大程度的消退，却也多了些许的无奈。可是在设想新发展时，“努力学习，争取获得××学历”、“在职称评定中，努力成为××教师”依然还是频频地被提及。

面对此景，作为领导小组成员的我们不得不深思：为什么教师自主设计个人发展的规划都把目标锁定到学历目标、职称目标和骨干培养目标这样三个方面？是不是各级教育管理部门包括我们园内管理中过多地注重晋级阶梯的“目标——动力”导向？（无论是人事档案还是业务档案，每一套独立表格几乎都涉及教师的学历、职称等资质的填写；在规划教师整体发展时也常常制定一些数量化的、可测量的目标，如本科及以上学历、中高级职称、区市骨干教师的比例。）使教师把专业发展等同于对外在硬性指标的追赶上？对教师个人而言，外在的硬性指标追赶犹如攀爬一座“金字塔”，晋级者只为少数，留守塔底的人是大多数，大多数人的“失败”几乎是注定的。因此，多数人的“失败”是发展导向偏差造成的。当老师们把资质（外在）获得作为发展目标时，学习进修的目的不在于自身的成长，而是为了获证。开展课题研究也许只是为了在职称评定和各项评优中增加筹码。

突破认识的局限：从自身发展故事感知

反思“硬性条件追赶”导向下教师发展的问题，我们改变计划，暂缓新发展规划的制定工作，放弃在教师个人发展规划制定中“消极的无为”（让教师自行设计个人发展规划），试图潜心介入到在新规划的制定中，以引导教师从外在资质追赶的关注转向对内在素养提高的诉求。园长翻开管理日志，在园务会议上与大家分享在日常保教工作中发生在老师们身上的故事，讲述新进教师在与家长沟通上、在班级常规工作中的点滴进步；讲述青年教师在集体活动中从关注活动设计本身到关注孩子在活动中的反应的转变；讲述骨干教师在课程资源统筹运用上的实例。园长的讲述触动了所有教师，老师们不再沉陷于先前设定目标是否达成，开始关注自己和同伴在这三年的可视可感的成长。于是项目组抓住这个契机，开展《回看那三年》故事会活动，进一步引导老师们从简单的目标达成情况式的总结转换到讲述三年中成长故事，让细微而质感的故事相互启迪，感受自身和同伴内在的成长，从彼此的事例中感受什么是专业发展。

寻找脚手架：确立教师关键专业素养

故事是感性的，但是零散的，为了让老师们整体上把握教师专业发展，我们开展了教师专业素养培训。在故事讲述的基础上开展“教师关键素养”大讨论活动，组织教师列举“课程实施中教师应该具备的素养”。并对教师讲述到的关键词进行收集整理。结合大量文献资料的查阅和分析，初步确定出教师关键专业素养要素。以“胜任教师”和“优秀教师”两个层级来表述每个要素，形成《解放路幼儿园教师专业素养标准(征询意见稿)》的形式发给每一位教师，并召开不同教龄教师座谈会，邀请项目指导专家参与我们的研讨。

座谈会上教师的问题主要集中在以下几方面：

* 位归何处——我是胜任教师还是优秀教师？

“我是胜任教师还是优秀教师？”此话一出，引起许多位老师的应和。“是呀，在有的方面，能达到优秀教师的标准，有的方面也许只能是胜任老师的水平，有的方面却是两不着边。我到底是谁呢？”

* 路在哪里——目标在那里，我如何达到？

“标准中有很多主观描述，缺少能够体悟到的操作性的行动指导，给了我们一个前瞻性的目标，可是怎么才能达到、实现这个目标很欠缺指导，我渴望的是连接现在和未来发展的那条路。”

在聆听老师们的困惑后，项目指导专家为我们的研讨打开了思路。

“老师们的困惑需要我们回过头去理清制定教师专业发展素养标准的目的是什么？是为了老师去对照着确定自己的‘地位’(是什么老师)吗？”在得到项目组和老师们的否定回答后，专家接着说：“如果不是，那么素养指标的表述在层级上是不是可以不用‘胜任、优秀’这样定性划分而换作其他？况且一个教师的成长绝对不是一蹴而就，一步登天，在进入幼儿园后，从胜任工作到出色工作成为优秀教师是一个较为漫长的过程，这样的标准又如何去激励和引领老师们不断的前行?”

“我们是不是可以用‘Ⅰ、Ⅱ、Ⅲ’等不同水平级别的形式来呈现素养指标，教师可以根据自己的实际情况就素养指标的不同维度选择适合自己的水平，有的指标可能在Ⅲ这个水平，有的可能在Ⅱ水平，有的甚至只能在Ⅰ这个水平上。”项目组老师马上说出了自己的思考。

专家对这个想法给予了肯定，并提醒不同等级水平指标需要反复研究与斟酌。同时指出标准是以“要、应该”等字眼来表述，传达仍然是外在的刚性规范，这种刚性的规范，是静态的，缺少活力和张力，使许多教师感到目标在那里，我却不知如何去达到。因此，把这种硬性指标变为用案例式的柔性建议或运用指引，把指标融化在看得见、摸得着的事例中，让教师有感性的认识，并在实践优秀事例中自我感悟、自我提升。这个过程很重要，专家们为我们引出了“从静态指标到具有操作性的动态的指引”的研究路径。

“解放路幼儿园在奉贤区学前教育界享有黄埔校的美誉，幼儿园三十年的发展历程中，从幼儿园走出在区内担任园长的优秀教师有 6 名，在市青年教师教育教学评比中获一、二等奖有 4 名，在区级层面获一等奖有数十名。这些优秀教师是幼儿园巨大的财富。研究可以接着从此切入。”一直参与本项目研究的区发展研究室的专家也给我们提点，使我们的研究有了具体的抓手。

老师质疑困惑，专家点播指导，项目组明确了行动重点。通过园优秀教师的成长，再探教师关键专业素养的轨迹。

对幼儿园优秀教师成长轨迹调查研究，我们主要从两个方面进行：

一是优秀教师保教业务资料、成长档案的整理与分析以及部分教师的访谈，了解幼儿园教师在成为优秀教师的成长过程中，每个阶段所取得的成绩和关注问题，分析教师在不同发展时期关键专业素养以及行为特点。同时比较一直在本园教师和从外引入的教师在发展中的差异，确定幼儿园在教师发展中的有利因素和不利因素，以修正幼儿园的管理和领导行为。

二是梳理优秀教师成长故事，从鲜活的故事中分析促进我园教师快速成长的因素。并以此为依据编制解放路幼儿园教师专业指引，对幼儿园不同专业背景的教师自我发展定位和成长措施选择提供帮助。同时，我们把教师成长故事进行汇编，分为三个部分，第一部分为成长中的表率，使幼儿园优良的师德传统薪火相传，引领青年教师的成长；第二部分为成长中的阶梯，幼儿园为每个教师的发展提供平台，包括专业传承的制度平台、专业展示的开放平台以及专业进步的研究平台；第三部分为成长中的关键事件，这些事件促使教师教育理念的更新和教育行为的转变，使教师获得跨越式的发展。汇编的故事成为教师专业成长的读本，使教师们认同解幼的教师文化，了解专业发展经历等。在成长故事中获取感悟，并更加关注对自己日常教育工作的反思与经验的积累。

我们的思考

正如故事的名字——行走在探寻“教师专业发展”的路上——我们其实还在路上。教师专业素养发展的指引本身就是动态的，动态的预示着是要依据实际需要、问题和实践重点不断调整，因此，即使到故事收笔的那一刻我们注定因为有质疑、有问题还会有更多的故事发生。可是在这样能形成故事的“有跌宕情节”的研究中，我们收获到了真正的研究趣味与智慧。趣味在于把内隐的问题明朗化，趣味在于在质疑中相互启迪。研究的主体是园长带领下的教师团队，研究的问题来源于他们，研究过程由他们来共同推进，研究成果是他们智慧的唤起和凝聚，同时专家全程参与，为研究开启新的思路。

问题讨论

1. 你认为故事里对“动态”和“静态”的诠释在引导教师专业成长方面对你有什么启发？

2. 想一想，你是否在设计个人专业成长规划的过程中摆脱了“硬指标”的束缚？如能肯定回答，请简要介绍是如何做到的？

本章感悟

本章感悟

祝贺您！当您分享了“我们的课程领导故事”之后，相信您在自己的专业发展之路上又迈进了一大步！现在，请回顾一下所有您看到的故事，写下您最感兴趣或对您产生影响的故事名称。想一想这些故事的课程领导力体现在哪些方面？这些经验能否促进您的课程领导力的提升？

图书在版编目(CIP)数据

我们的课程领导故事/上海市教育委员会教学研究室主编.—上海:华东师范大学出版社,2013.4
(上海市"提升中小学(幼儿园)课程领导力行动研究"项目成果丛书)
ISBN 978-7-5675-0593-3

Ⅰ.①我… Ⅱ.①上… Ⅲ.①中小学-课程-教学研究②幼儿园-课程-教学研究 Ⅳ.①G632.3②G612

中国版本图书馆CIP数据核字(2013)第075674号

上海市提升中小学(幼儿园)课程领导力行动研究项目成果丛书
我们的课程领导故事

主　　编　上海市教育委员会教学研究室
策划编辑　彭呈军
审读编辑　朱文慧
责任校对　邱红穗
装帧设计　卢晓红

出版发行　华东师范大学出版社
社　　址　上海市中山北路3663号　邮编200062
网　　址　www.ecnupress.com.cn
电　　话　021-60821666　行政传真 021-62572105
客服电话　021-62865537　门市(邮购)电话 021-62869887
地　　址　上海市中山北路3663号华东师范大学校内先锋路口
网　　店　http://hdsdcbs.tmall.com

印 刷 者　浙江临安市曙光印务有限公司
开　　本　787×1092　16开
印　　张　18.25
字　　数　281千字
版　　次　2013年6月第1版
印　　次　2013年6月第1次
书　　号　ISBN 978-7-5675-0593-3/G·6396
定　　价　36.00元

出 版 人　朱杰人